KB264215

# 대상관계이론적 관점에서 본

# 코메니우스의 교육사상

대상관계이론적 관점에서 본

# 코메니우스의 교육사상

김선아 지음

KSI 한국학술정보(주)

필자가 맨 처음 코메니우스의 교육사상을 접했을 때 그의 사상의 깊이와 넓이에 놀랐었다. 또한 현대교육 상황과 뒤떨어지지 않는 그의 교육사상의 현대성에 대해서도 감탄이 절로 나왔다. 그러나 코메니우스의 교육사상이 현대교육학의 사상적 기초가 되고 있음을 보여주는 그의 학문적 영향력에도 불구하고 그의 교육사상이 필자에게 학문적으로 연구하고 싶은 큰 매력을 느끼게 하지는 듯했다. 그러던 어느 날 Christian History Magazine에서 코메니우스를 특집으로 다루고 있는 기사를 읽게 되면서 코메니우스에 대해 새로운 시각으로 접근하게 되었다.

그는 조국 모라비아를 등지고 떠나야만 했던 고달픈 실향민의 삶 속에서도 끝까지 그의 신앙과 학문적 노력을 견지해 나간 위대한 신앙인이자 교육사상가이었으며, 또한 교육실천가이기도 하였다. 동포 모라비아 형제단들과 함께 폴란드 레슈노로 망명의 길을 떠나기 전의 그의 모습에서 커다란 감동을 받은 이후로 필자는 그의 사상에 대해 가슴을 열고 접근해 가기 시작했다. 학문적 연구 과정에서 그 당시 전무했던 평생교육의 구조와 체계를 완성한 그의 범교육학(Pampaedia)의 근저에 유아와 어머니와의 관계가 있음을 발견한 것은 필자에게 놀라움이자 큰 기쁨을 안겨 준 대발견이었다. 비록 시대적 격차 및 학문분야의 차이로 인해 언어가 다르지만 중심에 있어서는 대상관계이론과 매우 일맥상통하다는 것을 간파하고 학제간 연구방법에 의해 대상관계이론적 관점에서 코메니우스의 교육사상을 재해석한 것이 본 저서이다.

"모든 인간은 예외 없이 자신의 인간성을 완성해야 한다"고 역설한 코메니우스의 범교육적 입장에는 태아와 유아가 포함되며, 그들의 인격형성은 그 시기부터 이루어진다는 전제가 깔려 있다. 코메니우스의 방대한 교육사상의 기초가 태아부터 시작되는 유아교육에서 시작되었다는 것은 유아를 한 인격체로 여기지도 않고 유아를 위한 교육적 관심이 전무하던 17세기라는 시대적 상황을 고려하면 획기적인 교육적 발상이 아닐 수 없다. 더욱이 전인적 인격형성이 태아기부터 시작한다고 보고 최초의 인격형성자로서의 어머니에 대해 강조한 그의 탁월한 교육적 혜안은 시대를 훨씬 앞선 현대적인 교육사상이며, 그를 '현대교육학의 아버지'라 부르는데 이견이 없게 한다.

코메니우스의 라틴어 저서 Informatorium Maternum을 영어본으로 번역한 엘러(E. M. Eller)는 코메니우스가 현대에 생존하였다면 육체와 영혼이 균형과 조화를 이룬 전인적 인격형성에 더 큰 업적을 이루었을 것이라고 아쉬워하였다. 왜냐하면 코메니우스는 유아의 초기부터 지성과 도덕성, 신앙이 조화를 이루어 전인적 인격형성의 토대를 마련하는 것을 가장 중요한 교육적 기초로 여겼기 때문이다. 이런 점에서 코메니우스는 "한 방울의 독으로도 그릇 전체를 오염시키기에 충분하고 작은 부스러기의 효모가 반죽 전체에 충분하듯" 이 시기 유아의 정신과 인격에 중대한 영향을 미치는 유아와 어머니와의 관계성을 강조한 것으로 평가될 수 있다.

이것은 클라인(M. Klein)이 유아가 어머니라는 최초의 대상과 맺게 되는 관계가 유아의 정서적 심리적 건강과 직결된다고 본 견해, 현실과 소통하는 개인적인 방식이 시작되는 것은 어머니와 유아가 양자단일체를 형성하는 공생기부터라고 주장한 말러(M. Mahler)의 견해, 그리고 생의 초기에 어머니를 통해 입게 되는 심리적 상처는 유아의 인격성장과 발달에 있어서 분열성 인격장애를 가져오게 하며 유아가 초기 어린 시절에 어머니와의 의존 경험에서 신뢰를 획득했을 때에만 신앙교육이 가능하다는 위니캇(D. Winnicott)의 견해, 유아기에 겪은 어머니와의 관계경험이 하나님 이미지를 형성하는 원인이 된다는 리주토(A. M. Rizzuto)의 견해와 강조점이 같다는 결론을 이끌어 낼 수 있게 한다.

바라건대, 필자의 작은 시도의 결실이 오늘날 현대를 살아가는 모든 어머니들, 그리고 그들에 의해 잉태되고 양육되어 한 인간으로 살아갈 모든 어린 생명들에게 조그마한 선물이 될 수 있기를 원한다.

이 책이 출간되어 나올 수 있도록 지원해 주신 한국학술정보(주)의 채종준 대표님과 이명란 간사님 그리고 아름다운 책 표지를 디자인해준 직원 여러분께 감사드린다. 무엇보다 학문의 여정을 인도하신 하나님께서 코메니우스 연구로 세계적인 인정을 받고 계신 이숙종 교수님과의 만남을 허락하셔서 탁월하신 가르침을 받게 하신 것을 감사드리지 않을 수 없다. 끝으로, 나의 사랑하는 남편과 두 아들에게 고마움을 전하고 싶다.

현재 한국사회에서 가장 주요한 사회적 문제(issues) 중 하나로 미래교육에 관한 과제가 대두되고 있다. 해결의 실마리를 찾을 수 없는 교육의 미로(迷路)가 자녀를 둔 가정의 부모들과 교육에 관심을 두고 있는 모든 사람들의 의식세계를 가로막고 있기 때문이다.

올바른 인간교육은 가정에서 자녀들에 대한 조기교육에서 출발해야 한다. 가정의 조기교육은 인간성의 계발을 위한 부모인 어머니와 어린 자녀와의 관계성에서부터 시작되는 것이다. 모든 교육은 일차적으로 가정에서 출발하여야 한다는 '현대교육학의 아버지'이자 '최초의 기독교교육 이론가'라 불리는 17세기 존 아모스 코메니우스(John Amos Comenius)에서 조기교육의 중요성을 발견할 수 있다.

교육의 문제는 인위적인 제도와 행정적 규제와 규범으로만 해결되는 것이 아님을 역사적으로 알 수 있다. 가장 중요한 문제의 해결은 교육을 담당하고 있는 당사자들(가정의 부모, 교사, 행정가, 사회적 환경)의 '교육하는 일'에 대한 이해와, 그리고 학습자들의 '교육을 받아야 할 이유'에 대한 의미와 목적을 바르게 정립하여 실천하는 일에 달려있다.

본 저서가 이러한 관점에서 코메니우스의 조기교육사상을 현대 심리학의 대상관계 이론에 근거하여 재해석한 최초의 연구라는 점에서 매우 다행스럽게 생각한다.

본 저서는 신학과 심리학, 기독교교육과 상담심리학과의 학제간의 연구(interdisciplinary research)에 의하여 코메니우스의 유아와 어머니 이해를 재해석하려고 시도하였다. 뿐만 아니라, 본 연구는 코메니우스의 평생교육의 기초를 놓은 범교육의 첫 단계가 되는 모태학교(school of mother's womb)와 유아학교(school of infancy)의 중심에 놓여 있는 어머니와 유아의 주요한 속성과 역할을 냉철한 통찰력과 현대적 이해로 탐구하고 있다. 그 실례로, 코메니우스의 어머니와 유아와의 관계성을 '유아의 심리적 탄생'(The psychological birth of the human infant)이론을 제기한 말러(M. Mahler), 유아의 정서발달을 위해 '충분히 좋은 어머니'(good enough mother)의 역할을 강조한 위니캇(D. Winnicott), 그리고 유아의 신앙형성과정을 증명한 리주토(A. M. Rizzuto)의 '살아있는 신의 탄생'(The birth of living God)이론을 중심으로 재해석하고 있다.

따라서 코메니우스의 교육사상의 핵심이 되는 유아와 어머니와의 관계를 현대 대상관계이론과 접목한 본 저서는 한국을 비롯한 여러 나라의 학계에서 최초라는 점에서 매우 독창적이라 생각되어 유아교육학계는 물론 기독교교육에 관심이 있는 사람들, 특히 가정에서 자녀교육의 중요성에 지대한 관심을 가지고 있는 여러분들에게 적극적으로 추천하는 바이다.

2008년 1월

강남대학교 기독교교육학 교수 이숙종

# 제1장
# 왜 코메니우스의 교육사상을 대상관계 이론적 관점에서 재해석하려 하는가?

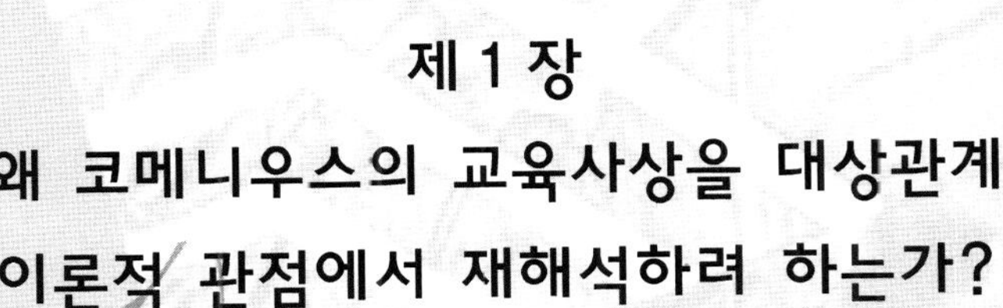

## 1. 문제의 제기

현대사회는 첨단과학의 발달과 정보산업의 눈부신 진보로 큰 변화를 겪고 있다. 급변해 가는 현대사회의 현상 가운데 여성의 사회참여 증가, 이혼과 재혼의 증가, 출산율 감소와 노인인구의 증가 등 가족 및 가정의 변화를 들 수 있다. 이러한 변화로 인해 발생하게 되는 가정의 붕괴, 가족 간의 불화, 인간 소외 현상은 자녀들의 인간성 박탈의 문제와 바람직하지 못한 부모-자녀관계의 문제를 야기하고 있다. 맞벌이 부부의 증가는 자녀양육의 책임이 부부 양자에게 있게 된다는 장점이 있으나 자녀를 위한 충분한 시간을 할애하지 못한다. 부모와 자녀가 가정에서 함께 지내는 시간은 점점 줄어들어 대화의 시간이 매우 부족하다. 부모는 자녀의 특성을 이해하지 못하고 자녀는 부모의 가치관을 받아들이지 못해 의사소통의 단절과 세대 간의 갈등이 팽배해지고 있다(김명희, 2003; 김유숙, 2004; 박선영 외, 2003; 이숙 외, 2002).

현대사회에서 겪고 있는 이러한 가정의 변화와 위기는 기독교 공동체에 속한 가정들에서도 일어나고 있다. 가정에서의 자녀양육과 신앙교육은 부모 역할 수행의 혼란으로 인해 그 고유한 기능을 상실하고 있다(이숙종, 2001: 392-393; 김성애, 2005: 85-87). 교회에서의 교육도 일주일 중 단 하루인 주일의 교회학교 교육에 의존하고 있는 실정은 여전히 개선되지 않고 있는 부분이다. 기독교교육학자인 스마트(J. Smart)는 교회의 교육적인 사명을 강조하였다. "강단에서 내려와서 교육에 참여하지 못한 목회자는 농부가 씨를 뿌렸지만 추수할 때까지 아무 일도 하지 않은 것과 같다."[1]

---

1) J. Smart(1951), The Teaching Ministry of the Church. Philadelphia:

라는 그의 말은 말씀의 실천화, 즉 프락시스를 강조한 것으로 볼 수 있다. 따라서 교회는 "급변하고 있는 현대사회에서 발생하고 있는 모든 사회적 문제들과 그 병리현상을 적절하게 진단하고 적극적으로 개혁하는 운동을 전개하기 위해"(401) 교육적인 프락시스에 힘써야 한다.

현대사회의 상황과 관련하여 교회의 교육적인 프락시스를 실천하기 위한 연구들은 웨스터호프(J. H. Westerhoff Ⅲ)의 신앙-문화화 패러다임(faith-enculturation paradigm) 이후로 꾸준히 기독교교육계에서 시도되어 왔다.2) 이러한 시도들은 기독교교육의 내용을 비판적으로 성찰하기 위해서는 교회와 사회 사이에 그리고 기독교의 전통과 일반학문 사이에 폭넓은 대화가 이루어져야 한다는 문제인식에 의해 진행된 것이다.

필자는 다음과 같은 문제의식을 가지고 출발하였다.

첫째, 현대사회의 급격한 변화는 기독교 공동체와 가정의 교육적 기능을 약화시키고 있다. 교회는 교육적 사명을 매우 부분적으로 수행하고 있으며, 가정은 교육의 책임소재의 혼란과 적절한 정보제공의 결핍으로 인해 교육적 기능을 제대로 수행하지 못하고 있다.

둘째, 현대사회에서 기독교 공동체와 가정이 교육적 기능을 회복하고 제대로 수행하기 위해서는 기독교교육의 이론구성의 자료로서 일반 학문의 통찰력을 사용할 필요가 있다.

셋째, 이를 위해서는 기독교교육의 이론 및 일반 학문들의 이론을 정확히 이해하고, 이것을 실제의 상황과 적절히 연계시킬 수

---

the Westminster Press. 23. 이숙종, 2001: 401에서 재인용.
2) 이것에 대해서는 강희천, 1999: 116을 참조하라.

있는 학제간 접근방법이 필요하다.

넷째, 이러한 접근방법을 통해 현대사회에서 교육적 위기를 겪고 있는 교회와 가정에 적절한 정보를 제공할 수 있고, 기독교 유아교육과 어머니교육을 위한 새로운 전망을 제시할 수 있다.

이상과 같은 문제의식은 필자로 하여금 다음과 같은 현실적 요청에 관심을 갖게 하였다.

첫째, 현대사회에서 유아기 자녀를 둔 어머니들은 자녀양육을 수행함에 있어서 어머니 역할에 혼란과 어려움을 겪고 있다. 이들은 유아기 자녀교육에 대한 신앙적이고 교육적인 지도를 할 수 있는 새로운 모형을 필요로 하고 있다.

둘째, 교회 및 기독교 유아교육기관의 교육적 사명을 위해 인간 삶의 출발지인 가정 안에서 이루어지는 교육, 특별히 유아의 초기교육과 어머니교육을 위한 새로운 모형이 요청되고 있다.

셋째, 유아의 초기교육과 어머니교육을 위한 새로운 모형을 모색하기 위해 유아교육의 선구자로 평가되고 있는 코메니우스(체코명: Jan Amos Komenský, 라틴명: Johann Amos Comenius, 1592 – 1670)의 교육사상에 나타난 유아와 어머니에 대한 이해를 현대 대상관계이론으로 재해석할 필요가 있다.3) 이러한 학제간 연구방법을 통해 기독교 유아교육과 어머니교육을 새롭게 전망할 수 있다.

넷째, 코메니우스의 유아와 어머니에 대한 이해는 유아가 최초

---

3) 코메니우스의 유아교육사상과 대상관계이론을 접목하려는 시도는 국외적으로는 그 자료를 발견하지 못하였으나 국내에서는 박은주(2000)의 총신대학교 대학원 석사학위논문인 "코메니우스의 태아 및 유아교육론의 현대적 해석 — 코메니우스의 범교육론을 중심으로"가 있다. 그러나 대상관계이론으로 코메니우스의 유아교육사상을 해석해 보려는 시도가 논문 내용에서 매우 미미하게 다루어져 있어 아쉬운 감이 있다.

로 어머니와 맺게 되는 관계의 질을 강조하는 대상관계이론으로 재해석됨으로써 유아와 어머니와의 상호작용을 위한 교육 프로그램에 적극적으로 활용될 가능성을 가지고 있다.


## 2. 연구의 목적

코메니우스가 생존하였던 17세기는 종교개혁이 무르익고 르네상스 인문주의 시대가 시작된 근대의 시대였으나 여전히 중세적인 사고가 지배하였던 과도기적인 시대였다. 그는 그러한 시대적, 정신사적 상황에서 역사의 중심에서 밀려난 존재였던 어린이와 여성을 그의 교육사상에서 중요한 교육적 위치를 차지하는 중심 존재로 부각시켰다.

코메니우스의 교육사상의 위대성을 보여주는 동시에 유아교육에 있어서 선구자적인 역할을 한 관점이라고 평가할 수 있는 것들로 다음과 같은 점들을 들 수 있다: 첫째, 어린이들을 하나님의 가장 존중되고 열렬히 보호되어야 할 가장 고귀한 가치를 지닌 자들로 인식하고서 '어린이 신학'(Theologie des Kindes)이라고 명명할 수 있는 이론을 전개한 점(Gossmann/Schröer: 81), 둘째, '어머니 무릎학교', '어머니 학교', '어머니의 품' 등의 용어로 어머니가 가지고 있는 교육적 위치를 밝힌 점 그리고 유아를 하나님의 형상으로 보고 유아를 철저하고 완전하게 돌보아야 할 필요성 및 유아기의 교육을 위한 어머니 역할의 중요성을 강조한 점 등이다.

코메니우스가 유아교육사상을 피력함에 있어서 그의 교육적인 탁월한 통찰력을 보여주는 것으로 다음의 세 가지를 들 수 있다:

첫째, "어린아이는 아직 성장하지 않은 그리고 세상에 갓 태어난 인간이며, 모든 부분에서 인격이 형성되지 않았고 전체와 관련된 인격 형성이 필요하다."(Comenius, 1666: 162)라고, 그의 시대를 훨씬 능가하는 유아관을 가진 점

둘째, "유아기에 충분히 개선될 수 있는 것도 나이가 들면 다시는 고칠 수 없게 된다."(172)라는 관점에서 유아의 조기교육의 중요성을 강조한 점

셋째, "어머니와 격리된 자녀들은 예의바름을 배울 수 없다."(Comenius, 1633: 82)라고 하면서, 어머니 품 안에서 이루어지는 유아교육을 제시한 점 등이다.

코메니우스의 유아와 어머니 이해는 대상관계이론과 일맥상통한 부분이 있다. 특별히 그의 유아교육사상 가운데 유아의 최초의 환경이라고 볼 수 있는 가정 안에서 발생하는 유아와 어머니와의 긴밀한 유대감과 유아에게 미치는 어머니의 영향에 대한 그의 견해는 현대의 정신분석학적 대상관계이론의 관점과 맥을 같이한다고 볼 수 있다. 중요한 대상관계 이론가들 가운데 말러(M. Mahler, 1897 – 1985)와 위니캇(D. W. Winnicott, 1896 – 1971) 그리고 리주토(Ana – Maria Rizzuto)는 다음과 같은 맥락에서 코메니우스의 유아와 어머니 이해와 만날 수 있다:

첫째로, 갓 태어난 아이를 생물학적인 무의 상태 또는 미결정 상태로 규정하고 유아는 모든 것을 배우고 받아들일 수 있으며, 변화될 수 있는 무한한 가능성을 가지고 태어난다는 코메니우스(1666: 269)의 언급은 말러의 유아의 심리적 탄생 이론과 연결하여 재해석될 수 있는 여지가 있다. 말러는 신생아의 마음은 조직화되지 않고 형체가 없는 한 개의 덩어리에서 분리 – 개별화(Separation- Individuation)의

단계를 거쳐 자아가 형성된다고 하는 하트만(H. Hartmann, 1894 – 1970)의 가설4)을 바탕으로 자신의 이론을 세웠다. 즉 유아의 자아발달은 어머니와 유아의 하나 된 감정 덩어리에서 분리와 개별화 과정을 거쳐 안정된 자아 주체성 및 정체감을 형성한다는 것이다.5)

둘째로, "초기에 저질러진 오류는 거의 개선될 수 없기 때문"(1666: 246)에 아주 어릴 때부터 자녀를 신중하게 돌봐야 하는 어머니의 역할의 중요성도 코메니우스의 중요한 교육적 관점이다.6) 이러한 관점은 위니캇의 관점과 매우 유사하다. 위니캇(1984: 221)은 정신신경증을 제외한 모든 정신적 질병을 유아기와 초기 유년기 동

---

4) 하트만의 가설에 대해서는 본 연구 79쪽 참조.

5) 말러는 정상적인 유아들과 장애 유아들, 그들의 어머니들 그리고 어린 유아들과 나이든 유아들에 대한 광범위한 관찰 결과 유아의 정상적인 자아발달 과정을 추적할 수 있었다. 관찰을 통해 말러는 프로이드(S. Freud)가 '일차적 자기애'라고 불렀던 시기, 즉 대상이 존재하지 않았던 생후 초기의 특징을 다시 규정하였다. 생후 최초의 몇 개월이 지나면 유아는 분리 개별화의 과정을 거쳐 '자폐적인 껍질'을 깨고 '정상적 공생관계'라고 할 수 있는 최초의 인간관계에 들어서게 된다는 것이다. 분리 개별화 과정은 분화단계(differentiation), 연습단계(practicing), 재접근단계(reapproachment), 대상 항상성단계(object constancy)라는 네 단계로 구성되어 있다. 말러는 이 각 단계가 어떻게 시작되고 정상적일 때 어떤 결과를 가져오며 그 과정 안에 어떤 위험들이 포함되어 있는지에 대해 설명하는데 이것이 대해서는 제5장에서 자세히 다룰 것이다. Mitchell & Black/이재훈 역, 2002: 97 – 100 참조.

6) 엘러(E. M. Eller)는 The School of Infancy 서문에서 "유아들은 자기 혼자 고귀함과 지혜를 갖출 수 없다. 쉼 없는 노력으로 형성될 뿐이다. 부모들은 이 일을 유아가 큰 후 교사나 성직자에게 맡겨서 하겠다는 생각을 해서는 안 된다. 이미 곧지 않게 자란 나무를 나중에 곧게 하기란 불가능하기 때문이다."라는 코메니우스의 말을 인용하면서 부모가 시기를 놓치지 않고 유아를 바르게 교육해야 하는 책임이 있음을 거듭 강조하였다. Comenius, 1633 ed by Eller, 1956: 84.

안에 개인의 성숙과정을 촉진시키는 환경의 기능이 실패한 데 따른 것7)으로 보면서, 개인의 정신건강의 토대는 유아의 성장과 돌봄의 초기단계에서 유아와 어머니에 의해서 형성된다고 말하였다. "유아는 돌봄을 받는 의존적인 존재이며, 처음에는 절대적으로 의존하는 존재이기 때문에 유아의 돌봄과 어머니에 관해 동시에 말하지 않고서는 유아에 관해 말할 수 없다."(233)라는 말은 그의 관점을 잘 드러내 준다.

셋째로, 코메니우스는 유아의 신앙교육에 있어서도 어릴 때부터 교육시킬 것을 강조하였다. 모든 사람들은 하나님의 진리를 알고 그 뜻을 발견하기 위해 마음속에 내재하고 있는 경건의 씨를 배양해야 하는데 경건으로 인도하는 노력은 모태에서부터 시작해야 한다는 것이다.8) "하나님은 자신이 창조한 유아가 그리스도 안에서 거룩하게 되기를 원하시며, 축복의 안내자인 성령을 주셔서 그 안에 자신의 은혜를 담아 두시기를 원하시기 때문에 부모는 유아가 세상의 저속함으로부터 멀리하여 온전한 마음으로 하나님께 영광을 돌리게 해야 한다. 부모가 기도를 하거나 식사 전후로 찬송을 할 때, 유아들은 조용히 두 손을 모으고 앉아 있는 습관부터 길러야 한다. 그들에게 부모가 먼저 모범을 보여주고 잠시 동안 손을 포개어 붙잡아 준다면

---

7) 위니캇은 유아의 부적응 배후에는 항상 상대적 의존기 동안에 절대적으로 중요한 유아의 욕구에 적응해 주지 못한 환경의 실패, 즉 어머니 역할의 실패가 있다고 보면서 최초의 실패는 수유와 관련되어 있다고 하였다. 이것은 코메니우스가 갓 태어난 아기에게 모유 수유를 강조한 부분과 일맥상통한다. Winnicott, 1984: 207 참조.

8) 코메니우스는 "부모들이 자녀를 낳을 것을 계획한 시기에 이미 경건하며 좋은 습관으로 살아야 한다는 것을 사람들이 알았으면 한다. 자녀들에 대한 배려는 이미 출생 이전에 시작되어야 한다. 하나님의 씨를 찾는 것은 부모에게 맡겨진 일이다."(1666: 246)라고 하였다.

쉽게 습관을 익힐 수 있을 것이다."(1633: 131) 코메니우스의 유아 신앙교육에 대한 이러한 관점은 유아가 어머니 혹은 아버지와 맺게 되는 관계 경험이 유아의 하나님 이미지를 결정한다는 리주토의 이론과 만날 수 있다.

리주토는 전-오이디푸스기 유아가 일차적 대상 표상들과 자기감 사이의 끊임없는 변증법적 과정들을 통해서 누구보다도 크고 강한 부모를 '닮은' 존재에 대한 표상을 형성하게 된다고 추정한다. 이 존재는 유아의 마음속에서 보이지는 않지만 살아 있는 실재가 된다. 또한 부모가 유아에게 하나님에 관해 자주 언급해 주고 유아를 주일학교에 보내며 뿐만 아니라 부모 자신이 예배에 참석한다는 사실은 유아에게 깊은 인상을 심어 준다. 왜냐하면 유아에게 있어서 부모는 눈으로 볼 수 있는 가장 위대한 존재들이기 때문이다(1979: 50).

이상과 같이 살펴본 것을 토대로 필자는 코메니우스의 교육사상에 나타난 유아와 어머니 이해를 대상관계이론을 중심으로 재해석하여 기독교 유아교육과 어머니교육을 위한 새로운 전망을 제시하고, 21세기에 요청되고 있는 기독교 유아교육과 어머니교육에 공헌하는 것을 그 목적으로 삼고자 한다.

위와 같은 연구의 목적을 위해 제2장에서는 코메니우스의 교육사상을 바르게 이해하기 위해 그가 생존한 당시의 시대배경과 그의 사상적 특징을 살펴볼 것이다. 그의 교육사상은 30년 전쟁으로 암울했던 17세기 유럽의 시대적 상황에서 기독교적 세계관에 근거한 범지학적이고 범교육적인 교육목적과 이상을 실현하고자 형성되었음을 밝히고자 한다.

제3장과 4장에서는 코메니우스의 유아관과 어머니관을 살펴봄으

로써 그의 교육사상의 중심에 유아와 어머니가 놓여 있음을 밝히고자 한다. 제5장에서는 코메니우스의 범지학과 범교육에 기초한 유아교육사상을 살펴보고자 한다.

제6장에서는 대상관계이론의 특징을 이해하기 위해 대상관계이론의 발전과정과 중요한 이론가들에 대한 일반적인 개관을 한 후에 유아를 어머니와의 관계성 속에서 이해한 대상관계이론가들 가운데 '유아의 심리적 탄생'(The psychological birth of the human infant) 이론을 제기한 말러와 유아의 정서발달을 위해 '충분히 좋은 어머니'(good enough mother)의 역할을 강조한 위니캇 그리고 유아의 신앙형성과정을 증명한 리주토의 '살아 있는 신의 탄생'(The birth of living God)이론을 중심으로 현대적 유아와 어머니 이해를 살펴볼 것이다. 이들의 이론적 견해는 그들 나름대로의 독특한 이론적 배경과 경험으로 인해 다소 상이한 점들이 있다. 그럼에도 불구하고 이들의 이론은 서로 긴밀하게 연결되어 있고, 상호 보완하는 상관성과 공통점을 가지고 있다. 즉 이들의 이론은 개인의 정서적 성숙과 건강한 자기 발달은 어린 시절의 어머니와의 관계의 질에 절대적으로 의존되어 있고, 이러한 초기 관계의 질이 개인의 하나님 표상 형성 과정에 영향을 준다는 발달 이론적 관점을 가지고 있다.

제7장에서는 코메니우스의 교육사상에 나타난 유아와 어머니 이해를 대상관계이론적 관점에서 재해석하고자 한다. 코메니우스의 유아 및 어머니 이해를 대상관계이론으로 재해석함으로써 유아와 어머니교육을 위해 공헌할 수 있는 것으로는 다음과 같은 것들이 있다.

첫째, 유아기는 코메니우스와 대상관계이론가들이 인생의 가장 중요한 시기로 인정하고 깊은 관심을 가진 시기이다. 이 시기에 유아는 어머니 품 안에서 좋은 돌봄을 받고 교육을 받아야 한다. 이 시기는 어머니와의 관계 안에서 인격과 신앙 형성의 기초를 이루는 시기이므로 유아교육은 자녀의 나이가 이른 시기에 이루어져야 한다는 중요성을 알게 한다.

둘째, 코메니우스가 언급한 어머니의 교육적 위치와 역할을 유아와의 관계를 중심으로 더욱 명확하게 정의할 수 있다. 따라서 어머니로 하여금 대상관계이론적 접근을 통해 유아에게 미치는 어머니 자신의 영향과 역할의 중요성을 각성하게 한다.

셋째, 유아로 하여금 코메니우스가 목표한 전인적 인격 형성을 이루는 기초를 마련할 수 있게 한다. 이것은 유아와 어머니의 관계 경험의 질을 향상시키는 프로그램을 실제적으로 훈련받음으로써 더욱 효과가 있을 것으로 기대된다. 이러한 점들에 대해서는 제8장 결론에서 좀 더 상세히 언급할 것이다.


## 3. 연구방법

필자는 신학과 상담심리학 및 자기심리학, 기독교교육과 대상관계이론 및 종교심리학과의 학제간 대화를 시도하고 있는 최근 학제간 연구동향에 힘입어 코메니우스의 교육사상에 나타난 유아와 어머니관을 대상관계이론에서 강조하는 유아와 어머니 관계 경험으로 새롭게 해석해 보려고 한다.

최근 신학과 심리학[9] 사이에 학제간 대화가 활발히 일어나고

---

9) 여기서 심리학이란 정신분석학, 대상관계이론, 자기 심리학을 주로 지칭한다.

있다. 이것은 현대사회의 다원성과 지식정보 사회의 도래로 생겨난 학문적 연구풍토로서, 학문이 견고한 벽을 스스로 허물고 보다 폭넓게 인식하고 해석할 수 있는 길을 모색하게 되었기 때문이다(이숙종, 2004: 78). 성서의 권위 및 기독교의 전통과 인간의 경험을 비판적 성찰의 방법으로 학제간 대화를 시도한 대표적인 신학자로 트레이시(D. Tracy)를 들 수 있다. '수정주의(revisionist) 신학'이라는 명칭을 처음으로 제안한 시카고 대학의 실천신학 교수인 트레이시에 의하면, 수정주의 신학은 신정통주의 신학에서 강조해 온 성서의 권위와 자유주의 신학에서 중요시했던 인간의 경험을 모두 함께 연결시키려는 특징을 가진다. 즉 과거로부터 전해 내려온 성서 및 기독교의 전통과 현재 인간들의 경험을 함께 중시하면서 그 둘 사이의 비판적 상관관계(critical correlation)를 강조하려는 특징이 있다.

일찍이 틸리히(P. Tillich)는 '대비를 통한 명료화'(clarification through contrast)라는 상관관계 방법을 주장하여 인간의 상황에서 철학적 질문을 도출하고 성서에서 신학적 대답을 구하는 방법론을 주장하였다. 그러나 틸리히의 상관관계 방법은 성서 이외에도 현대의 여러 방면의 학문들이 제공하는 이론이나 지식으로부터 도움을 얻을 수 있음을 비판적으로 살펴보지 못한 한계점을 지니고 있다고 트레이시는 비판한다. 틸리히의 상관관계 방법은 자료나 출처가 서로 다른 질문과 대답을 단지 병립(juxtaposition)시켜 놓았을 따름이며, 인간의 경험을 단지 성서를 연결시키는 매체로서만 보고 그 경험을 통해 얻게 된 지식을 신학연구의 주요 자료로 보지 못했다는 것이다. 즉 인간의 현재 경험 속에서 드러나는 하나님의 활동을 보다 정확하게 판별하기 위해서는 성서나 기독교적 전통에 관한 이해뿐 아니라 인간의 일반적인 경험까지도 정확히 이해해야 한다. 이를 위해서는 성서 이외에도 현대의 일반 학문들도 주요 자료로 취급될 수 있다는 것이 트레이시의 견해이다.[10] 이것은 트레이시의 괄목할 만한 저서인 On Naming the Present에 분명하게 언급되어 있다. 그는 이 저서에서 "역사의 하나님은 진정한 자아(the authentic self)의 하나님 곧 심리학의 하나님"(1994: 54)이라고 명명하면서 신학의 영역을 심리학적인 인간 경험의 영역으로 확장시켜 현대의 신학적인 이슈들을 연구할 것을 제안하였다.[11] 트레이시는 이것을 위한 학제간 연구방법으로 '유추적 상상력'(analogical imagination)에 기초한 해석학적 관점을 제시하기도 하였다.

　신학과 정신분석학의 만남의 필요성을 주장한 학자로서 가톨릭 신학자이며 정신분석학자인 마이스너(W. Meissner)를 들 수 있다. 그는 서로의 학문적인 연구에 대한 오해와 무지에 기인한 신학과 정신분석학 사이의 적대감에 대해 깊은 우려를 표시하며 두 학문 사이의 대화를 모색하였다. 즉 현대 기독교 신학의 발전과 프로이드 이후의 정신분석학의 발전은 이 둘 사이의 해묵은 적대감을 극복하고 보다 깊은 차원에서 상호 교류할 수 있음을 강조하였다 (1984: 51). 그는 신학과 정신분석학이 가지고 있는 기본적 관점들 가운데 부조화를 이루는 관점들에 대해 상세히 설명하였다.[12] 그러나 그는 비록 신학과 정신분석학이 몇 가지 부조화를 이루는 관점들이 있음에도 불구하고 서로의 학문적 공헌을 수용하여 창조적

---

10) Tracy(1975) 4장 참즈.

11) Tracy(1994) 제3부 Contemporary Theological Issues 참조.

12) 이에 관한 자세한 논의는 Meissner, 1984: 205 – 218 참조.

28

으로 대화하며 발전해 나갈 수 있음을 시사하였다.

목회상담학 분야에서도 신학적 인간학, 특별히 바르트(K. Barth)의 인간학과 대상관계이론가들의 인간학과의 관계를 학제간 연구방법으로 접근하려는 노력들이 이루어지고 있다. 프린스턴 신학대학원 목회상담학 교수인 헌싱거(D. Hunsinger)[13]는 주저인 Theology and Pastoral Counseling – A New Interdisciplinary Approach에서 바르트의 인간학과 대상관계이론가들의 인간학과의 대화를 시도한 프라이스(D. J. Price)에 대해 다음과 같이 평가하고 있다:

> 프라이스는 두 가지 담화 세계를 결코 혼동하지 않는다. 오히려 그는 이 두 가지를 완벽하게 차별화시키는 동시에 각각의 통전성을 유지시킨다. 나는 프라이스가 그 자신이 연구하고 있는 두 가지 학문을 체계적으로나 개념적으로 종합하려 하지 않았고 한 학문의 용어들을 환원시키거나 전환시키는 일에 전혀 관심이 없었기 때문에 우리에게 특별히 도움이 된다고 생각한다(2000: 87).

헌싱거는 프라이스가 바르트의 신학적 인간학과 대상관계 심리학이 인간에 대한 공통된 관점, 즉 타자와의 상호관계성에 대한 관점을 가지고 있다고 파악한 점을 높이 평가하고 있다. "인간과 하나님 사이의 너와 나의 관계를 고찰하는 것이 신학의 임무"(93)이고 "대상관계심리학의 경우 인간의 경험은 언제나 상호적인 경

---

13) 헌싱거의 지도하에 바르트의 신학적 인간학과 자기심리학자인 코헛의 관계적 인간학 사이의 학제간 대화를 다룬 박사학위논문으로 Son, Angella Mikyong Park(2000)의 "Theological Anthropology and Narcissism: Interdisciplinary Dialogue between Karl Barth's Theological Anthropology and Heinz Kohut's Psychology of the Self – Human Being as Relational Self"(Princeton Theological Semenary, Princeton, New Jersey)가 있다.

험"(94)이다. 그러므로 "개인이 자기와 타자 사이에서 맺는 관계는 신학과 대상관계 심리학의 공통된 관심사"(93)라는 것이다. 따라서 이 두 분야가 서로 다른 목적을 위해 서로 다른 방법을 동원해 이 상호적 실재에 도달한다고 하더라도 결국 다음과 같은 유사한 결론에 다다르게 된다:

첫째, 인간이 타인들과 맺어 온 상호관계의 역사는 그들의 존재 자체를 구성하는 요소가 된다. 바르트의 경우 한 사람의 존재 그 자체는 하나님과의 만남에 따라 규정되고, 이차적으로 다른 사람들과의 만남에 의해 규정된다. 대상관계심리학의 경우 한 사람의 정신 속으로 내사된 사람들과의 관계 역사가 바로 자기의 기초적인 요소인 동시에 존재의 구성요소이다.

둘째, 바르트의 경우 세상의 일반적인 사물들에 관한 인간의 인식은 모두 하나님과의 관계에 달려 있다. 인간 인식의 근원이며 목표로서의 하나님은 신적인 지식을 중재해 주는 일상적인 대상으로서 우리에게 알려진다. 대상관계심리학의 경우도 이와 유사하다. 유아와 어머니와의 관계는 지각과 인지의 성장을 가져오는 상호적 모체이며, 후기의 인지는 모두 유아와 처음으로 관계를 맺고 유아에게 처음으로 신뢰할 만한 관계적 상황을 제공해 주는 존재, 곧 어머니에게 달려 있다. 세상에 대한 유아의 기본적인 첫 인지는 자기와 타인을 구별할 줄 알게 되는 초기과정에서 발생한다(99 – 100).

헌싱거 외에도 오덴(T. Oden)은 바르트의 신학과 로저스(K. Rogers)의 심리학을 하나님의 자기 – 노출이라는 조명 아래서 해석하는 작업을 하였다. 바르트의 케리그마와 로저스의 심리학을 신앙유비를 통해서 보려는 오덴의 변증법적 시도는 기독교의 명백한 진리가 정신치료의 체계 속에 간접적으로 표현되어 있는 사실을 밝혀내려는 데 있다고 평가할 수 있다.

이상과 같이 살펴본바 최근에 목회상담학과 대상관계이론 및 자기심리학의 학제간 대화에 대한 연구논문 및 학위논문들이 다량 발표되고, 신학과 상담심리학 및 자기심리학의 학제간 대화도 활발히 논의되고 있다. 활발하지는 않으나 기독교교육과 대상관계이론을 포함한 종교심리학과의 학제간 대화도 시도되고 있는 상황이다. 최근 기독교교육학계에서도 기독교교육과 심리학의 연구결과를 연계시키려는 시도가 이루어지고 있다. 박원호는 기독교교육의 이론과 실천들이 다양한 학문적 접목을 필요로 한다고 전제한다. 그는 파울러(J. Fowler)의 주저 Stages of Faith: The Psychology of Human Development and the Quest for Meaning이 출판된 이후 수많은 신학자와 기독교교육학자들 사이에 학문적 논의가 거의 전 세계적으로 이루어지고 있음을 예로 들어 설명한다(1999: 7). 파울러는 신학자인 리차드 니이버(R. Niebuhr), 정신사회학자인 에릭슨(E. Erikson), 정신분석학자인 융(K. Jung), 발달심리학자인 콜버그(L. Kohlberg)의 이론을 그의 학문적 배경으로 삼아 자신의 이론 체계를 갖춘 학자로서 신앙의 성장을 중심 과제로 삼는 기독교교육에 중대한 공헌을 했다고 평가하고 있다(10 – 11).

이금만(2000)은 "심리학은 학습자를 입체적으로 이해할 수 있도록 도와줌으로써 신앙교육자로 하여금 일방통행식의 교사 중심이나 내용 중심 교수의 폐해를 극복하고 배움의 주체자인 학습자의 욕구를 충분히 감안하여 교육하도록 촉진한다."(6)라고 평가한다. 그는 심리학이 인간의 발달과정을 밝혀낼수록 궁극적 존재를 향한 목마름이 목격되고 있다고 밝히고 있다. 즉 정신분석학은[14] 인간

_______________

14) 정신분석 이론의 학제간 연계성에 대해 샤르프(Jill & David Scharff)

의 가능성과 잠재력에 대해 상세하게 해부하고, 발달심리학자들은 정신과 인격의 발달을 촉진한다고 언급하면서 신앙교육의 방법에 심리학의 통찰력을 활용하는 것에 대해 긍정적으로 평가한다(7). 이금만은 발달심리학 및 정신분석 심리학과 기독교교육을 연계하여 기독교교육의 재구성을 시도하고 있다.

기독교교육과 종교심리학과의 학문적 연계성에 관한 대표적인 논의로는 강희천의 「종교심리와 기독교교육」이 있다. 강희천(2000)[15]은 이 저서에서 기독교교육과 종교심리학과의 만남을 다음과 같이 평가하고 있다:

20세기 중반 실존주의 심리학과 발달심리학의 연구 결과가 기독교교육학 이론의 구성 자료로서 사용되기 시작했고, 그 후 대상관계이론 등이 기독교적 유아, 아동, 청년, 성인 교육의 분석 자료로서 접목되면서 두 학문 사이의 연구방법론적 관련성은 점차

---

는 다음과 같이 긍정적으로 언급하고 있다. "21세기 철학과 과학을 받아들인 정신분석은 다양한 인간 경험의 조건을 연구하고 치료하는 데 있어서 민감하고, 유연하고, 강력한 방법이 될 수 있을 것이다." Jill & David Scharff (1998)/ 이재훈 외 공역(2002): 169.

15) 강희천은 기독교교육과 종교심리학과의 학문적 상호관련성을 세 가지 차원에서 언급한다. 첫째, 대부분의 종교 교리(creed)는 인간심리의 인지적(cognitive) 활동을 통해 이해될 수 있는 것으로서, 기독교교육의 교육과정(curriculum)과 직결되어 있다. 둘째, 대부분의 종교가 상징적으로 표현하는 의례(cultus)를 통해 신의 존재를 의식하고 신과 인간과의 관계를 신뢰적 측면에서 연결시키고 있는데 이것은 인간심리의 정서적(affective) 활동을 통해 표출되거나 감지될 수 있는 것으로서, 기독교교육적 환경(environment) 조성과 밀접하게 관련되어 있다. 셋째, 대부분의 종교가 윤리적 행위나 행동적 규범(code)을 상세히 제시하고 있는데 이것은 인간심리의 의지적 행동(conation)을 통해 실천될 수 있는 것으로서, 기독교교육적 실천(praxis) 형태를 규명하는 데 직접적으로 관련되어 있다. 2000: 7 참조.

긴밀한 관계로 접어들고 있다(5). 하나님과의 관계 속에서 생활하는 인간의 구체적인 모습을 심리학적인 맥락에서 이해하려는 특징을 지닌 종교심리학은 기독교교육학의 학문적 연구형태와 유사성을 가지고 있다(6).

기독교교육학과 종교심리학은 그 연구방법상에 학문적 한계와 문제점이 있음에도 불구하고 종교심리학적 접근방법을 통해 기독교교육의 이론과 실천을 비판적으로 성찰하고 더 나아가 기독교교육의 재구성을 모색할 수 있는 가능성이 있다. 따라서 인간의 종교성과 행동양식을 이해하려는 종교심리에 관한 학문적 탐구는 현존의 기독교교육을 성찰하게 하는 데 필요한 자료로 활용할 수 있다. 강희천(2000)은 모든 인간이 보편적으로 느끼는 수치심(shame)이나 연민(compassion)과 같은 특정의 심리가 인간의 종교성 및 종교적 성숙에 미치는 영향을 기독교교육의 이론과 실천에 연계시켜 논의함으로써 기독교교육의 재구성 가능성을 모색하는 공헌을 하였다. 그는 종교심리학과 기독교교육학의 연구결과를 연계시키려는 시도는 다음과 같은 의의를 갖게 된다고 지적하였다:(7 - 8) 첫째, 인간의 종교심리에 관한 폭넓은 이해를 증진시킬 수 있다. 둘째, 임상적 차원에서 수행된 종교심리학 연구는 필요한 자료를 제공하고 활용함으로써 건강한 인간과 건전한 사회 형성을 위한 구체적인 대안을 제시할 수 있다. 더 나아가 영적 성숙을 위한 구체적인 행동양식을 인지하고, 정서, 행동적 차원에서 기술하는 데 도움을 줌으로써 기독교인으로 하여금 실제적 삶을 비판적으로 성찰하고, 이것을 기초로 자신들의 종교적 삶을 재구성할 수 있도록 도와주는 유익한 자료로 활용될 수 있다. 셋째, 기독교교육 현장에서 요청되는 인간심리의 이해, 종교적 성숙의 과정 분석 등에 필요한 지식을 제공함으로써 기독교교육의 실천적 수행(praxis)에 도움을 줄 수 있다.

필자는 위에 언급한 신학과 심리학, 기독교교육과 심리학과의 학제간 연구 동향에 힘입어 17세기 위대한 신학자요, 기독교교육학자인 코메니우스의 유아와 어머니 이해를 유아와 어머니와의 관계성 문제와 연계시켜 현대 대상관계이론적 관점에서 새롭게 재해석하려고 하였다. 따라서 대상관계이론과 기독교교육을 연계하여 재해석하는 작업의 하나로 코메니우스의 교육사상에 나타난 유아 이해와 어머니 이해를 대상관계이론적 관점에서 재해석하고자 하는 필자의 시도는 학제간 연구라는 학문적 의의를 갖는다고 본다.

# 제 2 장
## 코메니우스의 교육사상의 특징과 인간 이해

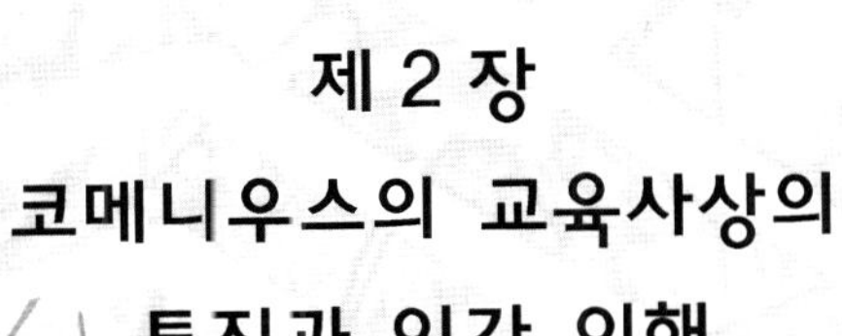

## 1. 사상적 특징과 인간 이해

코메니우스는 대다수의 기독교교육 학자들에 의해 '최초의 기독교교육 이론가'로 평가되고 있으며,16) 오늘날 일반 교육사에서도 '현대 교육학의 아버지'로 불리고 있다.17) 그는 비록 17세기라는 근대에 활동하였던 사람이었지만 그의 교육사상은 21세기에도 여전히 깊은 영향력을 끼치고 있다.18) 슈뢰어(H. Schröer)는 "코메니

---

16) 1960년에 「범교육학」(Pampaedia)을 원어 라틴어와 독일어 대조판으로 출판한 코메니우스 연구의 대가인 독일의 샬러(K. Shaller) 교수는 코메니우스의 범지학적 대작인 「인간 사물의 개선을 위한 일반담론」(De rerum humanarum emendatione consultatio catholica)의 네 번째 책인 「범교육학」(Pampaedia)이 발견되기 전에 코메니우스는 단순한 교수학자로 평가되었으나 그 이후에는 하나님의 계시와 성서에 기초한 신학자로서 인간교육의 이론을 제시한 최초의 교육신학자임이 밝혀졌다고 하였다. Shaller, 1967: 11 참조.

17) The School of Infancy의 영역자 엘러(E. M. Eller)는 역자 서문에서 "코메니우스가 현대 교육에 미친 영향은 코페르니쿠스나 뉴턴이 현대과학에 미친 영향이나 베이컨과 데카르트가 현대철학에 미친 영향에 버금간다."라고 말한 버틀러(N. M. Butler)의 말에 누구나 동의할 것이라고 하면서, 키틴지(M. W. Keatinge)는 코메니우스에 대해 "그는 교육학에서 논하지 않은 문제는 거의 없을 정도로 많은 것을 다루었다. 교사들이 이 위대한 교육자가 현대에도 계속 던지고 있는 질문들에 대해 답한 것을 숙지한다면 새로운 자극을 받지 않을 수 없을 것이다."라고 평가한 말도 함께 소개하고 있다. Comenius, 1632: 37-38. 이숙종도 코메니우스에 대해 "그는 교육 철학자로서 혹은 자연적 사실주의자로서, 신학자로서 자연의 과학적 탐구와 논증에 의하여 현대교육학의 이론과 실제를 최초로 체계화하였다."라고 평가하고 있다. 이숙종, 1996: 4.

18) 정일웅은 'J. A. Comenius와 21세기 기독교교육'이라는 주제로 열린 심포지엄 강연에서 코메니우스가 살던 17세기의 시대적 상황과 오늘날 우리가 살고 있는 21세기의 상황이 서로 깊은 유사성을 가지고

우스와 현재 사이에 다리를 놓는 일은 가치 있는 일"(2001: 46)이
라고 하였다. 담을 높이 쌓는 것이 아니라 다리를 놓는 일이 기독
교인의 과제라고 본 그는 다음과 같은 코메니우스의 현대성이 21
세기에 계속 논의될 것을 제안하였다: 즉 코메니우스의 범지혜적
구상, 평생교육의 구상, 성경교수학, 정치적 문화를 위한 교수학,
삶의 개혁을 위한 교수학 등(41 – 44)을 제안하였다.

슈뢰어뿐만 아니라 코메니우스를 연구하는 수많은 학자들에 의
해 코메니우스는 부단히 그의 교육사상을 신학적 주제와 관련하여
체계화하고자 노력한 사상가요, 교육자요, 신학자로 평가되고 있으
나(Gossmann/ Schröer, 1992: 39), 그에 대한 이해와 평가가 모두
일치하지는 않다. 그를 바르게 이해하려는 연구는 17세기 당대는
물론이고 몇 세기를 걸쳐 이어져 왔지만 학자들에 따라 다소 다른
관점에서 행해져 왔다. 그의 사상을 바르게 해석하기 위해서는 그
의 저서들을 전체적인 문맥과 사상적 배경, 시대 사회적 배경과
관련해서 읽어야 하는데, 그것이 쉽지 않기 때문이다. 호프만(F.
Hofmann)과 샬러(K. Shaller) 같은 코메니우스 연구가들은 코메니
우스가 살았던 역사적 상황을 고려하고, 그 당시 전체 유럽의 사

---

있음을 시사하였다. 즉 코메니우스가 살던 17세기는 봉건주의적이며
농경문화 중심적인 사회체제와 중세 로마 가톨릭 교회의 절대적인
권위의 시대가 마감되고 근세로 옮겨 간 전환기 시대였고, 우리가
사는 21세기도 400년 동안 지속되었던 전통적 가치가 상대화되고
다원문화의 출현과 함께 다원적 가치가 공존해야 하는 '모
던'(Modern)의 시대가 마감되고 '포스트모던'(Postmodern)의 새로운
시대가 열린 전환기 시대라는 것이다. 그는 또한 코메니우스가 21세
기에 겪게 될 시대적 문제들을 이미 그 시대에 예견하고 경종을 울
리며 모든 인간(Omnes)이 기독교적 세계관과 가치관에 근거하여 하
나님 나라의 설립에 기여할 사명과 책임이 있음을 일깨운 사실은 매
우 놀랄 만하다고 언급하였다. 정일웅, 2001: 4 – 19 참조.

상사적 맥락에서 그에 대해 바르게 이해해야 한다고 강조하고 있다(오춘희, 1997: 1−2). 따라서 코메니우스를 바르게 이해하기 위해서는 먼저 그가 살았던 시대적, 역사적 상황을 이해하여야 하며, 그 시대 유럽의 사상사적 맥락에서 그의 교육사상을 이해하고 평가하여야 할 필요가 있다.

## 2. 시대−역사적 배경

코메니우스가 살았던 16세기 중반부터 17세기는 스콜라 사상, 문예부흥 운동, 종교개혁 사상 등의 영향으로 무지와 문맹 퇴치가 활발하게 일어났으며, 교육이 강조되었다. 그러나 스콜라 사상의 영향 하에서 교육은 고전문학과 교회의 교리 및 신학에 치중하였고, 헬라어와 라틴어 학습이 주종을 이루었다. 그 결과 교육은 "탐구의 자유와 정신을 질식시키는"(Compayre, 1899: 81) 도구로 전락하였다. 그러나 스콜라 사상은 추리력의 탐구와 삼단논법적인 변증법의 논리를 그 본질적인 특징으로 하기 때문에 "연역적인 추리력을 발전시켰고, 언어를 사고의 도구로 활용하는 방법을 가르쳤으며, 언어활용에서 예리한 분별력이 요구됨을 명백하게 제시하는"(82) 영향도 끼쳤다.

문예부흥 운동은 중세교회의 전통과 교리에서 벗어나 고전문학과 예술에 회귀하여 인간성을 회복하고 자연사물의 진리를 탐구하려는 인본주의적 문화운동이었다. 문예부흥은 "고전 학문에 대해 지대한 관심을 가졌으며, 교회의 권위로부터 해방을 추구하였던"(Spinka, 1943: 50) 특징을 가지고 있었고, "우주의 초월적인 질서에 관심을 두기보다는 자연적이고 내재적인 속성을 전망하기 시작하였다."(Willey, 1952: 15) 이러한 문예부흥 운동의 영향으로 교회의 개혁과 갱신을 위한 움직임이 유럽 전역으로 확산되어 갔으며, 이것은 종교개혁으로 이어졌다.

교회의 개혁과 갱신을 위한 종교개혁의 움직임들 중에서 후스(J. Hus), 쯔빙글리(U. Zwingli), 칼빈(J. Calvin), 루터(M. Luther) 등과 같은 종교개혁자들은 가톨릭교회가 선행으로 죄 사함을 받고 의롭게 된다고 가르친 것에 반대하였고, 교황의 권위를 부정하였다. 이들은 사제 중심적이고 제의 중심적인 성만찬 제도가 개혁되어야 함을 역설하였고, 모든 사람들이 성례전에 평등하게 참여하게 하여 성직자와 평신도 사이에 평등사상이 확산되게 하였다. 또한 교회의 전통과 권위 대신에 성서의 절대적인 권위를 주장하여 성서를 모국어로 번역함으로써 일반 평신도들도 성서를 쉽게 읽을 수 있게 하였다.[19] 이들은 일반 대중들의 문맹퇴치를 위해 교육에 관심을 가지고 교회교육 및 학교교육의 강화에 주력하였다(이숙종, 1996: 24 – 25).

이 시대의 또 다른 특징은 새로운 과학사상의 등장으로 말미암아 우주와 자연 세계에 대한 탐구와 관찰을 촉진시켜 인간 지성의 다양한 분야에서 과학적 탐구가 가능하게 하였다는 점이다. 그리하여 자연의 원리와 법칙을 토대로 모든 사물과 사건을 관찰하고 분석하고 실험함으로써 진리를 검증하려는 '사물 중심적' 경험주의 사상과 합리적 사고 유형이 발전하게 되었다(26 – 27). 이러한 시

---

[19] 체코의 종교개혁사 학자인 아메데오 몰나(Amedeo Molnar)는 이 시대의 개신교신학을 '정통 거신교 스콜라주의'로 명명했다. J. Halama, 2005: 13 참조.

대적 배경과 더불어 코메니우스의 조국 보헤미아가 처해 있던 정치적 역사적 배경을 살펴보는 것이 코메니우스를 이해하는 데 많은 도움이 될 것이다.

보헤미아의 수도인 프라하는 교육, 문화, 사회적인 면에서 중세 유럽의 심장부에 위치해 있었다. 14세기 당시 보헤미아인들은 기독교 신앙의 규범으로 오직 성서만이 유효하다고 주장하며, 그것으로 가톨릭교회에 대한 비판적 개혁 프로그램을 대변하였던 영국 옥스퍼드 대학의 철학과 신학교수였던 존 위클리프(John Wyclif, 1320 – 1384)의 가르침을 따랐다. 프라하에는 위클리프의 가르침을 따르는 추종자들이 생겨났으며, 황제 카알 4세는 1348년에 프라하에다 최초의 독일 대학[20]을 건립하였다. 여기서 14세기 이후 교회의 개혁세력과 가톨릭교회 사이에 종교적 긴장이 생겨나게 되었고, 본토인 체코 민족과 북방에서 이주해온 독일 민족 사이에 또 다른 긴장이 싹트게 되었다. 이러한 긴장은 자신을 보헤미아인이요, 동시에 체코의 대변자로 여겼던 후스(1369 – 1415)에 의해 해결되었다. 그러나 후스가 1415년 바젤의 콘스탄츠 공의회에서 이단으로 몰려 화형당한 뒤에 가톨릭교회에 대항하는 후스파 교도들에 의해 국제전쟁이 일어나게 되었다. 그 전쟁의 성격은 후스파 교회의 정문에 설치된 깃발에 그려진 평신도의 잔 그림에서 상징적으로 표현되었다(Gossemann & Schröer, 1992: 35).[21] 과격한 후스파는 도시 타보르(Tabor)에 정치

---

20) 이 대학은 1388년에 세워진 독일의 하이델베르그 대학보다 이미 40년 전에 세워진 것이며, 따라서 프라하는 교육, 문화, 사회 면에서 중세 유럽의 심장부 역할을 하였다. 정미현(2004). "존 후스와 코메니우스의 평화사상" 제2회 코메니우스 학술대회 2004. 코메니우스의 평화사상과 교육 심포지엄 자료집. 27 참조.

21) 가톨릭교회는 일반적으로 성만찬을 거행할 때 참여자들에게 빵만을

적 형태의 유토피아를 실현하려고 하였으나 실패하였고, 1485년에 평화조약이 체결되어 가톨릭 측과 화해하게 되었고 종교적 승인도 받게 되었다.22) 이들이 사용한 '형제'(Brüder)라는 명칭은 신약성서적이고 민주적인 의미를 내포하고 있는 '그리스도의 법 안에 있는 형제들'(Brüder des Gesetzes Christi)의 축약어로서 후스파의 전통을 이어받은 한 믿음의 형제임을 나타내고 있다. 이들은 이러한 정신에 기초하여 30년 전쟁 동안 이들이 멸망하기까지 내적으로는 단결하고 외적으로는 복음의 빛을 발하였으며, 16세기와 17세기 동안 체코 민족문화의 전수자가 되었다(36).

신 / 구교 간의 30년 전쟁으로 영원히 사라지게 된 보헤미아는 선거에 의해 왕을 뽑는 나라였는데, 1617년에 보헤미아의 왕으로 선출된 페르디난트 2세(Ferdinand Ⅱ)는 가톨릭교도로서 반종교개혁을 행하였고, 모든 국민에게 완전한 종교의 자유를 보장한 1609년 '칙허장'(Majestätsbrief) 규정들을 지키지 않았다. 브헤미아 대표들은 1618년에 페르디난트에 대항하여 봉기를 하였는데 이것이 30년 전쟁의 시작이 되었다. 1627년에 반종교개혁적인 새로운 헌

---

분배하고 성배는 신부들을 위해 남겨 두었다. 이것에 반대하여 후스파는 신도들에게 빵과 포도주를 모두 분배하였는데 이것을 포도주잔 그림을 그려 깃발로 삼음으로써 그들의 신학적 특징을 상징적으로 표현하였다.

22) 그 후로 온건한 후스파를 중심으로 형제단 교회가 조직되었는데 모라비아에서 많은 기독교인들이 몰려왔기 때문에 보헤미아 – 모라비아 형제단이라 불렸다. 이들은 일반적인 교회로서가 아니라 형제의 연합(Unitt)이라는 하나의 단체로 이해되었다. 코메니우스는 이 형제단의 마지막 감독이었다. 그는 평화조약 결정에 영향을 주고자 심혈을 기울여 노력하였으나 실패하게 되자 1650년에 「죽어가는 어머니, 형제단 교회의 유언」(Vermächtnis der sterbenden Mutter Brüderunität)을 썼다.

법이 제정되어 모든 개신교도들은 가톨릭교로 개종하거나 아니면 국외로 추방당하거나 둘 중 하나를 선택하여야만 하였다. 같은 해에 수천 명의 보헤미아인들이 조국을 떠나야 했고 보헤미아 – 모라비아 형제단도 마찬가지 운명에 처하였다. 코메니우스는 1628년에 형제단 교회의 신도들과 함께 폴란드의 레슈노(Leszno)로 망명하였다. 그는 그곳에서 형제단 교회의 지도적 역할을 하면서 라틴어 학교의 교사로, 음악지휘자로 일하였으며, 여러 저서들을 저술하는 데 힘을 쏟았다.

## 3. 사상의 형성과 특징

코메니우스는 1592년에 체코 남동쪽에 위치한 모라비아(Moravia) 지방의 니브니체(Nivnice)라는 마을에서 태어났다. 그는 농장을 경영하는 부농 출신의 형제단 신도였던 아버지 마틴 코멘스키와 어머니 안나의 영향으로 평화롭고 유복한 어린 시절을 보냈다. 그러나 10대 초반에 전염병으로 부모형제를 잃는 비극을 체험하게 되었고, 모라비아 지역의 가톨릭 정부와 형제교단 사이의 정치적 갈등과 종교적 전쟁이라는 비운을 겪게 되었다. 그는 스트라쯔니체(Straznice)에 있는 고모의 집에 옮겨 와 살면서 보헤미아 형제단의 초등학교를 다니다가 전염병과 전쟁, 기아로 인해 잠시 학업을 중단하고 열여섯 살이 되어서야 프레라우(Prerau)에 있는 형제단의 라틴어 학교를 다니게 되었다. 그곳에서 교장 라네시우스(J. Lanecius)의 눈에 띄어 독일의 헤르보른(Herborn)으로 유학을 갈 수 있는 길이 열리게 되고, 헤르보른(1611 – 1613)과 칼빈주의 신학의 거성인 하이델베르크(1613 –

1614)에서 수학할 수 있는 기회를 가지게 되었다. 헤르브른에서 그는 요한 계시록 주석으로 유명했던 피셔피스카토르(J. Fischer-Piscator) 교수와 백과사전적 지식으로 유명했던 알스테트(J. H. Alsted) 교수로부터 큰 영향을 받았다. 피셔피스카토르 교수에게서 당시 교육학 흐름에 대해 소개받을 수 있었고, 성서의 번역과 주석방법을 배울 수 있었다. 알스테트 교수로부터는 새로운 교수방법, 교사와 학생과의 관계, 교재의 활용, 훈육의 중요성 등 교육개혁의 필요성을 배우게 되었다. 그는 알스테트 교수의 백과사전식 지식에 감명을 받아 체코의 백과사전 편찬을 위한 계획을 가지게 되었고 「만물의 극장」(Theatrum universitatis rerum, 1616-1618)이라는 백과사전을 저술하였다. 그러나 지식에 대한 그의 이해는 백과사전적인 다양한 앎에 대한 나열식의 지식을 강조한 그의 스승과는 전혀 다른 것이었다. 코메니우스에게 있어서 지식은 우주를 창조한 하나님의 창조원리에 의해 유기체적으로 연결되는 전체에 관한 것이었고, 이것은 후기에 그의 범지학(Pansophie)적 사상에도 영향을 끼쳤다. 코메니우스는 하이델베르크에서 라트케(W. Ratke)로부터 그 당시 유럽에서 가장 앞선 교수방법론을 배웠는데 이것은 후에 그의 교수학 정립에 큰 영향을 끼쳤다(양금희, 2001: 21-22).

코메니우스는 하이델베르크에서 신학연구에 몰두하게 되었다. 그는 "어떻게 하면 학문의 종합과 통일을 가능케 하는 세계관을 얻을 수 있는가?"라는 둘음에서 한 걸음 더 나아가 "학문과 신학은 어떻게 서로 연관되는가?"라는 물음을 묻게 되었다. 코메니우스는 신학자요, 인문주의자인 페트루스 라무스(Petrus Ramus)의 가르침을 통해 대답을 얻게 되었다. 라무스는 하나님에게서 얻게 되는 선한 삶의 도덕이 중요함을 강조하여 그것들이 무엇인지, 그것들이 어떻게 밝혀질 수 있는지에 대한 원인을 질문할 뿐 아니라 그것들이 어떤 목적으로 존재하는지, 그것들은 창조의 전체 계획 안에서 어떤 목표를 가진 것인지에 대한 최종적인 목적을 물었다. 이러한 라무스의 신학적이며, 철학적인 가르침은 하나님의 창조와 구원계획 안에서 우주적이고 총체적인 모든 것을 포함하는 지혜의 가르침을 위한 근본바탕을 그에게 제시하였다(Gossmann/Schröer, 1992: 37 – 38).

하이델베르크에서의 학업이 코메니우스에게 가져다준 가장 큰 수확은 스승 파레우스(D. Pareus)로부터 배운 평화주의적 사고였다. 파레우스는 개신교 내에 만연해 있는 교파분열과 교리의 이질성을 통합하려는 교회일치주의자며 평화주의자였다. 평화란 신앙과 앎이 서로 범지혜 안에서 하나로 관통될 때만 이룩될 수 있다는 파레우스의 평화사상은 코메니우스에게 중요한 과제를 안겨 주었다(양금희: 21/Spinka: 30).[23]

그 당시의 신학은 역사의 계속적인 경과와 그 미래에 대한 물음을 다루었는데 이것이 천년왕국사상이다. 그 당시 시대적, 역사적 상황은 억압과 고통 속에 있었던 사람들로 하여금 육체적 혹은 정신적 안식과 도피처로 예수 그리스도의 재림을 기다리게 하였다. 코메니우스도 그 당시 국내외 정세를 보면서 그의 스승 알스테트의 천년왕국에 대한 가르침과 후스의 후예들인 형제단 교회의 전통을 따라 예수 그리스도의 재림을 확신하였다(Gossmann/Schröer, 1992: 38). 그의 저서 「세상의 미로와 마음의 낙원」(The Labyrinth

---

23) 코메니우스의 평화사상에 대한 연구로서 2004년 5월에 "코메니우스의 평화사상과 교육"이라는 주제로 열린 제2회 코메니우스 국제 학술대회 (한국 – 체코 코메니우스 연구소 주최) 자료집이 있다.

of the World and the Paradise of the Heart)에는 세속 권력의 통치로 인한 불의와 부패, 무질서와 혼돈, 전쟁과 파괴의 모습들이 적나라하게 묘사되어 있다. 그는 그 와중에서도 세상의 어두움과 극단적 상황을 인내로 견디고 극복하려는 기독교인들에 대해서 "그들의 고통이 더욱 새롭게 증가될수록 그들 속에는 하나님의 평화가 새롭게 확장되고 있었다."24)라고 설명하였다. 즉 기독교인들은 그들의 눈을 오르지 하나님께 돌림으로써 그들의 마음속에 예수 그리스도의 재림을 기대하고 소망하면서 참평화와 즐거움을 누릴 수 있었다는 것이다. 코메니우스의 이 저서는 체코 문학사에서 보석처럼 여겨지고 있는 저서로서 이 책이 얼마나 높게 평가되고 있는지는 체코 망명자들의 시에서도 나타난다. "우리는 아무것도 우리를 위하여 가진 것이 없다. 우리는 모든 것을 잃었다. 우리에게 남은 것이라곤 으직 다 헤어진 성경과 「세상의 미로와 마음의 낙원」뿐이다."25)

코메니우스는 1614년에 프레라우로 돌아와 옛 프레라우 학교의 교사가 되어 자신이 배웠던 라트케의 교수방법론에 따라 학생들을 가르쳤다. 이러한 경험은 그가 라틴어 교수방법론26)을 저술하는 데 많은 도움을 주었다. 1616년에 목사안수를 받은 코메니우스는 1618년에 풀넥(Fulnek) 시에서 처음으로 교회를 담임하게 되었고,

---

24) The Labyrinth of the World and the Paradise of the Heart, 244. 이숙종, 1996: 175에서 재인용.

25) Lochman, Comenius, Freiburg/ Hamburg, 1982: 14. 양금희, 2001: 23에서 재인용.

26) 1616년 프라하에서 출판된 「알기 쉬운 문법」(Grammatica facilioris praecepta), 1631년 레슈노(Leszno)에서 초판이 출판된 「열려진 언어의 문」(Janua linguarum recerata), 1649년에 레슈노에서 출판된 「최신언어 교수법」(Methodus linguarum novissima) 등이 있다.

같은 해 결혼을 하였다. 그러나 그해에 30년 전쟁이 발발되어 코메니우스를 포함한 형제단 교회의 목사들과 신도들은 1621년에 모라비아에서 추방되었다. 그 이듬해에 그의 아내와 두 자녀는 전염병으로 병사하고, 1623년에는 풀넥에 있던 그의 서재가 불타 버려 그의 책과 원고들은 한 줌의 잿더미로 변했다. 이러한 시련과 고난 속에서도 코메니우스는 좌절하지 않고 체코어로 세 편의 글들[27]을 같은 해에 저술하였다. 1624년에 코메니우스는 형제단 교회의 감독의 딸과 두 번째 결혼을 하고 형제단의 재건을 모색하기 위해 고향을 떠나 폴란드와 베를린, 작센 등지를 여행하였다.

그 당시 유럽의 국제정세는 형제단 교회에 불리하게 전개되어 갔다. 팔츠(Pfalz)의 선제후 프리드리히 왕(Friedrich, 1596 – 1632)의 죽음으로 고국으로 돌아가는 일이 더 어렵게 된 상황에 처하게 되자 코메니우스는 레슈노를 형제단의 중심부로 삼고 교회와 학교의 개혁 계획에 더 매진하였다. 1632년에 형제단 교회의 마지막 감독으로 임명된 그는 형제단의 장래를 위한 구체적인 방법은 교육을 바로 세워서 자라나는 세대들이 형제단을 재건하는 길뿐이라고 판단하여 레슈노의 중등학교 교장을 역임하면서 그의 교육사상을 저술하는 데 온 힘을 쏟았다.[28]

---

27) 이성과 신앙 사이의 대화를 시도하는 「위로의 글: 연속적인 비통 – 연속적인 위로」(Trostschriften: Trauern über Trauern – Trost über Trost), 철학적 명상집인 「안전의 중심」(Centrum securitatis), 소설형식의 「세상의 미로와 마음의 낙원」(Das Labyrinth der Welt und Paradies des Herzens) 등이다.

28) 이 시기에 쓰인 대표적인 교육학 저서로 「어머니 학교 소식」(Informatorium der Mutterschul, 체코어판 1628, 독일어판 1633)과 1628년과 1632년 사이에 체코어로 완성된 「교수학」(Didactica) 초고와 1636년에 라틴어로 저술되어 1657년에 「교수학 전집」(Opera didactica omnia)에

코메니우스는 독일 유학시절부터 백과사전적 지식에 관심이 깊었었다. 그는 수많은 지식의 단순한 나열에 그치는 백과사전적 지식이 인간의 삶과 인간 세계의 개선에 직접적인 도움이 되지 않는다는 것을 발견하였다. 이러한 발견과 함께 그는 수많은 지식을 유기체적으로 연결하고 그 중심을 꿰뚫는 통일된 원리의 필요성을 깨달았다. 그는 이러한 깨달음을 바탕으로 해서 지식을 꿰뚫는 통일적인 원리를 중심으로 하나님과 세상과 인간을 서로 연결시켜 세상을 하나님의 본래의 창조질서에로 회복시킬 수 있다는 범지학적 사고를 하게 되었다. 코메니우스는 이 범지학의 원리(Pansophie)가 교육의 궁극적인 목적이 됨을 밝히고, 1630년대 초부터 범지학을 그의 사상의 핵심에 놓기 시작하였다. 그는 이 범지학을 그의 평생의 과업으로 삼고 이론적 정립과 더불어 이것을 교육적으로 실천하고자 끊임없이 노력하였다.

일곱 권으로 구성된 「인간 사물의 개선을 위한 일반담론」(De rerum humanarum emendatione consultatio catholica)은 코메니우스가 평생의 과업으로 완성한 범지학을 총망라하는 대작이다. 라틴어로 된 일곱 권의 저서 이름은 다음과 같다: Panegersia(범각성학), Panaugia(범조명학), Pansophia(범지학), Pampaedia(범교육학), Panglottia(범언어학), Panorhosia(범개혁학), Pannunthesia(범훈계학). 그는 일곱 권의 책 중에서 그의 범지학의 원리를 인간 삶의 모든 단계에서 교육적으로 실천하기 위해 네 번째 책인 Pampaedia(범교육학)를 저술하였다.

각 권의 이름 앞에 '판'(παν)이란 헬라어 개념을 끌어와 라틴어 '판'(Pan)이라는 접두어도 바꾸어 사용한 개념은 한자어 '汎'에 해

---

포함된 「대교수학」(Didactica magna) 등이 있다.

당한다. 이것은 '모든 것', '우주적인 것', '일반적인 것', '보편적인 것', '전체'를 의미하며 궁극적으로 '손상됨이 없는 온전한 전체' 즉 하나님을 의미한다. 이런 맥락에서 코메니우스의 범지혜는 하나님에게서 나온 지혜이며, 다시 하나님께로 되돌려져야 하는 세계 전체와 관련된 지혜임을 알 수 있다. 따라서 그의 범지혜는 인간 사물을 개선하여 타락한 세상에 하나님의 창조질서를 회복시키고 창조세계를 완성하게 하는 이론(앎)과 실천(행위)이 연결된 지혜임을 알 수 있다(Shaller, 1962: 176 – 179). 양금희(2001)는 코메니우스의 범지혜에 대해 다음과 같이 평가하고 있다:

> 코메니우스에게서 범지혜는 하나님이 창조한 세계 전체에 대한 지식이고, 하나님 창조세계의 근원과 목적과 그의 창조의 목적에 합당한 쓰임까지도 밝혀 주는 지식이다. 코메니우스가 범지혜 연구를 그의 필생의 과제로 삼았던 것은 이와 같은 범지혜를 깨닫고 실천하는 것이야말로 하나님의 피조물인 이 세계를 하나님의 창조 시의 질서대로 회복할 수 있는 길이라고 믿었기 때문이다(41).

코메니우스의 사상에 신학적 관점이 깊이 관련되어 있음은 많은 코메니우스 연구가들이 동의하고 있는 부분이다.[29] 코메니우스는 하나님을 우주 만물을 창조하신 창조주로서 이해하는 것으로 그의 신학사상의 출발점으로 삼았다.[30] 그는 "하나님은 가장 지고한 선

---

[29] 오춘희(1997)는 박사학위 청구논문에서 "그(코메니우스)의 사상을 바르게 이해하기 위해서는 이 두 가지 요소(범지학과 기독교 신앙)를 정당하게 취급하고 고려하는 것이 필수적"(10)임을 밝히고 있다.

[30] 이숙종(2004)은 코메니우스가 「빛의 길」에서 하나님을 모든 사물들을 함께 연합하며 통일하시는 분으로 보고 우주만물과 하나님의 일체성, 창조세계의 완전성을 묘사하고 있다고 밝히면서 이러한 하나

이고 모든 것을 지향한다. 즉 하나님은 모든 존재와 자연 위에 초월해 있다.”라는 플라톤의 말을 인용하면서 키케로(M. T. Cicero)도 이 사실을 확증하였다고 그의 신관 보편타당성을 입증하려고 하였다(1657: 38). 코메니우스의 사상이 철저히 신학적 관점에 의해 정립된 것을 보여주는 단적인 예는 데카르트(R. Descartes, 1596 – 1650)의 철학사상과의 차이점에서 드러난다. 1642년 코메니우스는 스웨덴 궁정의 초대를 받아 런던으로부터 스톡홀름으로 가는 도중에 네덜란드의 라이덴(Leyden) 근처에서 데카르트와 역사적인 만남을 가지게 되었다. 그 시대의 위대한 사상가였던 그들은 인간 이해에 있어서 인간은 이성을 가진 존재라는 점에서 일치된 견해를 보였으나 사고의 출발점에 있어서 근본적으로 상이한 견해를 드러냈다. 코메니우스는 데카르트와 나눈 네 시간에 걸친 긴 대화를 통해 그의 기독교적 휴머니즘과 데카르트의 이성주의 간의 갭을 더욱 확인하게 되었다고 한다.[31] 코메니우스(1668)는 노년에 저술한 「필요한 한 가지 일」(Unum neccessarium)에서 다시 한 번 데카르트의 철학사상에 대해 논박하였다:

> 데카르트는 오류투성이으 영원한 미로에서 하나의 편리한 탈출구를 발견한 것처럼 보였다. 그는 사람들이 진리를 소유한 것처럼 생각하는 선입관을 벗어 버리고 모든 것을 새로운 것으로 검토해야 한다고 하였다. 그러나 모든 것, 신적인 것 그리고 인간적인 것을 의심하게 하는 것은 위험스럽게 보인다. 그리고 도든 것을

---

님의 이해는 코메니우스의 교육사상의 중요한 특징을 나타내고 있다고 언급하였다(44).

31) Heidelbrecht, P.(1987). "Meeting of the Minds: Jan Amos Comenius and Rene Descartes". in Christian History Magazine Vol. Ⅵ, No.1. ed. M.H. Tuttle. N.J.: Christian History Institute. 14.

검토하려는 작업은 엄청난 수고이다. 그러므로 대부분의 사람들은 그가 만들어 놓은 새로운 미로에 대해 호소하고 있다.[32)]

데카르트의 이성은 의심하는 이성이었다. 그의 유명한 명제인 'Cogito ergo sum'에서 드러나듯이 생각하는 주체인 나는 의심하는 나이다. 그에게 있어서 의심은 사고의 행위이다. 즉 데카르트는 의심하는 것과 생각하는 주체로 그의 사상의 기초를 삼았다. 그러나 코메니우스의 사상은 인간이성의 자율성에서 출발하지 않고 인간은 하나님의 형상대로 지음을 받은 존재라는 하나님의 활동에 종속하는 사고의 방식에서 출발하였다(41).

한 걸음 더 나아가 코메니우스는 성서와 자연 세계의 저자로서 하나님을 말한다. 하나님은 세 가지 책, 즉 인간의 정신의 책과 하나님께서 직접 말씀하고 계시하신 성경책과 자연의 책의 저자이고 이들은 서로 조화와 일치를 이루면서 인간을 둘러싸고 있다. 이 책들은 하나님과 인간 그리고 자연의 상관성을 표현하고 있으며, 우주의 근원(Quelle)을 모두 포괄하는 것으로 그중 어느 하나가 누락되어도 온전한 교육이 이루어질 수 없다. 하나님은 그의 위대하심과 능력과 지혜와 선하심을 제시하기 위해 세 권의 책들을 우리에게 주신 것이다. 가시적인 세상과 자연, 하나님의 형상으로 만들어진 인간 자신, 자연 세계의 책에 관한 해설서이자 인간의 양심의 지침서로서 성서라는 세 권의 책들은 하나님의 영원한 속성을 모방한 것이다. 모든 사람들은 눈앞에 전개되어 있는 첫 번째 책과 마음속에 있는 두 번째 책을 소유하고 있다. 모든 사람들이 세 번째 책을 부지런히 다루면 세 번째 책은 그들의 마음속으로 옮겨

---

32) Gossmann/Schröer: 44 – 45에서 재인용.

질 것이다. 그러면 모든 사람들은 이 책들을 통해 참지혜의 빛을 얻는 기쁨을 얻게 될 것이다(Comenius, 1649: 63 - 65).

하나님의 창조인 세 가지 책을 이해할 수 있는 세 가지 눈을 하나님은 인간에게 주셨다. 즉 인간 정신의 책을 이해하는 눈으로 '이성'(ratio)을, 자연의 책을 이해하는 눈으로 '감각'(sensus)을, 성경책을 이해하는 눈으로 '신앙'(fides)을 주셨다(Comenius, 1666: 28). 이러한 이성과 감각과 신앙의 눈을 통해 하나님이 우리에게 주신 세 가지 책을 바르게 이해하고, 하나님과 인간과 자연과의 바른 관계를 맺어 인간세계의 개선을 이루어야 한다는 것이 코메니우스의 관점이다.[33]

평생 동안 인간세계의 개선을 위한 그의 교육사상의 목표를 위해 분주히 살았던 코메니우스는 1670년에 그의 파란만장한 삶을 암스테르담에서 마감하게 될 때까지 그의 교육사상의 목표를 몸소 삶으로 실천한 참된 교육자였다.

## 4. 인간 이해

첫째, 코메니우스의 사상의 첫자리에는 하나님으로부터 하나님의 형상대로 창조된 인간이 놓여 있다. 그의 이러한 신학사상의

---

33) 코메니우스는 이것을 「빛의 길」(Via Lucis)에서 하나님의 학교, 인간의 학교, 자연의 학교 혹은 사물의 학교로 비유적으로 설명하였다. 이 세 학교들은 모두 하나님에 의해 시작된 학교이며, 인간의 점진적인 완성을 위해 인간에게 공개되었다. 지상에서 살고 있는 우리의 현재의 생활을 위한 이 세 학교를 통해 모든 인간은 온전한 하나님의 형상의 회복을 위해 교육받을 수 있다(이숙종, 2004: 52).

특징은 아래의 인용문에 잘 표현되어 있다:

> 모든 인간은 출생에서부터 명백하게 사물에 관한 지식을 획득할 수 있는 능력을 가지고 태어난다. 그것은 먼저 하나님의 형상(Imago)이라는 데서 출발한다. 인간은 주변에 있는 모든 사물을 비춰 주는 거실에 걸려 있는 거울(Spiegelglas)로 된 공에 비유되는 밝은 이성을 가진 자로서 하나님의 사역 한가운데 서 있다. 이성적인 피조물이란 모든 사물을 연구하는 것과 이름을 짓는 것과 깊은 생각에 자신을 봉사하는 것을 의미한다. 즉 모든 것을 인식하고, 이름을 짓고, 세상에 있는 모든 것을 이해하는 것(창2:19)을 의미한다(1657: 32).

인간을 이해함에 있어서 코메니우스는 철학자들의 용어를 빌려 인간을 소우주로 이해하기도 하였다(32). 인간은 넓은 우주 안에서 드러나게 되는 모든 것을 포함한 작은 우주로 볼 수 있다. 이것은 마치 식물의 씨나 나무의 열매에 식물이나 나무의 형상이 실제로 현존하지 아니한다고 하더라도 식물이나 나무는 이미 현실 안에, 즉 씨나 열매에 포함되어 있는 것과 마찬가지이다. 그러나 인간은, 더 정확히 말해 "인간의 이성은 원죄를 범한 직후에 어두워지고 은폐되고 스스로 해방될 수 없게 되었기"(33) 때문에 인간성의 회복이 관건이 된다고 말할 수 있다. 그러므로 소우주로서 인간은 인간성의 회복을 위해 빛이 필요하다. 그 빛은 영원의 빛, 외면의 빛, 내면의 빛이다. 영원의 빛은 인간의 감각으로 접근할 수 없는 하나님께서 거하시는 빛이다. 외면의 빛은 인간의 육체가 지각할 수 있는 밝은 빛이다. 내면의 빛은 이성적인 피조물들의 마음속에서 밝아오는 밝은 빛으로서 지성(사물들의 합리적 지식의 빛), 의지(사물의 선함을 추구하는 빛), 양심 혹은 애정(마음의 평화와 행복의 빛)이 이에 속한다(1649: 108 – 110).

하나님 창조의 최고 걸작품으로 인간을 본 코메니우스(1657)는 성서에서 다음과 같은 하늘의 음성과 마주치게 된다고 하였다:

> 영원과 지혜와 복의 근원인 나 하나님과 나의 피조물, 나의 형상, 나의 기쁨인 너인 인간을 아느냐? 나는 네가 영원에 참여하도록 선택하였고, 하늘과 땅과 거기에 속한 모든 것을 네가 사용하도록 준비했기 때문이다. 다른 피조물에게 각기 부분적으로 주었던 그 모든 것을 나는 너에게만 주었다. 즉 그것들은 본체와 생명, 감각과 이성(essentia, vita, sensus, ratio)이다. 나는 너를 내가 만든 피조물에 대한 통치자로 삼았고, 우양과 들짐승과 하늘의 새들과 바다의 물고기, 이 모든 것을 네 발 아래 두었다. 이처럼 나는 너에게 영화와 존귀로 관을 씌워 주었다(시편 8:6 – 9). 그리고 결국 나는 너에게 아무것도 부족하지 않도록 나 자신을 주었고, 나의 본성을 너의 본성과 본질적인 관계로 영원히 하나가 되게 하였다(21).

둘째, 코메니우스에게 있어서 인간이 하나님의 형상으로 창조되었다는 것은 인간이 다른 피조물은 가지고 있지 않은 특별한 능력을 가지고 있다는 것을 의미한다.[34] 코메니우스(1666)는 하나님의 형상으로서 인간이 가지고 있는 능력을 성서와 관련시켜 인간은 세 가지 능력, 즉 '사고'(ratio)와 '언어'(oratio) 그리고 '행위'(operatio)라는 능력을 가지고 태어났다고 설명하였다. 이러한 세 가지 능력을 위해

---

34) J. Halama(2005)는 코메니우스의 인간 이해에 대해 "코메니우스는 모든 인간은 선과 악을 구별할 수 있는 자연적, 지적 능력과 선을 판별할 수 있는 자연적인 성향과 그가 선택한 것을 실현할 수 있는 자유의지가 있다고 전제하였다."(18)라고 언급하였다.

하나님은 인간에게 특별한 도구를 주셨다. 즉 '사고'(ratio)를 위해서는 사물을 보고 관찰할 수 있는(videre) '눈'(Auge)을 주셨다. '언어'(oratio)를 위해서는 이름을 명명할 수 있는(apellare) '혀'(Zunge)를 주셨다. 그리고 '행위'(operatio)를 위해서는 사고하여 언어로 전달한 것을 실행할 수 있는(operari) '손'(Hand)을 주셨다(52, 163). 코메니우스는 인간은 이러한 능력을 하나님과의 바른 관계 안에서만 사용하여야 한다고 강조하였다.

이상과 같은 코메니우스 설명을 도표로 그리면 다음과 같다.

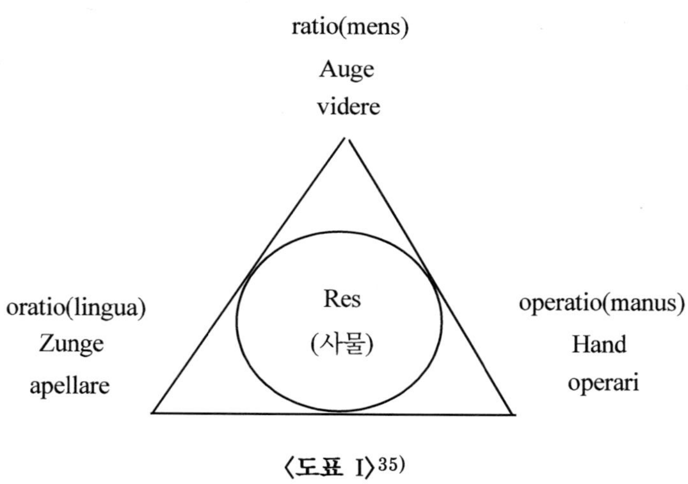


〈도표 I〉35)

셋째, 하나님의 형상대로 태어났으나 불순종의 결과로 타락한 자리에 있게 된 인간은 타락한 자리에서 이끌려 나와 하나님의 형

---

35) 이 도표는 코메니우스(1666)가 "모든 학생은 사물에 대해 정확하고 조직적이며 명확하게 파악하는 것과 파악된 사물을 언어로 재현하는 것과 그리고 그 사물을 실행하는 것에 근본적으로 익숙해야만 한다."(148)라고 강조한 내용과도 일치한다.

상을 회복하는 자리에 있어야 하며, 자연 세계(사물)와 올바른 관계를 맺어야 한다. 이것은 교육에 의해 가능해질 수 있다고 봄으로써 코메니우스는 인간을 교육적인 존재(animal disciplinable)로 이해하였다.36) 여기서 코메니우스의 인간 이해의 핵심어는 인간을 교육가능한 존재로 보는 교육적 인간학이 자리잡고 있음을 알 수 있다.37) 또한 그의 교육사상은 바로 하나님의 형상 회복이라는 중요한 교육적 과제에서 출발되었음을 알 수 있다.38)

교육적인 존재로서의 인간은 하나님의 형상 회복을 필연적으로 요청받고 있다. 이러한 교육적 과제를 위해 인간은 다른 피조물과의 관계개선을 위해 '지성'을 연마해야 한다. 인간과의 관계를 위해서는 '도덕과 예절'을 훈련해야 한다. 하나님과의 관계를 위해서는 '경건'을 함양해야 한다. '지성'을 연마하기 위해서는 '학문'(eruditio)이 그

---

36) 인간을 하나님의 원형상을 회복할 수 있는 교육가능한 존재로 이해한 코메니우스(1657)는 인간이 하나님의 형상을 회복할 수 있는 가능성을 교육적인 실천으로 이루고자 하였다(40). 즉 하나님의 형상을 회복하는 것이 참인간이 되는 것으로 이해한 그는 인간을 교육적인 존재로 보면서 교육을 통해 참인간이 될 수 있다고 단언하였다(41).

37) 양금희(2001)는 코메니우스의 인간 이해에 있어서 '교육'이 핵심적인 요소로 자리잡고 있음을 다음과 같이 강조하였다: "코메니우스에게 있어서 '교육'은 인간의 창조와 타락과 회복에 깊게 연결되어 있고, 교육이야말로 인간이 회복되고 그와 더불어 세계가 회복되는 결정적인 요소가 되고 있어서 코메니우스의 신학적 인간학은 동시에 교육적 인간학의 성격을 띤다고 할 수 있겠다."(62)

38) J. Halama(2005)는 "'모든 인간(PANTES), 모든 주제(PANTA), 모두 철저하게(PANTOS)'라는 이 세 가지 원리는 코메니우스가 그의 보편적 교육의 프로젝트에서 발전시킨 것으로서 그것을 통해 인간은 하나님의 참형상을 가진 새로운 인간으로 참되게 변화될 것이다."(19)라고 언급하면서 바로 이것이 코메니우스의 교육체제의 목적이 되고 있음을 밝히고 있다.

교육내용으로 필요하다. ‘도덕과 예절’을 훈련하기 위해서는 ‘도덕교육’(mores)이, ‘경건’을 위해서는 ‘종교’(religio)가 그 교육내용으로 필요하다(29). 더 부연해서 언급하자면, 모든 인간은 ① 이성적으로 피조물을 다스리며, ② 자기 자신을 지혜롭게 인도하며, ③ 인간의 원형상 되시는 하나님을 닮아 지금이나 영원이나 그분 안에서 완전한 기쁨을 누리도록 해야 한다.

궁극적으로 코메니우스는 인간이 있어야 할 세계 중앙이라는 위치에 있는 것이 인간성의 완성을 이루는 것으로 파악하였다(Shaller, 1962: 13). 다시 말해 세계 중앙이라는 자리에 인간이 위치한다는 것은 곧 인간이 인간됨을 천명할 수 있는 자리이다. 하나님이 세계 중앙에 세워 두신 바로 그 자리에서만 인간은 하나님을 위해서 기쁨의 동산이 될 수 있고, 하나님의 창조를 완성시킬 수 있으며, 세계를 하나님께로 돌아오게 할 수 있다(김기숙, 2003: 99).

# 제 3 장
# 코메니우스의 유아 이해

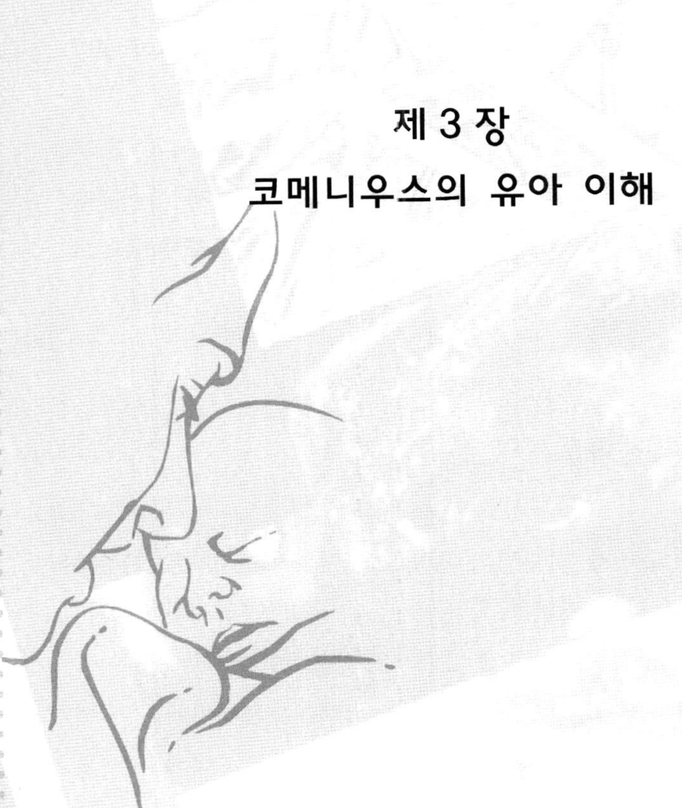

코메니우스는 유아를 하나님의 형상으로 창조된 고귀한 존재라는 전제하에 하나님의 자녀로서, 자연적 존재로서, 교육적 존재로서 이해하였다. 그 당시 어린이는 교육에서 소외된 존재였다. 그러나 코메니우스는 모든 사람들이 모든 방법으로 모든 것을 교육받아야 한다고 강조하였다. "모든 인간은 예외 없이 자신의 인간성을 완성해야 한다."(1666: 31)라는 말을 통해서 알 수 있듯이 코메니우스의 범교육적 구도에서 제외되는 사람은 아무도 없다.

코메니우스의 유아에 대한 이해는 그동안 경시되었던 유아의 존재를 매우 중요하게 여기도록 하였으며, 서구 유럽에서 유아교육이 강조되고 활발해지게 하는 기초를 마련하였다. 본 장에서는 그의 유아교육론에 나타난 유아에 대한 이해를 살펴보고자 한다.

## 1. 하나님의 자녀로서의 유아

코메니우스는 유아를 하나님의 자녀요, 천국의 후계자로 간주하고 있다. 그는 우리가 자녀를 낳는 이유는 우리를 위해서가 아니라 하나님을 위해서라고 에스겔 23장 27절을 인용하여 말하였다(1666: 169). 말라기 2장 15절에 의하면 유아는 '하나님의 경건의 씨앗'이라고 불리는데 그 까닭은 하나님의 혈통이 그 씨에서 생겨나기 때문이다(1633: 56). 그래서 하나님의 영원하신 아들은 그가 인간의 몸으로 나타났을 때 유아의 본성에 관여하시고자 했을 뿐만 아니라 사랑하는 형제자매인 유아들에게 특별히 관심을 가지고 기뻐하셨고, 저희들 머리 위에 안수하시고 축복하셨다(막10:14 - 16). 유아는 원죄 외에는 아무런 죄와 허물이 없는 순수하고 정결한 존재다. 유아는 그들의 단순성, 온유성, 겸손, 순종적인 성격 때문에 그리스도에게로 인도될 수 있는 좋은 조건들을 갖추고 있다.

코메니우스는 멜랑히톤(P. Melanchton)이 유아를 하나님과 부모들에게 값진 보화들이라고 말한 것을 예로 들면서 그 이유를 세 가지로 설명하고 있다(57 – 58).

첫째, 그들은 순수하고 더럽혀지지 않은 하나님의 형상이다. 그들은 천성적인 원죄 외에는 어떤 죄에도 물들어 있지 않으며, 또한 무엇이 옳고 그른지에 대한 차이를 알지 못하기 때문에 무죄한 것으로 생각된다(나 4:11).

둘째, 그들은 그리스도가 값비싼 희생을 치르고 얻으신 소유물이다. 그리스도는 잃어버린 것을 찾고 복 주시기 위해서 오셨기 때문이다. 이 세상의 죄악에 물든 철저히 타락한 상태에 있는 존재인 어른들은 불신과 불순종으로 그리스도의 관여하심을 스스로 거부하였으나 유아들은 하나님의 나라를 순종함으로 받아들였다.

셋째, 시편 8편 2절에서 "주의 대적을 인하여 어린아이와 젖먹이의 입으로 말미암아 권능을 세우심이여! 이는 원수와 보수자로 잠잠케 하려 하심이니라."라고 다윗이 증거 하는 것처럼 그들은 하나님을 찬양하는 특별한 도구이다. 하나님과 부모에게 값진 보화로서의 유아는 금은보석보다 더 소중한 가치를 지닌 보화임을 강조하면서 코메니우스는 그 이유로 세 가지를 들어 설명하였다:

첫째, 금은보석은 조금 빛을 발하는 점토에 불과하나 유아는 살아 계신 하나님의 살아 있는 형상이기 때문이다.

둘째, 금은보석은 처음에 단순히 하나님의 말씀을 통하여 창조되었지만 유아는 고귀하신 삼위일체 하나님의 협의를 통하여 하나님 자신이 손가락으로 빚으신 피조물이기 때문이다.

셋째, 금은보석은 소멸될 것이지만 유아는 불멸의 유산이기 때문이다(58 – 59).

코메니우스는 하나님께서 왜 유아를 각별히 대하시며, 왜 우리들이 그들을 소중하게 다루어야 하는지를 깊이 생각하는 자는 그 이유들을 발견하게 될 것이라고 하였다. 유아가 존경받아야 하는 이유는 그들은 어른의 다음 세대로서 세상의 소유자요, 지구의 통치자요, 하나님의 피조물을 다스리는 자가 된다는 사실에 있다. 이뿐만 아니라 어른들 옆에서 그리스도의 동역자요, 왕 같은 제사장이요, 거룩한 나라요, 소유된 백성이요, 천사의 동료이며 악마의 재판관이요, 하늘의 위로이며 무한한 영원의 상속자이기 때문이다(1633: 56).

## 2. 자연적 존재로서의 유아

하나님을 세상의 만물들이 생겨나게 한 근원으로서 원형상으로 정의한 코메니우스는 자연을 하나님의 원형상의 모상으로 파악하였다. 자연은 코메니우스의 세계관과 교육의 개념에서 중요한 요소이다. 인간의 타락으로 함께 타락하게 된 자연의 회복은 인간의 하나님 형상의 회복과 더불어 코메니우스의 교육사상에 있어서 핵심적인 교육적 과제가 되고 있다고 말할 수 있다(양금희, 2001: 80, 84). 코메니우스는 이와 같이 자연과 인간과의 떼려야 뗄 수 없는 조화와 병행의 관계에서 유아를 자연적 존재로 이해하였다. 코메니우스는 자연 사물들의 성장과 발달과정에 일치된 교육제도와 체제는 유아의 자연성에도 적합하다고 보았다. 그러므로 한 개인의 성장은 어릴 때부터 시작하여 육체와 지능의 발달과 성장에 비례하여 단계적으로 진행되어야 한다고 하였다(1666: 88).

유아는 이 밖에도 자연 질서 안의 순수하고 순결한 존재, 꽃피우고 가꾸어야 할 인간적 소질과 능력을 내재한 자연적 존재로서 이해되고 있다. 인간의 본질을 규정하는 이러한 자연성은 유아에게도 그대로 적용되기 때문이다. 창조 질서 안에서 최초의 인간인 아담과 하와에게 물려받은 원죄를 제외하고는 타락하지 않은 선한 존재, 조화와 질서 안의 존재, 꽃피우게 하고 가꾸어야 할 인간적 소질과 능력을 잉태한 존재, 이것이 바로 유아의 자연성이다(김창환, 1997: 13). 유아의 이러한 자연성은 유아기 때 세심한 주의를 기울여 유아로 하여금 구부러지거나 어그러짐이 없이 바르게 성장하도록 해야 함을 깨닫게 한다. 이것은 코메니우스(1633)가 유아를 낙원에 심겨진 어린 나무로 묘사하면서 "그들이 접붙임과 물을 줌과 땅을 갈아엎음, 잘라냄을 통하여"(151), "유용하고 우아하게 자라 맛있는 열매가 가득 맺힐 수 있도록"(152) 양육해야 한다고 강조한 언급에 잘 나타나 있다.

어린 나무와 같은 자연적 성질을 지닌 유아는 처음에 방향 지어진 그대로 성장을 하려는 성향이 있다. 이것은 자연의 질서 있는 흐름은 처음에 이끄는 방향대로 나아간다는 사실을 보여준다. 코메니우스(1666)는 "뿌리에서 비스듬하게 싹이 튼 줄기는 이러한 오류로부터 쉽게 벗어날 수 없으며, 교정되지 않고 계속해서 자라나 굳어져 버리게 되면 더욱 상태가 어려워지게 된다."(166)라고 하며 유아를 자연의 원리에 기초해 이해하였다.

## 3. 교육적 존재로서의 유아

코메니우스에게 있어서 유아는 교육이 필요한 존재이다. 유아는 세상에 갓 태어난 인간으로, 모든 부분에서 인격이 형성되지 않았고, 전체와 관련된 인격 형성이 필요하기 때문이다(1666: 162). 그(1657)는 "인간이 인간으로 행동하기를 배우지 않고도 인간이 되며, 교육되지 않는 인간이 존재할 수 있다고 믿는 사람은 아무도 없다."(41)라고 천명하면서 교육이 반드시 필요한 존재로서 유아를 이해하였다. 참되게 교육된 인간은 하나님의 살아 있는 형상이다(1666: 163). 만일 유아가 정상적인 환경에서 양육받지 못하고 야생동물들에게서 양육을 받게 된다면 그 유아는 야생동물과 같이 되어 버린다.

코메니우스는 이것을 1540년경 헤센 주에서 부모의 부주의로 말미암아 숲에서 실종된 유아의 예를 들어서 설명하였다. 실종되었던 그 유아는 몇 년이 지난 후 늑대 떼와 함께 마치 늑대처럼 달리는 모습으로 사람들에게 발견되었다. 사람들에 의해 생포되어 붙잡혀 온 그 유아의 모습은 사람의 얼굴과 비슷하게 생겼을 뿐 행동은 늑대와 같았다. 카셀 영주는 그 유아를 사람들 가운데서 정상적으로 교육하도록 명령을 내렸다. 그 후 그 유아는 교육의 효과로 점차 유순한 유아의 모습을 회복하게 되었고, 사람처럼 말도 하게 되었다는 것이다. 이와 같은 예에서 볼 수 있듯이, 인간은 어릴 때부터 인간으로 교육이 되지 않으면 안 된다. 비록 인간으로 태어났을지라도 어릴 때부터 교육을 받지 아니하면 인간의 모습을 가질 수 없는 것처럼 인간에게 있어서 교육은 필수적인 것임을 알 수 있다(149 – 150). 이러한 이유 외에 유아가 하나님께로 향하고 자신의 바른 위치를 회복하기 위해서 그리고 자신에게 주어진 과제를 성취하기 위해서도 교육이 반드시 필요함을 코메니우스는 강조하였다(151).

코메니우스에게 있어서 유아는 교육이 필요한 존재일 뿐 아니라, 동시에 교육이 가능한 존재이다. 그는 갓 태어난 우아를 생물학적인 무의 상태 또는 미결정의 상태로 규정하고 있다(163). 코메니우스는 아리스토텔레스의 말을 빌려 인간의 정신은 아무것도 쓰여 있지 않으나 그 위에 모든 것이 쓰일 수 있는 깨끗한 백지상태로 비유하였다. 유아는 이 백지상태에서 모든 것을 배우고 받아들일 수 있는 능력을 가지고 있다. 이것은 유아의 언어능력을 한 예로 들어서 설명할 수 있다. 즉 유아는 태어날 때부터 세계의 모든 언어를 구사할 수 있는 능력을 가지고 태어나는데 유아가 모국어만을 구사하게 되는 것은 단지 그 유아가 학습한 언어만을 구사할 수 있어서 그렇다. 여기서 우리는 코메니우스의 다음과 같은 말을 확인할 필요가 있다: "유아들은 무한적이며, 모든 것을 할 수 있는 가능성과 능력을 지니고 있다."(172)

철학자들에 의해 소우주로 불린 인간은 그 속에 길고 광활한 우주 속에서 밝혀져야 하는 모든 것을 내포하고 있다. 따라서 일곱 살짜리 유아가 모든 철학의 문제에 확신을 가지고 답할 수 있기 위해 모든 것을 알려고 하는 것은 본성에 속하는 일이다(Gossmann/Schröer: 98).

인간 속에 있는 이성적인 마음(anima rationalis)은 동시에 시각, 청각, 후각, 미각과 촉각의 도움을 받아 외부에 있는 모든 것들을 파악하게 된다. 왜냐하면 눈에 보이는 세계에는 보고, 듣고, 냄새 맡고, 맛을 보거나 더듬어 찾아내고 그것으로 그 존재와 상태에서 알지 못하게 하는 것이 있을 수 없기 때문이다. 결과적으로 이 세상에는 감각과 이성이 있는 인간이 이해할 수 없는 것이 결코 있을 수 없다. 더욱이 인간에게 지식욕을 심어 주고 그것을 열망하는 것은 이미 가장 어린 유년 시절에 나타나며 전 생애를 통해 계속되는 일이다(99). 인간의 이성과 마음은 온갖 종류의 씨앗을 받아들이는 땅과 비교된다고 코메니우스는 언급하였다. 이것은 인간은 무한한 가능성을 가지고 있는 교육적 존재임을 드러내 주는 비유로서 태어난 모든 사람은 인간으로 존재해야 하기 때문에 교육이 필요함을 동시에 시사해 주고 있다(100).

그런데 인간이 하나님의 형상으로 회복될 수 있는 실마리로서의 교육은 이른 나이에 가장 잘 이뤄질 수 있기 때문에 일찍 교육을 받아야 할 필요성이 있다. 코메니우스는 키케로의 "어린이들은 수많은 일들을 빠르게 이해한다."라는 말을 인용하면서 밀납과 비교될 수 있는 인간의 두뇌는 어릴 때는 매우 유연하고 수용성이 크기 때문에 딱딱해지고 건조해지기 전에 교육을 행해야 한다고 강조하였다(46). 다시 말해서 코메니우스(1657)는 그가 교육의 세 가지 차원으로 제시한 지성교육이든 덕성교육이든 경건(신앙)교육이든 어릴 때부터 행하는 것이 효과적임을 강조하였다. "인간이 어린 시절에 흡수한 것만이 확고하고 지속적이기"(47) 때문이다.

# 제 4 장
## 코메니우스의 어머니 이해

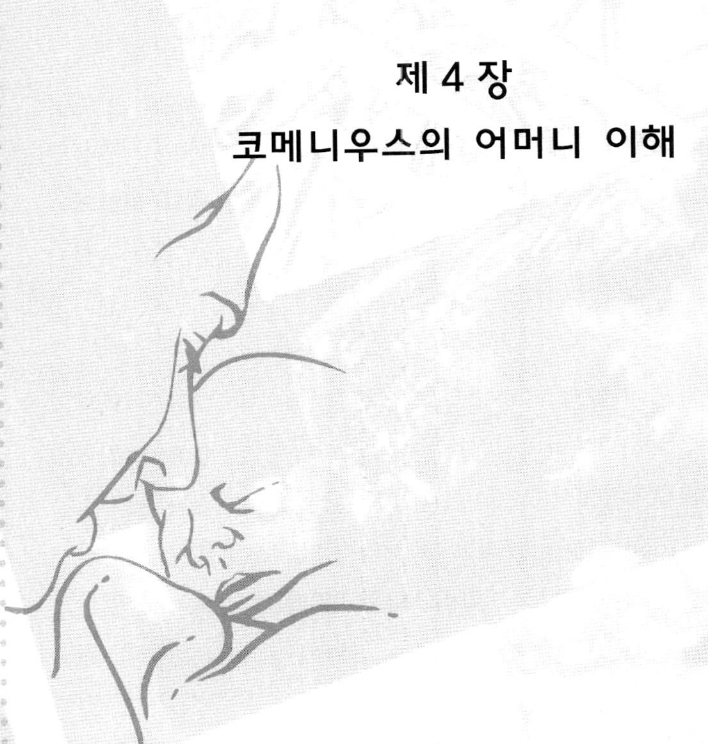

"요람을 흔드는 손이 세계를 흔든다."라는 '대한 어머니 중앙회'의 표어가 반영해 주듯이 어머니와 유아와는 뗄 수 없는 관계를 맺고 있으며, 어머니의 역할은 인간의 생명이 잉태되는 그 순간부터 지대한 영향을 끼친다고 말할 수 있다.

코메니우스는 그 당시 시대가 경시하였던 유아와 여성에 대한 귀중한 가치를 인식하였다. 그가 살았던 당시의 시대적 상황에서 여성교육은 허락되지 않았다. "남녀 모든 아이들은 학교에 맡겨져야 한다."(1657: 51)라는 코메니우스의 여성교육에 대한 강조는 매우 급진적이며 진보적인 교육사상이었다(이숙종, 1996: 363). 그는 "여성도 똑같은 하나님의 형상이고, 남성과 똑같이 은혜와 미래의 왕국에 참여하고, 남성보다 더 예민하고 지혜를 받아들이는 정신을 타고났기 때문에"(1657: 53) 여성도 동등한 교육을 받을 권리가 있음을 천명하였다.

코메니우스에게 있어서 유아교육을 위한 어머니의 역할은 일차적으로 매우 중요하다. 하나님은 유아의 초기 인격 형성을 위한 역할과 유아의 명예롭고 거룩하며 행복한 삶을 위한 일차적인 교사로서의 역할(1666: 169) 그리고 육체와 정신과 영혼이 건강한 전인교육을 위한 교육자로서의 역할(1633: 87)을 어머니에게 맡기셨다. 이와 같이 코메니우스는 가정에서 자녀의 출생과 양육을 위한 어머니로서의 역할에 대해 강조하였다.

유아교육에 관한 전문적인 내용들을 다룬 코메니우스의 저서 Informatorium Maternum(「어머니를 위한 소식」, 1633)이 「어머니학교 소식」 혹은 「유아학교」로 번역된 사실을 보더라도 유아교육과 어머니가 밀접하게 관계를 맺고 있고, 그의 교육사상과 실천에서 어머니가 차지하고 있는 비중이 매우 크다고 말할 수 있다. 범교육 사상을 모태에서부터 실천하고자 어린아이를 잉태했을 때부터 어머니 역할의 중요성을 강조한 이러한 코메니우스의 교육적 입장은 시대를 훨씬 앞서간 매우 획기적인 동시에 탁월한 사고였다고 평가할 수 있다.

희랍어에서 교육(παιδεια)39)이란 가르침(instutio)과 훈육(disciplina)을 뜻한다. 따라서 교육은 모든 것에 관련된, 인간의 본래의 상태에 세우는 돌봄의 사역이다(1666: 12). 코메니우스는 가르침과 훈육을 강조하는 중요한 교육적 위치에 항상 어머니를 두었다. 즉 그는 태아기, 유아기, 아동기와 같은 인생의 초기단계에 속하는 교육을 논할 때 언제나 어머니 역할의 중요성을 언급하였다. 이것을 통해 코메니우스의 교육사상에 있어서 돌봄의 사역 중심에는 어머니가 있음을 알 수 있다.

코메니우스에 관한 국내외 연구 중에 코메니우스의 어머니 이해에 대한 연구가 있는지를 조사해 본 결과 아직까지는 아무런 연구 결과물을 발견하지 못하였다. 본 연구자는 코메니우스의 어머니 이해에 대해 그의 「대교수학」과 「범교육학」 그리고 「어머니 학교 소식」을 중심으로 살펴보고자 한다. 그의 중요한 세 저서를 통해 나타난 그의 어머니관은 첫째, 유아의 최초의 인격 형성자로서의

---

39) 플라톤은 그의 「국가론」에서 '동굴의 비유'를 설명하면서 παιδεια라는 단어를 사용하였는데, 여기에서 παιδεια란 동굴 밖으로 나가 진리의 세계와 참빛의 세계를 경험한 사람이 다시 동굴로 돌아와 잘못된 허상에 묶여서 사는 사람들을 참다운 진리의 세계로 인도하는 '길 인도'의 행위이다. 이 παιδεια 개념 안에는 진리에 대한 인식이 있고, 무지한 자의 영혼에 대한 사랑과 정열이 있고, 인간과 세계의 회복에 대한 철학이 있다. 코메니우스는 플라톤적 παιδεια 개념을 그의 신학적 눈으로 해석하고 옷 입히면서 나름대로 '범교육', 즉 παν-παιδεια개념을 수립하였다. 양금희(2001): 64-65 참조.

어머니, 둘째, 일차적인 교사로서의 어머니 그리고 셋째로 전인성을 위한 어머니로 분류할 수 있다.


## 1. 유아의 최초 인격 형성자로서의 어머니


하나님은 영원한 기쁨으로 부르심을 받은 존재인 인간을 동물처럼 육욕적인 생산을 통해 번식하도록 하지 않으시고 오히려 하나님의 자녀로서 경건하고 거룩한 방법으로 지음을 받게 하셨다(Comenius, 1666: 155–156). 유아는 어머니의 몸에서 출산된 이후에 동물처럼 방치되지 않고 하나님의 값진 보호 아래 부모의 충실한 보호를 받도록 위탁되어 이 땅의 새로운 시민으로서 그리고 영원한 미래의 유산으로서 보호를 받는다(156).

코메니우스는 인도의 브라만(Brahman)계급의 사람들의 예를 들어 초기 인격 형성의 중요성을 강조하였다. 즉 인도의 브라만 계급인들은 유아들이 태어나자마자 감독관이나 그들의 삶을 가르쳐 줄 스승에게 맡겨서 훌륭한 지도를 받아 그들의 인격을 형성하게 하고 거룩한 모범을 통해 그들의 인격을 성숙시킨다. 유아들은 초기에 모든 것이 결정되고 자녀교육은 유아기부터 일찍 시작되어야 한다는 이유에서이다(169).

인간은 인격 형성이 비뚤어지거나 변질되지 않도록 출생 이후에, 즉 초기 유아기 때에 각별한 보호를 받아야 할 필요성이 있음을 역설한 코메니우스는 어머니의 젖을 직접 수유하는 일이 한 개인의 삶에 얼마나 중요한 영향을 끼치게 되는가를 강조하였다. 일례로, 염소의 젖을 먹은 양 새끼는 성장하여 친어미의 젖을 먹은 양보다 더 거친 털을 내고, 반대로 양의 젖을 먹은 염소 새끼는 짧고 연약한 털을 갖게 된다(1633: 79–82). 모유수유[40]를 하지 않은 어머니들은 그들의 어머니로부터 격리된 자녀들이 부도덕적이고 비인간적인 모습으로 양육된 현실에 직면하게 될 것이다(82–84). 모유수유는 유아와 어머니의 건강을 위해서뿐만 아니라 유아의 인격 형성과 삶의 습관 형성을 위해서도 필수적이다(1666: 161). 유아가 어머니의 몸에서 태어난 후 그 어머니와 따로 떼어져 어머니의 젖에서 나오는 양분을 공급받지도 못하고, 모든 위험으로부터 보호도 받지 못한다면 그것은 너무나 자연의 순리에 어긋나는 일이다. 이것은 더 나아가서 유아와 어머니의 행복을 깨뜨리는 일이 되고 만다(168). 코메니우스는 어머니의 젖가슴과 품은 하나님께서 유아에게 허락하신 것임을 다음과 같이 말하였다: "하나님께서는 사랑의 중심점을 어머니의 마음에다 두어 유아들을 보호하셨다. 하나님은 유아들을 어머니의 젖가슴과 품 안에 놓아 두셨다."(169)

유아는 아직 성장하지 않은 세상에 방금 나온 생명이며, 모든 부분에서 인격이 형성되지 않았고, 전체와 관련된 인격 형성이 필요한 새로운 존재이다. 따라서 유아의 최초 인격 형성자로서 어머니의 역할은 매우 중요하다(162–163). 코메니우스는 유아의 바른 인격 형성을 위한 교육의 책임소재에 대해 다음과 같이 묻고 있다:

> 이제까지 우리는 인간이 자신의 인생 초기부터 배려 깊은 교육을 받아야 하며, 인간을 전체적으로 개선시키고자 하는 소망은 그

---

40) 코메니우스(1666)는 신생아가 모유로 영양 공급을 받아야 함을 강조하였지만 "오히려 인간의 내적인 인격을 형성해 주는 하나님의 은총이라는 양분을 더 많이 공급받아야 한다."(176)라고 하며 아이의 내적인 인격 형성을 위한 영적인 측면에 대해서도 언급하였다.

것에 달려 있다는 사실을 증거하고 확실하게 제시하였다. 그렇다면 우리는 이러한 과제를 누구에게 넘기는 것이 최상인가?(167)

어머니의 품에서 모유를 먹이고 키우는 일에서부터 어머니가 유아에게 보이는 지성과 덕성과 경건의 모범 그리고 유아를 지혜롭고 건강하게 양육하는 모습에 이르기까지 유아의 최초 인격 형성자로서 어머니의 역할 중요성은 코메니우스의 유아교육사상 곳곳에서 강조되고 있다.

어머니가 유아가 어릴 때부터 적절하게 돌보고 교육하느냐 그렇지 않느냐에 따라 한 인간의 인격 형성과 삶이 달라진다. 만일 유아가 어머니로부터 적절하게 인격 형성의 교육을 받지 않게 된다면 비뚤어진 사람이 된다. 즉 인간의 얼굴은 하고 있지만 사물에 대해서 텅 빈 정신을 가지고 있고, 더듬는 혀를 가지고 있으며, 기술적인 것이라곤 아무것도 할 수 없는 무딘 손을 가지고 있는 사람이 된다. 게다가 악한 일을 일삼고 하나님을 모르며 방황하는 사람이 되고 만다. 반면에 어머니로부터 적절하게 인격 형성의 교육을 받게 된다면 바람직한 사람이 된다. 즉 그 유아는 어둠 속에서도 온 세상을 비춰 주는 거울처럼 항상 자신의 빛을 어느 곳에나 비추고자 하는 맑은 정신의 소유자가 된다. 그의 손 역시 자신의 작업을 성공시킬 준비가 되어 있다. 말이 아닌 행동을 앞세우며, 바람직한 습관을 형성하게 된다. 그리하여 어느 누구에도 해를 끼치지 않고 오히려 모든 사람에게 봉사하는 사람이 된다(163). 이렇게 교육된 인간은 하나님의 살아 있는 형상이라고 할 수 있는데 이것이 바로 범교육의 목적이며, 유아기 때 어머니가 감당해야 할 역할이다(164).

## 2. 유아의 일차적인 교사로서의 어머니

코메니우스는 자신들이 보호자이고 교육자들임에도 불구하고 자신의 자녀들에 대해 책임을 지지 않는 태만한 부모들을 꾸짖었다: "나무가 가지를 싹 틔우고 돌보는 것처럼 우리는 자신에게 쏟는 관심만큼 자녀들에 대해 관심을 쏟아야 한다."(168)

유아들은 그들의 행복한 삶을 위해 마땅히 교육을 받아야 하는데 일차적인 교사는 바로 그들의 어머니다(169). 일차적인 교사로서 어머니는 유아들에게 하나님을 경외하는 일과 예의범절을 지키는 일 그리고 자유로운 기술을 습득하는 일을 가르쳐야 한다. 이것은 저절로 되는 일이 아니다. 이것은 나무가 성장하기 위해서 우선 심어야 하고 물도 주고 버팀목과 울타리를 세워 주며 가지도 쳐 주는 등의 특별한 보살핌이 필요한 것과 같다. 따라서 부지런한 노력과 수고가 없이 유아들이 경건함과 예의바름과 기술에 이를 수 있다고 생각해서는 안 된다(1633: 66). 어머니는 최초의 6년 동안 이것들에 대한 기초를 훌륭하게 닦아 놓아야 할 책임이 있다(70). 그러나 주의할 것은 매질과 폭력과 같은 방법으로 유아들을 억지로 다그쳐서는 안 된다. 유아들을 가르칠 때는 확실한 방법이나 질서에 의해 해야 하며, 모범을 통해 해야 한다(67). 따라서 유아들을 가르치는 일차적 교사로서 어머니는 어머니 학교에서 훌륭한 모범을 제시함으로써 이 일을 수행해야 한다(68).

일차적 교사로서 어머니는 훌륭한 모범을 제시하는 것과 더불어 교육적 효과를 높이기 위해 유아들이 어릴 때 훈련을 시도해야 한다. 이미 굽은 채로 성장한 나무를 곧게 펴는 일과 이기 엉망으로 만들어진 숲을 정원으로 다시 만든다는 것은 불가능한 일이기 때문이다. 또한 유아의 일차적 교사로서의 어머니는 어릴 때 유아의 교육에 대한 책임을 제대로 수행하지 않고서 나중에 교사나 목사에게 떠넘겨서는 안 된다(70).

어머니는 시기적절하고 지혜로운 방법으로 하나님과 사람들에게 칭찬을 받을 만한 유아로 양육해야 한다. 경건함과 예의바름과 기술을 잘 양육받은 유아는 매일 하나님의 살아 있는 형상으로서 끊임없는 하나님의 능력과 지혜와 선하심이라는 빛을 비춘다. 이러한 유아를 키우는 어머니는 집 안에 생명나무가 심어져 물을 머금고 성장하여 꽃을 피우는 낙원을 가지고 있는 셈이다(64 – 65).

## 3. 유아의 전인성을 위한 어머니

유아의 인격 형성을 위해 어머니가 행해야 할 교육 내용들에 대해서 「대교수학」의 제28장 '어머니 학교'와 「범교육학」 제9장 '유아기 학교' 그리고 소책자 「어머니 학교 소식」에 자세하게 설명되어 있다.[41] 유아의 인격 형성을 위해 어머니가 행해야 할 교육 내용들에는 세 가지 영역의 배움이 있다: 즉 ① 시각과 청각 등 감각을 매개로 이용하여 자연 세계의 제 사물, 제 현상을 학습하는 지식교육, 유아의 정서함양과 활동성을 기르는 작업 및 기예교육 그리고 모국어와 관련된 언어교육이 포함된 정신교육 영역, ② 예의범절,

---

41) 어머니가 유아의 건강과 지식과 덕성과 신앙을 위해 행해야 할 교육 내용 및 방법적인 원리들을 알기 쉽게 체계적으로 수록한 이 책들은 오늘날 유럽과 미국 등 세계 전역으로 소개되어 유아교육을 위한 지침서로 활용되고 있다.

좋은 습관의 형성, 자신의 의지를 다스릴 수 있는 인내의 훈련 등이 포함되어 있는 도덕교육 영역, ③ 유아의 마음이 하나님의 발자취를 인식하고 도처에서 그분을 경외하고 사랑과 순종으로 섬기는 것 등이 포함되어 있는 종교교육 영역이 있다(1633: 70 - 75).

코메니우스의 이러한 교육내용들을 보면 그의 유아교육 입장은 전인교육임을 알 수 있다. 유아는 어머니의 품에 있는 생후 6년 동안에 인간의 생득적인 능력에 속하는 사고(ratio), 언어(oratio), 행위(operatio) 세 가지 능력을 계발하기 위해 기초적인 과제들을 훈련받고 교육받게 된다.[42] 이러한 교육과제에 속하는 교육내용들은 모두 전인적인 교육을 지향하고 있다.

인생의 초기 6년 동안 어머니교육을 통해 유아가 형성해야 될 습관의 중요성에 대해 강조한 코메니우스의 유아교육관은 전인적인 교육의 일면을 보여주고 있다. 유아들은 무엇인가 잘못을 저질렀을 때 거짓말하지 않고 모든 것을 겸손히 고백하는 습관을 갖도록 해야 한다. 이것은 마치 좋은 씨가 뿌려진 밭과 같이 유아들의 품성이 가꾸어져야 하는 것과 같다(1633: 123). 습관은 제2의 천성과 같아서 습관이 잘못 들면 가시, 엉겅퀴, 잡초만이 만연한 밭과 같이 되어 버리기 때문이다.[43]

코메니우스가 아이들이 온전하게 교육을 받으려면 건강이 우선되어야 한다고 유아의 건강교육을 강조한 것(1633: 76 - 87)은 건강한 몸과 정신과 영혼이 깃든 전인교육을 지향하였음을 알 수 있다. 진정한 교육은 지성뿐만 아니라 전인간을 기르는 것이기 때문

---

42) Rudolf K. Kempl(1972), "The Trinitarian System in the World of Comenius" In *Comenius*. ed., by Vratislav Busek, Czechoslovak, 57. 이숙종, 1996: 227에서 재인용.

43) Comenius, 1666: 172 - 173 참조.

이다. 그는 정신과 영혼을 강건하게 지탱해 주는 건강한 육체가 살아가는 동안 가장 필요한 것이라고 보고 육체를 보살피는 데 필요한 글들을 쓰는 데 헌신하였다.

1633년 레슈노에 머물러 있으면서 코메니우스는 「대교수학」에서 생각한 교육의 방향과 무엇 때문에 「대교수학」이 필요한 것인지 그 적절한 근거를 제시하기 위해 Informatorium Maternum이라는 소책자를 만들었다. 그는 이 소책자에서 「대교수학」의 본질적인 내용에 대한 그의 계획을 더 잘 이해할 수 있도록 주제별로 해명해 주었다. 이 책에는 오늘날의 심리학 및 의학계에서 발견한 것만큼이나 현대적인 가르침이 수록되어 있다. 다시 말해 이 소책자에는 유아가 어린 시기부터 의식적으로 마음과 육체뿐 아니라 품성과 영혼을 가꾸어야 할 필요성을 강조한 전인교육적인 가르침이 수록되어 있다.

Informatorium Maternum을 영역한 엘러(E. M. Eller, 1956)는 역자 서문에서 이렇게 소개하고 있다.

> 이 책은 심오한 지혜와 일반 상식으로 차 있다. 전문 교사가 아닌 어머니를 위해 쓰였으나 이 책은 교수활동에 필요한 대부분의 유아교육 원칙을 간단하게 줄인 것이다(46). ……이 소책자를 갖고 있는 사람들은 교육을 향상시킬 수 있는 강력한 보물을 갖게 될 것이다. 이 책은 아이가 평생 쓰게 될 기술을 어떻게 가르쳐야 하는지에 대해 요점을 말하고 있으며, 아이가 일생 동안 지니게 될 성격을 형성시킬 수 있는 방법에 대해 모든 세대의 교사들에게 아이디어를 제공하고 있다(48).

엘러는 코메니우스의 전인교육에 대한 강조점에 대해 다음과 같이 평가하였다:(50) 첫째, 코메니우스는 그 당시 시대의 미신적이

고 비과학적인 것을 극복하고 관찰에 기초하여 실제 활용할 수 있
는 지식을 수록하여 오늘날 더 도움이 된다. 모든 과학과 예술의
근원은 어린 시기에 키워질 수 있다는 그 당시 파격적인 그의 주
장은 증명되었고, 그가 목적한 바는 이루어졌다. 둘째, 오늘날에
코메니우스가 살았더라면 물질 중심적인 심리학자들에게 반박하는
글을 썼을 것이다. 아니 오히려 그보다 한 단계 더 나아가 심리학
자들의 한계를 뛰어넘어 육체와 영혼이 균형과 조화를 이룬 전인
적 인격 형성에 대해 더 큰 업적을 이루었을 것이다.

　유아가 어머니에 의해 지식과 도덕과 경건의 전인적인 모습을
이루게 될 때 유아는 새로운 그리스도인 자녀의 모습을 가지게 된
다. 이것은 유아의 전인성을 위한 어머니의 역할이 지혜롭게 이루
어질 때 가능하다. 어머니가 지향해야 하는 유아의 전인적인 모습
에 대해 코메니우스는 다음과 같이 시적으로 묘사하였다:

> 그것은
> 참된 경건과 고귀한 도덕과 언어의 지식과
> 역시 다양한 지혜를 얻게 하는
> 하나의 새롭고 확실하며 유쾌한
> 그리스도인 자녀의 형태이다.[44]

　코메니우스가 그 당시 태아부터 시작되는 유아의 성장에 관심을
가지고 유아의 최초의 인격 형성자로서의 어머니, 일차적인 교사

---

44) 호프만(F. Hoffmann)이 독일어로 번역한 「어머니 학교 소식」 뒷부분
　　에는 코메니우스의 '새롭게 소생하는 교회의 낙원'이라는 글이 수록
　　되어 있다. 그 첫 장에 기록된 이 글은 전인적인 교육을 받은 유아
　　의 모습에 대해 잘 표현해 주고 있다(1633: 151－152).

로서의 어머니 그리고 전인성을 위한 어머니로서의 역할을 언급한 것은 시대를 훨씬 앞선 현대적인 사고를 한 것으로 평가할 수 있다. 앞으로 본 연구를 계기로 코메니우스의 어머니 이해에 대한 부분이 현대적으로 재해석되고 교육현장에서 활발하게 적용될 수 있게 되기를 기대해 본다.

# 제 5 장
## 코메니우스의 유아교육사상

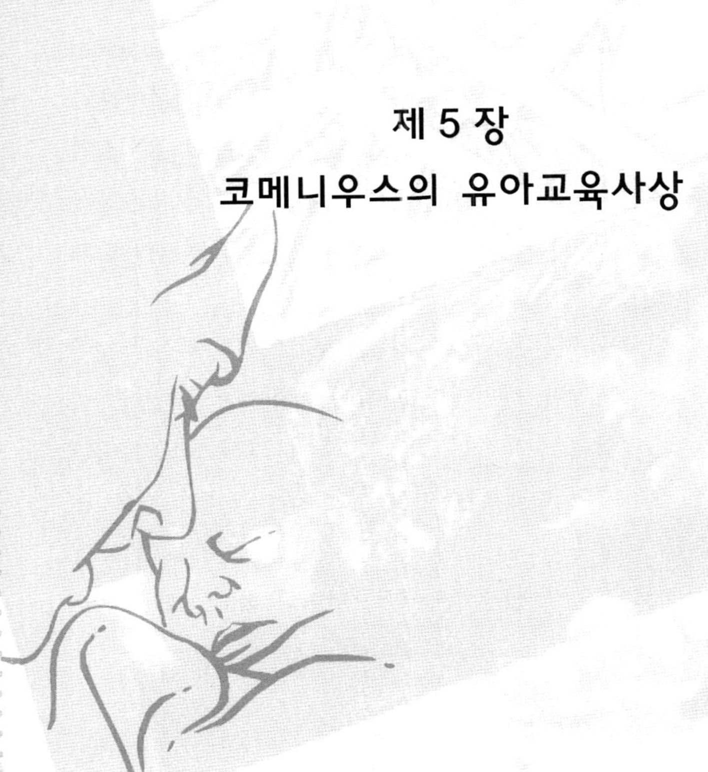

17세기 유럽의 대사상가이자 신학자, 교육학자인 코메니우스가 유아교육 분야에서도 그 이론적 기초를 확립하고, 바람직한 유아교육을 실천하는 데 큰 공헌을 하였음은 주지의 사실이다. 코메니우스의 유아교육론은 다음과 같은 특징을 지닌다:

첫째, 그의 범교육적 구상과 범주 안에서 형성되었다. 즉 그의 유아교육론은 그의 범교육의 목적과 방법 그리고 내용이 유아기라는 특수한 시기의 교육에 맞게 체계적으로 정리된 교육이론이다.

둘째, 그의 유아교육론은 유아만 따로 분리된 별개의 유아교육론이 아니라 어머니와 유아가 밀접하게 연결되어 있는 교육론이다.

셋째, 그의 유아교육론은 인간에 대한 이해, 유아와 어머니에 대한 이해를 기초로 정립되어 있다.

세상에 태어난 모든 인간은 하나님의 형상으로 지음받은 존재이었으나 타락으로 말미암아 하나님의 형상이 깨어지게 되었다. 이 깨어진 하나님의 형상을 회복하는 일이 교육의 과제이다. 이러한 교육적 과제를 실천하기 위해서는 어릴 때부터의 교육이 매우 중요하다고 판단한 코메니우스는 유아교육을 위한 지침서로 「범교육학」에서 '유아기 학교'와 「대교수학」에서 '어머니 학교' 그리고 소책자인 「어머니 학교 소식」을 저술하였다.[45]

---

45) 코메니우스는 1628년과 1632년 사이에 체코어로 완성된 「교수학」(Didactica) 초고와 1636년에 라틴어로 저술되어 1657년에 「교수학 전집」(Opera didactica omnia)에 포함된 「대교수학」(Didactica magna)에서 유아교육에 관한 내용을 부분적으로 다루었다. 코메니우스의 「교수학」 체코어판 원본 제27장에는 출생 직후부터 6세까지의 유아들의 교육의 장으로 어머니 학교가 제시되었다. 「교수학 전집」 가운데 인쇄된 라틴어 「대교수학」에는 어머니 학교가 28장에 포함되었다. 그는 「어머니 학교 소식」(Informatorium der mutterschul, 체코어판 1628, 독일어판 1633)이란 소책자를 만들어 유아교육에 대해 보다 더 상세하게 다

코메니우스는 교육이 행해지는 장소를 모두 '학교'로 보고 '학교'를 자연의 주기에 따라 7단계로 나누었다(Comenius, 1666/Schaller 역, 1991: 88). 즉 일 년의 시작인 1월로 비유될 수 있는 출생 전 학교, 꽃봉오리를 피우는 2월과 3월로 비유되는 유아학교, 꽃으로 치장한 식물과 같은 4월로 비유되는 아동기학교, 모든 열대가 나기 시작하고 성장하는 5월과 같은 청소년학교, 모든 종류의 열매가 익어서 비로소 맛을 보게 해 주는 6월과 같은 청년기학교, 모든 종류의 열매들이 수확되고 다가오는 겨울을 위해 저장되는 7월에서 11월까지의 모습을 닮은 장년기를 위한 학교, 일 년을 마감하며 완성시키게 되는 12월과 같은 노년기를 위한 학교 등이다.

자연의 주기에 따른 이러한 7단계의 학교 외에 코메니우스는 인간의 성장과 발달단계에 따른 학업 적령기를 고려하여 4단계의 학교로 구분하고 있다(Comenius, 1657/Flitner 역, 1993: 190–191). 즉 1세–6세의 유아기를 위한 어머니 무릎학교, 7세–12세의 아동기를 위한 모국어학교, 13세–18세의 청소년기를 위한 라틴어학교, 19세–24세의 청년기를 위한 대학과 여행 등이다.

코메니우스가 말하는 '학교'는 오늘날 우리가 일반적으로 지칭하는 '학교'의 개념과 일치하지 않는다. 그는 학교를 인간을 인간이 되게 양육하는 곳이며, 인간의 감정과 욕망이 도덕과 조화되게 하고 인간의 가슴이 거룩한 사랑으로 가득 넘치게 하는 보편적이며 우주적인 교육이 수행되는 장으로 보았다.[46] 코메니우스는 이

---

루면서 「대교수학」에서 생각한 교육의 방향과 무엇 때문에 대교수학이 필요한 것인지 그 적절한 근거를 제시하고 밝혔다. Comenius/정일웅 역, 2001: 13–14(독일어 역자의 머리말) 참조.

[46] 코메니우스는 학교가 진정으로 즐거운 놀이터가 되어야 함을 역설하였다. Comenius, 1649: 112–113 참조.

러한 각 단계의 학교가 수행해야 할 교육적 과제와 내용 및 방법들을 상세하게 다루면서 특별히 출생 후부터 6세까지의 유아기교육의 중요성을 매우 강조하였다. 그는 「대교수학」에서 어릴 때 교육이 중요한 이유로 "인간의 교육은 이른 나이에 가장 잘 이루어질 수 있으며"(47), "어릴 때는 쉽게 교육되고 휘어질 수 있지만 단단해지면 순종하기를 거부한다는 사실은 모든 성장하는 것들의 특성이며"(46), "인간이 인간답게 형성될 수 있기 위해서 하나님은 인간에게 유년기를 주셨고, 이 시기에 인간은 다른 것에는 부적합하고 교육에만 적합"(47)하기 때문이라고 하였다. 「범교육학」 제9장에서는 유아기 학교(Schola infantiae)를 '어머니 품'으로 지칭하면서 출생부터 6세까지의 유아들에 대한 주의 깊은 인격 형성을 강조하였다.


## 1. 유아교육의 목적


코메니우스(1666)는 이 세상의 멸망은 그 뿌리에서부터 시작되므로 세상을 전체적으로 개선하려는 범교육의 목표 역시 그 뿌리에서부터 시작되어야 하고 거기에 초점이 맞춰져야 한다고 강조하였다(162). 코메니우스(1657)의 뿌리에서부터의 교육에 대한 강조는 다음과 같은 그의 생각에 잘 나타나 있다:

> 멸망될 인류를 구원할 하나의 치유방법이 있다면, 그것은 동산을 새롭게 하려고 새로운 관목을 심고 그것들이 잘 자라도록 싹들을 신중히 돌보는 것처럼 특히 성장세대에 대한 주의 깊고 신

중한 교육에 달려 있다(15). 성장세대를 신중하게 교육한다는 것은 그들의 감성이 세상의 멸망에서 보존되게 하는 것과 계속해서 그들의 감성이 참된 하나님의 지식과 그들 스스로와 다양한 사물의 지식으로 배어 있게 하는 것이다(16).

최상의 존재로 창조된 인간은 하나님의 형상을 닮아야 하고, 인간의 외적 거처인 육체보다는 육체 안에 거하는 이성적인 영혼에 더 관심을 기울여야 하기 때문에 부모는 자녀가 어릴 때부터 신중하게 교육해야 한다는 것이다(1633: 62 - 63). "잘 양육받은 영혼은 하늘의 지혜로 깨달음을 얻은 자이며, 고귀한 하나님의 형상을 깨달아 간직하고 있는 자"(63 - 64)이므로 기독교 신앙의 자녀들은 어릴 때부터 성실히 가르침을 받아야 한다는 것이 코메니우스의 견해이다(64).

코메니우스의 「세계도해」(Orbis sensualium pictus, 1658)의 서론에 나오는 그림과 대화는 그의 교육학의 관점을 잘 나타내 주고 있다. 대화 부분을 소개하면 다음과 같다:

교사: 아이야, 와서 지혜를 배워라. (Veni, Puer! disce Sapere.)
학생: 지혜가 뭐예요? (Quid hoc est, Sapere?)
교사: 필요한 모든 것을 (Omnia, quae necessaria,)
　　　올바르게 이해하고, (rectè intelligere,)
　　　올바르게 행하며, (rectè agere,)
　　　올바르게 말하는 것이다. (rectè eloqui.)
학생: 누가 그것을 나에게 가르쳐 주나요? (Quis me hoc docebit?)
교사: 하나님과 함께한 나란다. (Ego, cum Deo.)
학생: 어떻게요? (Quomodo?)
교사: 나는 모든 사물을 통하여 너를 이끌어 주며,

(Ducam te, per omnia,)
그것을 보여주고, (ostendam tibi omnia,)
그것의 이름을 짓게 할 것이다. (nominabo tibi omnia.)[47]

이 대화와 함께 나와 있는 그림은 코메니우스가 교육을 삶의 여정에서 일어나는 배움으로 폭넓게 이해하고 있음을 보여주고 있다. 이 그림에는 학교의 건물모습이 보이지 않고 여로에 있는 아이(학생)와 노인(교사)이 묘사되어 있고, 그림 밑 가장자리에 그려져 있는 선들은 길을 표현하고 있다. 이 그림에서 유추할 수 있는 것은 코메니우스에게 있어서 교육이란 인간이 생존하는 동안에 발생하는 배움이라는 점이다. 다시 말해 그에게 있어서 교육이란 공간적인 학교의 목표를 지향하는 것이 아니라 삶의 목표를 지향하는 것이었다(Gossmann/Schröer: 47).

대화에 나오는 '모든 것'(omnia)의 세 가지 강조는 첫째, 세계를 인지하고, 진단하고, 파악하기를 원하는 모든 감성의 성장이 중요하다는 것이고, 둘째, 세계를 이해하고 궁극적으로 지배해야 하는 오성의 성장이 중요하다는 것이고, 셋째, 이 세계를 하나님의 창조로서 이해하고 하나님께서 제정하신 질서와 이 세계의 목적 용도에 대하여 묻는 믿음에 도움을 주는 것이 중요하다는 것이다. 이것은 '자연의 책', '이성의 책' 그리고 '성경의 책'인 세 권의 책 안에서 질서를 확립한다는 코메니우스의 관점을 보여주고 있다(47-48).

이러한 코메니우스의 관점은 그림에서 묘사된 빛과 태양의 상징을 해명해 준다: 태양의 광채는 노인 위에 비추인다. 그 광채는 거

---

47) Gossmann/Schröer: 46에서 재인용.

의 그를 통해 나아간다. 노인의 손가락은 그 광채들을 가리킨다. 아이는 그 빛을 바라보고 있다. 이러한 그림의 묘사는 세 가지 하나님의 빛의 원천의 작용을 나타낸다. 첫째, 우리가 감각기관들을 가지고 진단하는 하나님 행위의 빛, 둘째, 오성의 표현 속에서 밝힐 수 있는 신적인 빛, 셋째, 우리가 믿음으로 파악하는 하나님 계시의 빛이다.

우주 안에서 창조주 하나님의 질서를 회복하는 행위로 이해한 코메니우스의 범교육학적 관점은 다음의 언급에서 명확하게 드러난다:

> 전체(universalis)를 표준으로 삼아 인간을 그의 본질의 온전성에로 인도하고(cultra), 모든 인류에게 모든 것을 포괄적으로 가르쳐야 한다(1666: 12).

이와 같이 그의 범교육은 모든 인류를 대상으로 하는 우주적 개념의 성격을 띠고 있으며, 인간을 어둠과 무지의 잘못된 길에서 이끌어 내어(educare) 밝은 빛과 분명한 앎으로 인도하는 교육이다. 그러나 교육은 길을 인도하는 것으로 끝나는 것이 아니다. '길 인도'로서의 교육은 이끌고 인도하여 낸 인간을 다시 원래의 바른 자리에 앉히는(instituere) 행위와 연결될 때 그 본래의 목적을 달성하게 된다. 코메니우스에게 있어서 교육은 잘못된 자리에 있는 인간을 이끌어 내는 행위이며(educatio), 그 인간을 바른 자리에 앉히는 행위이다(institutio).[48] 양금희(2001: 68)는 이런 의미에서

---

48) 라틴어 'educare'(→'education')와 'institute'(→'institution')는 모두 '교육'과 '가르침'을 뜻하는 단어로서 교육의 본질적인 과제를 드러내 준다.

코메니우스(1657)가 "우리의 이 잘못된 세상을 개선하는 유일한 길은 성장세대를 제자리에 앉히는 일 외에는 없다."(13)라고 한 말이 이해될 수 있다고 하였다. 잘못된 자리에 있는 인간을 이끌어내어 그 인간을 바른 자리에 앉히는 행위로 이해한 코메니우스의 교육 개념과 정의를 통해 우리는 그의 교육 목적은 인간의 하나님 형상 회복과 인간을 통한 창조세계의 회복임을 알 수 있다. 다시 말해, 인간은 최상의 존재로 창조되었고 최상의 존재로 인도되어야 하기 때문에 다른 어떤 창조물보다 더 높은 목적을 위해, 즉 하나님의 형상에 도달하기 위한 목적을 위해 교육되어야 한다.

인간은 출생에서부터 세 가지 목적을 가지고 태어난다. 즉 사물을 인식하고 이해하기 위한 지적 목적과 조화로운 삶을 살기 위한 도덕적 목적과 그리고 하나님을 사랑하기 위한 신앙적 목적이다. 이러한 세 가지 목적은 나무가 땅에 뿌리를 내리고 있듯이 인간 안에 굳게 자리를 잡고 있는 생득적인 요소이다(1657: 31). 이것은 「범교육학」에서 다음과 같이 유아교육의 세 가지 목적으로 서술되고 있다:(1666: 162 – 191) 첫째, 유아 내부에 있는 신적인 불꽃에 불을 지피는 것이다. 둘째, 세상에서 사탄의 힘이 유아를 파멸에 이르게 하지 못하도록 보호하는 것이다. 다시 말해 세상에서 유아가 다른 사람과 더불어 살아가면서 도덕적으로 선한 존재로 살아가도록 이끌어야 한다. 셋째, 세상의 것을 바르게 사용할 수 있도록 전체적으로 철저히 가르치는 것이다.

이상과 같이 "인간을 전체적으로 개선시키고자 하는 소망"(1666: 167)을 위해 인간이 인생 초기부터 배려 깊은 교육을 받아야 할 것을 강조한 코메니우스에게 있어서 유아교육은 신앙과 하나님 경외, 예절과 덕, 언어와 모든 종류의 기술이라는 순서로 교육이 이루어져야 한다(1633: 64). 이러한 교육은 하나님께서 목적하신 바대로 유아교육이 바르게 이루어지는 길이다.

하나님은 이러한 목적을 위해 유아를 그의 부모에게 맡겼으며, 부모는 이러한 목적을 위해 권리와 책임을 부여받았다(1633: 62; 1666: 167). 코메니우스는 자녀교육에 대한 부모의 책임을 강조하기 위해 "하나님을 믿는 기독교인 부모들, 교사들, 후원인과 어린이들을 돌보는 책임을 맡은 모든 사람들에게"라는 표제르 다음과 같은 글을 썼다:[49]

> 사랑하는 이들이여
> 당신들의 맡은 바 의무에 대해 여러분 모두에게 말하고자 하는 것이 나의 목적이기에 나로서는 다음의 세 가지를 밝힐 수밖에 없습니다.
> 첫째, 하나님께서는 당신이 보물처럼 귀중히 여기는 어린이들을 그대들에게 위탁하셨습니다.
> 둘째, 하나님께서는 어린이의 교육이 바르게 이루어져야 한다는 목적을 갖고 계시며, 이것을 그대들에게 (책임으로) 부여하셨습니다.
> 셋째, 아이들은 좋은 교육을 너무나 갈망하기 때문에 만일 이를 성취하지 못한다면 가장 중요한 것을 잃는 것입니다.
> 이러한 원칙들을 설정하고 나는 당신들이 맡고 있는 유아기 어린이의 양육에 관한 영역을 순서대로 설명함으로써 나의 목적을 달성하고자 합니다. 이를 의하여 하나님이 우리에게 복을 베푸시기를 비는 바입니다.

유아기의 교육에 있어서 부모의 역할을 강조한 코메니우스는 신앙과 하나님 경외, 예절과 덕, 언어와 모든 종류의 기술 함양이라

---

49) Comenius, 1633 ed by Eller, 1956: 65.

는 유아교육의 세 가지 목적으로부터 유아교육의 세 가지 과제를 제시하였다. 즉 정신교육과 도덕교육 그리고 종교교육으로 구분하여 과제와 구체적 내용을 서술하였다.

## 2. 유아교육의 과제와 내용

이 세상에서 "우주 전체를 돌보는 사역(cultura universalis)"(Comenius, 1666: 13)의 하나인 범교육의 목적을 이루기 위한 교육의 근본적인 과제는[50] 유아교육에도 그대로 적용이 된다. 교육적 과제에 대해 코메니우스는 다음과 같이 제시하고 있다:(1633: 4647)

① 교육의 과제는 지성과 덕성과 경건성을 함양하는 것이다. 지성이란 인간이 자기 자신과 모든 다른 것에 대하여 올바르게 인식하는 지혜이며, 덕성이란 그가 그 자신을 능력 있게 하는 것과 다른 피조물과 자신을 올바르게 유지하기를 아는 것을 말하며, 경건이란 그가 이 세상의 삶에서 하나님과 하나가 되도록 하는 것을 말한다.

② 인간은 이러한 세 가지 선한 씨앗과 깊은 본성의 뿌리를 자신 안에 가지고 있다.

③ 그럼에도 불구하고 인간은 올바른 사람이 되도록 지속적으로 연습되어야 한다.

④ 연습은 성장기간에 가장 잘 이루어져야 한다. 그 기간은 더 이상 현재의 상태로 존재할 수 없으므로 다만 성장기간에 연습되어야 한다.

⑤ 유아는 다른 사람과 함께 잘 훈련되어야 하고, 그것을 위해

---

50) Pampaedia 표제어에 설명되어 있다.

학교가 세워져야 한다.

⑥ 유아 전체, 즉 남자와 여자 유아 모두를 위한 학교를 유지
시켜야 한다.

⑦ 학교 전체의 개혁은 오직 완전한 질서를 따라 이루어져야
한다.


이와 같은 내용들을 통해 우리는 코메니우스가 유아교육 과제의
영역으로 지성교육과 도덕교육 그리고 종교교육 이 세 가지로 나
누어 설명하였음을 알 수 있다(70 – 75). 이것을 구체적으로 언급
하자면 다음과 같다:

첫째, 지성교육의 영역에서는 시각과 청각 등 감각을 매개로 이
용하여 자연 세계의 제 사물, 제 현상을 학습하는 지식교육과 유
아의 정서함양과 활동성을 기르는 작업 및 기예교육 그리고 모국
어와 관련된 언어교육이 포함되었다.

둘째, 도덕교육에는 적합한 영양분이 들어 있는 적절한 양의 음
식물 섭취, 몸의 청결, 웃어른에 대한 예의범절, 거짓에 물들거나
게으름에 빠지지 않는 좋은 습관의 형성, 자신의 의지를 다스릴
수 있는 인내의 훈련 등이 포함되어 있다.

셋째, 종교교육에는 창조주 하나님에 대해 아는 것과 그분을 경
외하고 사랑과 순종으로 섬기는 것 그리고 유아의 마음이 끊임없
이 하나님만을 생각하고 그분과 하나가 되려고 할 때 그분 안에서
기쁨, 평화, 위로를 느끼는 것 등이 포함되어 있다.

유아가 출생부터 6년 동안 이러한 과제들에 대해 훌륭한 기초를
닦게 될 때 유아는 하나님의 형상을 회복하고 우주 전체를 돌보는
사역에 동참하게 될 것이다. 코메니우스는 이와 같이 유아교육의
교육적 과제를 유아교육의 내용51)과 관련하여 상세하게 제시함으

로써 유아교육에 있어서 선구자적인 역할을 하였다. 코메니우스는 「어머니 학교 소식」 서문에서 유아교육의 목적을 이루기 위한 내용들을 상세하게 제시하였다:(1633: 41)

> 이 책은 경건한 부모들이 그들의 가장 귀중한 보물인 출생에서 여섯 살 사이 자녀들이 학교 교사들에게 넘겨지기 전에 어떻게 올바르고 합당하게 하나님을 영화롭게 해야 하는가를 알리고, 그들을 구원에 이르도록 어떻게 올바르고 합당하게 가르치고 훈련시켜야 하는지를 알리는 더 올바르고 명확한 소식이다.

이 책에서 코메니우스는 어린이가 건강 기초를 닦은 후에 예술과 과학교육 기초를 다져야 한다고 강조하였다. 그는 기하학 기초, 천문학, 역사, 수학, 문학의 기초, 음악, 예술, 수작업 기초, 모든 직무의 기초 등 지식의 여러 분야를 어머니 학교에서 초기 6년간 쉽게 배울 수 있는 방법을 제시하였다(49).

## 3. 유아교육의 방법

코메니우스는 당시의 교수법이 하나님의 형상 회복을 위한 인간성 교육에 적합하지 못하다고 판단하였다. 그래서 그는 비능률적이고 강압적이며 주입식적인 전통적인 교육을 개선하고자 교수-

---

51) 인간에게 생득적으로 내재해 있는 지성과 덕성과 신앙의 씨앗들은 교육을 통해 온전하게 자랄 수 있다고 본 코메니우스는 「대교수학」, 「범교육학」, 「어머니 학교 소식」에 지성교육과 덕성교육, 신앙교육을 구체적인 교육내용으로 자세히 다루었다.

학습방법의 합리적인 체계를 정리하여 새 교수법을 창안하였다. 이것이 「대교수학」과 「분석교수학」이다. 그는 새 교수법을 통해 학습자들이 단편적인 지식을 비능률적이고 강제적인 방법으로 습득하는 것을 극복하고자 하였다. 새 교수법은 교사의 강압과 폭력으로부터 보호하였으며, 무미건조하고 지루한 학습을 지양하게 하였다.52) 그는 「대교수학」에 대해서 다음과 같이 진술하였다:

> 대교수학은 모든 사람들에게 모든 것을 가르치려는 완전한 기술을 뜻한다. 교사나 학생에게 불평과 불만 없이 신속하게 가르치고, 가르치는 쪽과 배우는 쪽 모두가 더 많은 즐거움을 갖도록 하고, 참된 지성과 참된 덕성 그리고 가장 내면적인 경건성이 중재되도록 철저히 가르치는 것을 말한다(3).

코메니우스는 「분석교수학」에서도 그의 새 교수법 이론의 논리적 정확성, 상호관계성, 통일성에 대해서만 언급하지 않고 교수법의 원칙에 대해서도 언급하였다. 즉 교수법의 가장 근본적인 법칙은 신속성, 즐거움, 철저성이라고 언급하였다. 새 교수법은 학습이 진행되는 동안 학습자들의 마음을 고무하고 즐겁게 하는 모든 수

---

52) 코메니우스(1633)는 가르침과 배움이 쉽게 이루어지며, 수고와 불만 없이 시작할 수 있는 방법적인 비결에 관하여 다음과 같이 언급하였다:(48)
   학문에 대한 특별한 방법: 그것은 여러 가지 학문의 인간적인 이해에 쉽게 도움을 주는 방법이다.
   예술에 대한 특별한 방법: 예술이나 모방이 쉽게 연습으로 이루어지도록 하는 방법이다.
   언어 학습을 위한 특별한 방법: 사람들이 재빨리 그리고 올바르게 언어를 배울 수 있도록 하는 방법이다.
   도덕교육을 위한 방법: 유아들이 좋은 윤리를 올바르게 배울 수 있도록 하는 방법이다.
   종교교육의 방법: 유아들이 올바르게 하나님을 섬기도록 하는 방법이다.

단과 일치한다. 따라서 잘 가르친다는 것은 학습자들이 신속하게, 즐겁게, 철저하게 배울 수 있도록 하는 것이다(131).

신속성, 즐거움, 철저성으로 요약되는 코메니우스의 새 교수법의 원칙은 하나님과 인간과 자연을 각각의 학교로 보고 학교의 목적을 설명한 코메니우스의 교육관과 일치한다. 학교를 나타내는 라틴어 schola는 학교의 특징53)을 상징하고 있다(112). 또한 학교를 라틴어로 ludus('놀이'와 '학교')라고 부르는 것은 놀이가 학교 활동의 필수적인 부분을 차지하여야 한다는 주요한 암시가 된다. 새 교수법의 원리에 따라 운영되는 학교는 놀이와 교훈을 병행하고, 긴장을 풀 수 있는 적절한 휴식을 허용한다. 학교는 학습과 놀이의 중용을 요구하고 지루함과 싫증을 해소하기 위해 다양한 활동을 충분하게 제공한다(112 – 113). 코메니우스(1668)는 「빛의 길」에서 그의 교수법은 "어머니 학교와 공공 학교에서 학습자들이 유아기와 아동기 초기부터 즐겁고 유쾌하게"(211) 학습할 수 있는 방법을 제시한다고 밝혔다. 이러한 그의 새 교수법은 빈부나 귀천, 남녀노소, 재능을 가진 자나 못 가진 자 등의 차별을 뛰어넘어 모든 사람들을 위해 활용할 수 있는 보편적인 방법으로 평가받고 있다(이숙종, 1996: 307 – 310).

---

53) schola가 나타내는 학교의 특징은 다음과 같다.
   S – Sapienter(지혜롭게)
   C – Cogitare(생각하는 것)
   H – Honeste(정직하게)
   O – Operari(행동하는 것을)
   L – Loqui(말하는 것을)
   A – Argute(영리하게)
   Comenius, J. A.(1649)/이숙종 역(1995): 112.

## 1) 자연에 따르는 방법

코메니우스의 새 교수법 원리가 자연의 원리를 따랐다는 점은 그의 「대교수학」과 「범교육학」 전반에 걸쳐 드러난다. 그는 자연에 대한 합리적 이해와 실증적 실험을 통해 교수법이 자연의 원리를 따라야 할 필요성을 터득하였다. 다시 말해 코메니우스의 교수방법의 특징은 자연 세계의 모든 사물들의 상관관계와 존재 이유를 합리적으로 탐구하고 분석하게 하는 것이었다. 일례로, '모든 어려움을 극복하는 학교의 바른 질서는 자연에서 취해져야 한다'라는 제목의 「대교수학」 제14장에는 자연의 원리를 따라야 하는 기술들과 인간의 발명들 그리고 교수학의 기술들에 대한 자세한 설명이 서술되어 있다. 그는 모든 것으로부터 모든 것을 가르치고 배우는 기술의 일반적 모형도 자연의 질서를 따라야 할 것을 제안하면서 "우리가 안내자로서 자연을 따른다면 결코 미토에 빠지지 않을 것이다."(1657: 77)라고 하였다.

자연의 질서에 따르는 교수방법에 과학적 방법을 활용한 코메니우스의 새 교수법은 "자연에 존재하고 있는 모든 사물들의 발견과 탐구는 상호 연관되어 있으므로 한 방향에서 항상 전체를 유지하는 통전성을 수반해야 한다."[54]라는 원리에 근거해 있다. 그의 과학적 방법론은 사물의 분석과 종합, 비교유추법 등을 통해 사물의 실재를 파악하고 탐구하도록 이끌었다. 그가 말하는 과학적 방법은 다음과 같다:(이숙종, 1996: 290 - 306)

첫째, 지식의 대상이 되는 사물을 분석하여 지식을 얻을 수 있

---

54) Sadler, J. E.(1969). ed. Comenius. London: The MacMillan. 37. 이숙종, 1996: 289에서 재인용.

는 분석적 방법.

둘째, 사물의 각 부분들을 결합하고 조합하여 지식을 얻을 수 있는 종합적 방법.

셋째, 사물의 각 부분을 다른 부분들과 그리고 전체를 다른 전체들과 비교 유추하는 과정을 통해 지식을 얻을 수 있는 비교 유추법.

그의 이러한 과학적 접근방법은 베이컨(F. Bacon, 1561 – 1626)의 자연 사물들의 과학적 관찰과 탐구를 위한 새로운 방법에 영향을 받은 것으로 평가되고 있다(289).


코메니우스는 유아를 교육할 때 자연의 방법을 따를 것을 권하고 있다. 그는 마가복음 4장 28 – 29절에 나오는 예수님의 비유를 들어 자연의 순리에 대해 말하였다: "땅이 스스로 열매를 맺되 처음에는 싹이요, 다음에는 이삭이요, 다음에는 이삭 중에 충실한 곡식이라. 열매가 익으면 곧 낫을 대나니 이는 추수 때가 이르렀음이니라." 이 말씀의 비유는 모든 것에 작용하시는 분은 하나님이시라는 것과 인간은 가르침의 씨를 신실한 마음으로 받아들이는 것 외에 아무것도 할 것이 없다는 것을 보여주고 있다(1657: 85).

「대교수학」 제16장에서 코메니우스(86 – 96)는 자연의 아홉 가지 원칙들을 열거하면서 이러한 자연의 원칙들을 따라 유아교육이 이루어져야 함을 역설하였다.

첫째, 자연은 그의 시기에 적합하게 모든 것을 행한다. 한 예로 날씨가 매우 추우면 새는 알을 보금자리에 낳고, 좀 더 따뜻한 계절이 오면 마침내 그 새끼들이 천천히 빛과 따뜻함에 익숙해지도록 껍질에서 깨어 나오게 한다. 따라서 유아의 교육도 각각의 시기에 알맞은 방법으로 이루어져야 한다.

둘째, 자연은 형태(forma)를 제시하기 전에 재료(materia)를 준비한다. 예를 들어 새끼를 낳고자 하는 새는 우선 피 한 방울로부터 씨를 받아 수정하고 알을 품을 수 있는 둥지를 만들고 알을 따뜻하게 함으로써 새끼를 형상화하고 그것들이 껍질을 깨고 나오도록 한다. 교육도 사용하기에 필요한 모든 종류의 도구들, 즉 책이나 칠판, 그림 등을 재료로 준비해야 한다. 어떤 지침을 설명하기 전에 먼저 실례들을 제시해야 한다.

셋째, 자연은 작업을 위해 쓸모 있는 재료를 선택하거나 또는 먼저 유용할 만한 것을 확실히 준비한다. 예를 들어 새는 부화하고자 하는 어떤 임의의 사물을 둥지에 놓는 것이 아니라 새끼가 깨어 나올 수 있는 알을 낳는다. 새는 새끼가 알을 깨고 나올 수 있을 때까지 알 속에 포함된 재료를 오랫동안 따뜻하게 품고 돌리면서 모습을 형상화하게 한다. 이와 같이 교육이 끝나기 전에 인간으로 교육되어야 할 그 어떤 아이도 그곳을 떠나지 않도록 온전히 학교에 맡겨져야 한다.

넷째, 자연은 그의 행위를 무질서하게 하지 않고 차례대로 시행한다. 예를 들어 새끼 새가 만들어질 때 일정한 시간에 뼈, 혈관, 신경들이 생겨나고, 다음에는 살이 채워지고 다음번에는 피부가 그리고 마지막으로 날개가 나오고 날기 시작한다. 따라서 학교에서 학생들은 한 시간에 하나의 분야를 배우는 일에 몰두해야 한다. 동시에 많은 것을 지향했던 감각은 질서를 잃어버리고 서로 방해가 되기 때문이다.

다섯째, 자연은 그의 모든 행위를 내면에서부터 시작한다. 예를 들어 자연은 새의 발톱, 깃 또는 피부를 만드는 것이 아니라 우선

내장을 만든다. 그런 다음에 모든 외적인 것을 만든다. 그러므로 사물을 인식하는 능력이 먼저 교육되어야 하고, 그다음에 기억하고 언어를 배우고 기술을 사용하는 것이 교육되어야 한다.

여섯째, 자연은 교육하는 모든 것에서 가장 일반적인 것으로 시작하고 특별한 것으로 끝맺는다. 예를 들어 알로부터 새를 만들어 내려고 한다면 먼저 머리나 눈이나 깃 혹은 발톱을 만드는 것이 아니라 알을 따뜻하게 하고 온기를 통해 생겨난 움직임에서 전 영역을 통하여 혈관들을 유도하고 이로써 새끼 새의 기본들(머리, 날개, 발 등)이 생겨나게 된다. 그리고 나서야 비로소 각 기관들이 점점 완전히 자라도록 작용한다. 이와 같이 모든 교육과정의 초기에서부터 일반 교육(universalis eruditio)의 토대가 전달되어야 한다.

일곱째, 자연은 비약하지 않고, 한 발짝 한 발짝 전진한다. 예를 들어 새끼 새가 깃털이 자라면 날도록 곧장 둥지에서 쫓아내지 않고 서서히 나는 것을 가르친다. 전체적인 수업의 재료는 정확하게 학년으로 구분되어 순서가 잘못되지 않도록 시간과 일의 분배가 엄격하게 유지되어야 한다.

여덟째, 자연은 어떤 것을 시작하면 그것이 완성될 때까지 중단하지 않는다. 자연적으로 알을 품기 시작한 새는 새끼 새가 깨고 나오기까지 그 일을 중단하지 않는다. 학교에 보내진 학생은 학식과 덕성 그리고 경건한 사람이 될 때까지 배워야 한다.

아홉째, 자연물은 방해물이나 유해한 것은 조심스럽게 피한다. 새는 알을 따뜻하게 품을 때 추운 바람이나 비, 우박 등이 들이치지 못하도록 하며, 뱀이나 독수리, 그 밖에 해가 되는 것을 내어쫓는다. 이와 같이 학생들은 그들의 연령에 맞는 일정한 책들을 갖도록 돌봐야 한다. 이런 책들은 지성과 덕성, 경건성으로 구성되어야 한다.

코메니우스의 자연에 따르는 새 교수법의 원리는 자연법칙과 원리들을 기초로 하고 새로운 과학적 방법론들을 활용한 현대적인 교수방법론으로 평가될 수 있다. 그는 비록 현대의 최첨단 과학기술과 지식의 수준에까지는 미치지 못했을지라도 지식의 대상이 되는 모든 자연 사물들을 탐구하기 위한 과학적 귀납법의 창시자요, 현대 교육에 새로운 전환점을 제시한 사람이다.

## 2) 감각을 통한 방법과 실물교육

유아를 감각적 존재로 이해한 코메니우스(1657)는 유아가 사물을 파악하는 것이나 말을 배우는 데 있어서 유아가 직접 보고 만져 보는 정확한 감각적 지각이 병행될 때에 교육적 효과가 크게 나타난다는 사실을 확인하였다. 그리하여 그는 실물교육을 통해 유아의 감각과 직관을 자극하여 교육효과를 높이는 일의 중요성을 강조하였다(33). 유아에게 있어서 단지 사물의 이름을 듣거나 말로 설명을 듣는 것만으로는 사물의 특징이 정확하게 인식되지 않는다. 그러나 사물 자체를 보여주고, 가리키고 난 다음에 명명하게 되면 유아가 사물의 특성을 훨씬 쉽게 파악할 수 있다. 그는 이것을 「대교수학」 22장의 언어에 대한 교수 방법론에서 자세히 설명하였다(149 – 155).

코메니우스가 교육의 효과를 높이기 위해 만든 「세계도해」는 중요한 사물과 그림이 있는 특징들을 모국어로 표시하고 그 단어를 다시 라틴어로 표기함으로써 학습자가 라틴어를 쉽게 배울 수 있도록 한 사전이다. 그는 이 책의 시각적인 사물의 그림을 통해 사물과 단어는 서로 연결되어 있다는 것과 이것을 통해 사물의 본질적인 특징을 배울 수 있다는 것을 알도록 하였다.[55] 코메니우스가 감각기관을 활용한 교수 자료의 중요성을 인식하여 교육현장에 공급한 이 책은 후에 영유아를 위한 그림책들이 생겨날 수 있는 계기를 마련하였다. 이 그림책은 다음의 세 가지 효과를 제시하였다.

첫째, 그림책은 유아에게 사물의 모양을 마음에 새겨주는 데에 도움이 된다. 유아의 주의력을 자극하여 지성을 한층 예리하게 하기 때문이다.

둘째, 그림책으로 말미암아 유아는 책이란 재미있는 것이라는 생각을 가지게 된다. 이미 영아기부터 자연의 실물이나 그림제시를 통해 감각기능을 활성화시킨 유아는 그림을 좋아하고 그림으로 제시된 것을 즐거워하기 때문이다.

셋째, 그림책을 통해 유아는 자연스럽게 읽기 단계로 들어서게 한다. 사물의 이름을 그림 위에 적어 놓았기 때문에 읽기가 시작되는 계기가 될 수 있을 것이다.

그러므로 부모와 교사는 유아가 다양한 감각기관을 통하여 사물들을 관찰하도록 도와 유아가 다양한 감각기관의 활용으로 보다 정확하고 완전한 사물의 본질을 파악할 수 있도록 해야 한다. 인간의 이성적인 영혼은 시각, 청각, 후각, 미각, 촉각의 도움으로 외부 세계의 모든 대상들을 내면세계로 수용하기 때문이다(33). 코메니우스는 이 점에 대해서 다음과 같이 말하였다:

---

55) 코메니우스는 이에 앞서 1631년의 「열려진 언어의 문」(Janua linguarum reserata)과 1649년의 「최신 언어 교수법」(Methodus linguarum novissima)에서 문장들로 연결된 단어들은 동시에 해당하는 사물들의 본질적인 특징들을 표현하게 된다고 설명하였다.

어린이들이 흥미를 갖지 않는다면 아무것도 가르칠 수 없다. 가능하다면, 다양한 형태로 어린이들에게 지식을 제시하라. 그러면 어린이들은 여러 감각을 활용하여 반복함으로써 그 지식을 뇌 신경에 강하게 각인할 것이다. 이론을 배우고 싶어 하게 하여 생동감 있게 만들고 새벽의 여명이 밝은 빛을 예고하듯이 이 확실한 목적으로 어린이의 능력이 피어나게 하라.(Comenius, 1633/Eller 역, 1956: 47)

이와 같이 감각을 활용한 실물교육은 유아 스스로 어떤 사물을 직접 보거나 만지거나 맛을 봄으로써 사물과 상호작용이 일어나게 하여 유아가 사물에 대한 지식을 갖게 만든다. 즉 감각을 활용한 실물교육은 유아의 감각기관을 통하여 유아가 직접적이고 능동적으로 사물 자체를 지각하게 하고, 그 후에 어떤 목적을 가지고 자신의 언어와 손과 같은 의사소통을 활용하는 단계에 도달할 때 사물을 인식하게 만든다. 이러한 코메니우스의 실물교육 방법은 유아가 직접 보고 만질 수 있는 자연 사물과 인간 그리고 하나님과의 상호작용을 통해 지성과 덕성과 신앙을 획득하게 하는 사물교육의 한 부분이다.

### 3) 모범과 훈육의 방법

모방의 원리는 코메니우스의 새 교수법의 원리 가운데 하나이다. 효과적인 학습이 되려면 실례들을 제공하여 지침들을 설명하고, 모방하는 방법을 제시해야 한다. 가르치고 배우는 것이 올바른 일이라 할지라도 실례들, 지침들, 모방이 없으면 아무것도 가르치거나 배우지 못하기 때문이다(Comenius, 1649: 147).

유아들을 교육하기 위한 훌륭한 모범을 제시하기 위해 코메니우스는 「어머니 학교 소식」 제4장(69 - 75)에서 "유아들은 출생부터 점차로 무엇을 훈련받아야 하며 6세까지 무엇을 해야만 하는가?"라는 주제를 다루었다. 코메니우스는 "말보다는 행동으로, 즉 규정을 통한 것보다 모범을 통하여 더 많이 가르쳐야 한다."라고 강조하였다. 행동과 모범을 통한 가르침은 어릴 때일수록 효과가 크게 나타난다. 일례로, 사람들이 나무를 심거나 접목한 후에 가지를 바로잡으면 그 가지는 그 모양 그대로 뻗어나가게 된다. 동물들도 마찬가지로 출생 이후의 훈련을 바탕으로 성장하게 되고 그 모습을 그대로 유지한다. 따라서 어렸을 때 잘못된 습관으로 길들여진 유아든, 바람직한 모범을 통해 훈련된 유아든 그들은 나이가 들어서도 그 모습 그대로 유지하게 된다(69).

유아들은 뛰어난 모방능력을 가지고 있기 때문에 '좋은 선각자가 좋은 후배를 만든다.'라는 독일 속담이 정확히 맞는다고 하였다(1657: 144). 이와 같이 하나님께서는 유아들에게 다른 사람이 하는 행동을 따라 흉내 내려는 열망을 심어 놓으셨기 때문에 부모는 훌륭한 모범을 지속적으로 제시해야 한다(1633: 115). 다른 사람이 하는 행동을 흉내 내려는 유아의 모방심리는 유아의 특성이므로 교육의 효과를 높이는 데 매우 유용하게 활용할 수 있다. 유아의 모방심리는 유아의 지적 활동성과 밀접한 관련이 있으며, 이것은 유아의 집중력과 활동성을 고양시키기 위한 중요한 원리이기 때문이다.

코메니우스는 유아의 지적 활동을 위해서뿐만 아니라 신앙교육과 덕성교육을 위해서도 모방의 원리가 적용되어야 함을 구체적인 실례들을 들면서 강조하였다. 신앙교육을 위해서는 그리스도와 성경의 인물들을 모범으로 제시하여 유아들이 그들을 모방해야 함을 가르쳤다. 덕성교육을 위해서는 가족들을 모델로 제시하여 덕성과 바른 습관을 훈련해야 함을 가르쳤다.

코메니우스는 특별히 덕성교육에 있어서 유아들이 모범을 통해 훈련을 받아야 할 필요성에 대해 강조하였다. 뛰어난 모방능력을 가지고 있는 유아에게 끊임없이 지혜롭고 도덕적이고 경건한 모범의 행동을 보여줌으로써 유아의 선한 습관과 행동이 배양될 수 있기 때문이다(1633: 66-68). 그는 그 당시 지혜와 하나님 경외함을 모범과 훈육으로 교육받지 못한 무능한 사람들을 예로 들었다. 그들은 게으름뱅이, 술주정꾼, 더러운 자로 지냈다. 이들 모두는 어른이 되어 유아들을 신앙과 경외하는 마음과 훌륭한 도덕으로 인도하지 못하고 불신앙, 거만함 그리고 모든 종류의 방탕함으로 인도했다고 코메니우스는 탄식하였다. "그들은 확실한 방법이나 질서를 알지 못하고 또한 능력이 없었기 때문에 모든 것을 억지로 다그쳐 주입시키려 하였다. 결국 그들은 유아들을 비참하게 다루었다."(67) 그는 "매를 맞게 하라. 그러면 그는 잘 알아듣고 잘 단련될 것이다."라는 오래된 격언대로 매질과 폭력을 일삼았던 당시의 양육방법을 사용하는 것에 대해 깊은 우려를 표명하였다(67).

다음은 코메니우스가 제시한 모범과 훈육을 통해 유아가 훈련받아야 할 예의범절과 덕행에 관한 내용들이다(71-72).

① 유아들은 필요에 따라 먹고 마시는 것을 배워야 한다. 그러나 과식이나 과음을 하는 적당함에 대해서도 훈련받아야 한다.

② 먹고 마시고 옷 입는 것과 같은 모든 일에서 청결함을 유지하도록 깨끗함에 대해서 배워야 한다.

③ 노인들에 대하여 존경심을 가지고 말과 행동에 성실히 주시하도록 배워야 한다.

④ 부모의 눈짓에도 움직일 준비가 되어 있을 정도의 순종을 배워야 한다.

⑤ 진실을 말하도록 가르치는 것도 매우 중요하다. 그리스도께서 가르치신 대로 옳은 것은 옳다, 그른 것은 그르다고 말할 수 있어야 한다. 거짓말을 하거나 상황을 다르게 말하는 것은 농담이든지 진실이든지 삼가야 한다.

⑥ 정의를 배워야 한다. 남의 물건에 손을 대거나 집는다거나 훔쳐서 숨기지 않도록 해야 한다.

⑦ 기꺼이 나누어 주며 탐욕을 내거나 시기, 질투하지 않도록 사랑과 선행에 대하여 가르쳐야 한다.

⑧ 일에 대하여 익숙하도록 가르치는 것도 중요하다. 유아들이 게으름을 탈피하는 법을 배우도록 해야 한다.

⑨ 유아들은 말만 잘 하는 것이 아니라 침묵하는 법도 배워야 한다. 특히 어른이 이야기할 필요가 생겼을 경우에 그러하다.

⑩ 어릴 때부터 흥분이 뿌리박히기 전에 자신의 의지를 꺾어 자신을 제어하는 인내를 훈련받아야 한다. 항상 예의 바름을 유지하며 얌전하고 조심성 있도록 가르침을 받아야 한다.

이와 같이 코메니우스에게 있어서 유아의 생활과 도덕교육을 위한 방법으로 모범과 훈육은 매우 중요하다. 현대 교육이론에서 유아와 부모, 유아와 교사 사이의 존경의 관계가 유아의 학습발달 영역을 확장하는 동기가 된다는 연구결과가 나온 것[56]에 비추어

---

56) 조래영, 2002: 115 – 116 참조.

볼 때 코메니우스가 제시한 므범과 훈육의 방법은 유아 중심적이고 관계 중심적인 현대 교육이론과 맥을 같이하는 방법론임을 확인할 수가 있다.

### 4) 놀이를 통한 방법

놀이는 코메니우스의 교수－학습 방법에서 매우 중요한 원리이다. 유아교육은 가르치는 자나 배우는 자 모두에게 그 자체가 사랑스럽고 애착이 가는 놀이가 되어야 하기 때문이다(1633: 66). 그는 놀이를 음식 섭취나 수면을 취하는 것과 같이 유아에게 있어서 필수적인 활동으로 간주하였다. 코메니우스는 학교를 우주적인 놀이터로 만들자는 제안[57]을 하면서 다음과 같은 구체적인 놀이 학습을 제안하였다(1666: 140).

> 만약 누군가가 말 타기를 원한다면 그에게 고삐와 안장을 주면서 그 이름을 가르쳐 주어야 한다. 그러면 그는 승마에 속한 것들을 즐기면서 배우게 된다. 만약 누군가가 집을 짓는다든지, 낚시를 한다든지, 싸움을 하는 법을 배우기 원한다면 그것을 위한 도구를 가르쳐 주고, 사용법도 가르쳐 주며, 건축술도 가르쳐 줄 수 있어야 한다. 국가를 다스리기 원한다면 관공서의 명칭과 거기에 속한 책임자의 직분도 설명해 주고, 법정의 재판도 보여주어야 한다.

이와 같이 놀이는 유아의 직접적인 참여와 활동성과 깊은 관련이 있는 것으로서 유아가 자발적이고 지속적으로 활동을 하도록

---

57) 학교를 의미하는 'ludus'는 놀이나 드라마를 통한 자연스러운 인간의 활동이 학교의 필수적인 기능이 되어야 한다는 의미를 내포하고 있다. Comenius, 1649/이숙종 역, 1995: 112 참조.

환경을 마련해 주는 일이 우선 되어야 한다는 것이 코메니우스의 견해이다. 따라서 유아는 어른처럼 실제적인 일을 할 수 없는 한계를 가진 존재이므로 부모와 교사는 놀이를 통해 유아가 마음껏 표현하고 활동할 수 있도록 배려해 주어야 한다. 비록 유아의 놀이가 유치해 보이더라도 그것을 제지시키지 말아야 하고 그들과 함께 노는 것을 부끄러워하지 않아야 한다(1633: 97).

첫째, 유아는 납으로 된 칼, 나무로 만든 도구들, 필요하지 않은 고서들, 나무로 된 파이프, 자그마한 마차, 썰매, 풍차, 장난감 집 등과 같은 놀이 도구들을 이용하여 항상 놀이를 할 수 있다. 특별히 두세 살의 유아는 장난감 놀이를 통해서 무엇인가를 더 잘 이해하게 된다. 유아는 걷고 돌아보고, 불을 붙이고 끄고, 물을 부어 젖게 하고, 한 곳에서 다른 곳으로 옮기며, 들어 올리고 내리고, 넘어뜨리고 세우고 함께 연결시키고 풀고, 굽게 하고 바르게 하고, 깨뜨리고 자르는 일 등등의 활동들을 통해서 사물들과 원리들에 대해서 이해하고 배우게 된다. 그로 말미암아 그들의 몸과 마음이 상쾌해지고 몸의 지체들이 민첩해지도록 훈련된다. 따라서 부모와 교사는 유아가 놀이를 원하고 아무 해가 없을 경우에는 유아가 더욱 즐겁게 놀이에 몰두할 수 있도록 더 보호해 주어야 한다(98－99). 유아의 숫자 개념이나 지리, 무게 측량, 그림 그리기, 글쓰기, 음악 등도 놀이를 통해서 더 많은 교육적 효과를 높일 수 있다(99－101).

둘째, 신앙교육도 놀이를 통해 이루어져야 한다. 유아가 실제로 신앙에 이르는 것은 몇 년 후에나 가능한 일이다. 그러므로 꽃봉오리에서 꽃이 피어나듯이 이성이 깨어나서 이런저런 사물의 차이점을 구별할 수 있을 때, 유아의 혀가 풀리고 합리적인 말을 하려고 할 때 그때가 바로 유아들이 훈련받을 수 있는 시기이다. 이 시기에 신앙교육은 "놀이처럼 이루어져야 한다."(131)라는 것이 코메니우스의 관점이다.

코메니우스가 지성과 신앙의 교육은 놀이를 통해 이루어져야 함을 역설한 것은 그 당시 교육방법론을 능가하는 것이었다. 코메니우스의 놀이를 통한 학습방법론은 유아 중심의 교육이론을 주장하는 페스탈로치(Pestalozzi)와 프뢰벨(F. W. Fröbel) 등의 교육학자들에게 많은 영향을 미쳤으며,[58] 오늘날에도 여전히 중요시되고 있는 교육원리가 되고 있다.

이상과 같이 제2장에서는 코메니우스의 교육사상에 나타난 유아에 대한 이해와 어머니에 대한 이해를 살펴보았다. 코메니우스의 유아와 어머니 이해를 현대적으로 재해석하여 유아와 어머니와의 바람직한 관계를 위한 실마리를 찾아보고, 그것을 교회와 기독교 기관의 유아와 어머니교육을 위한 이론과 실제를 구성하는 데 적용해 보고자 하는 것이 본 연구의 목적이다. 제3장에서는 이 목적을 위해 대상관계이론을 이론적 도구로 삼아 활용하고자 대상관계이론의 유아와 어머니 이해를 살펴보기로 한다.

---

58) 19세기 페스탈로치와 프뢰벨의 유아교육 방법에 적극적으로 활용된 코메니우스의 놀이를 통한 교육에 관해서는 마송희, 2001: 77-95; 이상욱, 1996: 265-272 참조.

# 제 6 장
## 대상관계이론의 유아와 어머니 이해

## 1. 대상관계이론의 이해

대상관계이론은 프로이드(S. Freud, 1856 – 1939) 이후 정신분석학의 새로운 지평을 연 이론이다. 프로이드의 정신분석 이론이 리비도 이론에 기초해[59] 있는 반면에 대상관계이론은 관계이론에 기초하여 인간 경험에 대한 깊이 있고 조직적이고 섬세한 정신분석학적 탐색을 하고 있는 이론이다. 이재훈(2004: 30)은 대상관계이론을 "프로이드의 욕동 중심 이론을 버리고 관계 중심 이론을 받아들인 현대 정신분석 이론"이며, "1930년대부터 시작해서 1980년경에 일차적인 완성을 이루었고, 현재까지 계속 발전 중인 이론"으로 소개하고 있다.

대상관계이론의 가장 큰 특징 가운데 하나는 프로이드가 오이디푸스기에 대해 관심을 집중한 것을 극복하여 전 – 오이디푸스기단

---

59) 프로이드는 1900년대 초반에 히스테리 환자를 치료하는 중에 인간의 기본적인 마음구조를 밝혀내게 되었고 개개 환자와 모든 인류에게 공통된 원시역사를 밝히는 데 필요한 기술을 만들어 내었다. 그의 중요한 이론적 기둥들로는 본능적 충동들, 오이디푸스 콤플렉스의 중요성, 가장 우선적 동기로서의 성과 공격성을 들 수 있다. 그의 기본적인 기술적 원칙들로는 분석가가 환자의 연상이 지닌 숨겨진 의미를 해석할 때 중립성을 지키는 것, 환자의 욕구를 체계적으로 좌절시키는 것, 분석상황에서 환자로 하여금 유아적 신경증 수준으로 퇴행시키는 것을 들 수 있다. 정신분석학은 이러한 그의 기본적인 이론의 틀과 기술들을 중심으로 발전되어 왔으나 1919년 멜라니 클라인(Melanie Klein)의 등장으로 획기적인 전환점을 맞이하게 되었다. 클라인은 비록 프로이드의 충실한 추종자였으나 프로이드의 리비도 중심적인 이론의 패러다임을 깨고 관계 중심적인 새로운 패러다임으로 진입할 수 있도록 개척자적인 역할을 하였던 것이다. Mitchell & Black(1995)/이재훈 외 역(2002): 16. 그리고 Segal(1973)/이재훈 역(1999): 5 참조.

계로 거슬러 올라가 인간의 초기 관계 경험의 중요성을 간파했다
는 점이다. 그린버그와 미첼(Greenberg & Mitchell, 1983)은 대상
관계이론을 "유아는 근본적으로 타인과 맺는 관계를 통해 자신의
정신세계를 구성한다는 전혀 새로운 이론적 틀로 대치한"(3) 이론
으로 소개하고 있다. 즉 대상관계이론은 유아가 태어나서 최초의
중요한 양육자인 어머니와의 관계 경험을 어떻게 맺었느냐에 따라
유아의 건강한 인격 형성 및 신앙 형성의 가능성이 달려 있음을
강조하는 이론으로 소개하고 있다.60)

## 1) 이론 형성의 배경

대상관계이론은 멜라니 클라인(M. Klein, 1882 – 1960)이 어린이
정신분석을 하던 중에 프로이드의 이론이 갖는 한계점을 인식하게
되는 데서 출발하게 되었다. 클라인은 그녀의 어린이 정신분석 연
구를 토대로 정신분석학의 관심을 성기기의 오이디푸스적 구도에
서 성기기 이전의 유아와 어머니 사이의 관계로 전환시켰다.

> 유아는 어머니의 존재에 대한 타고난 무의식적 자각을 가지고
> 있다. ……이 본능적인 지식은 유아가 어머니와 갖는 최초의 관
> 계형성을 위한 기초가 된다(1959: 248).

클라인은 어린이 정신분석 연구 초기에 오이디푸스 콤플렉스61)

---

60) 김홍근(2003)은 "프로이드 심리학이 아버지와의 관계를 중심으로 한
   심리학이었다면, 대상관계이론은 기본적으로 어머니와의 관계의 심리
   학이라고 볼 수 있다."(44)라고 말하면서 대상관계이톤을 '어머니와
   의 관계 중심 심리학'으로 명명하고 있다.

가 프로이드가 말한 시기(2세-6세 6개월)보다 아주 일찍 나타나며, 그 속에는 전-오이디푸스적 요소가 많은 부분을 차지하고 있다는 사실을 발견하였다. 그녀는 이러한 분석과정에서 오이디푸스 콤플렉스가 어머니의 젖가슴에 대한 초기 관계로부터 시작된다고 보고 어머니의 몸이나 젖가슴에 대한 유아의 초기 관계에 대해 관심을 가지고 연구하였다.62)

---

61) 오이디푸스 콤플렉스(Oedipus Complex)는 무의식, 유아성욕 등과 더불어 프로이드가 발견한 근본적인 개념들로서 이것은 일반적으로 남근기(2세-6세 6개월) 동안에 나타났다가 해소된다. 그는 성인이 아동을 성적으로 유혹했다는 과거의 사실을 강조한 초기신경증 이론이 지닌 문제점을 해결하기 위해서 이 이론을 발전시켰다. 오이디푸스 콤플렉스라는 용어는 성별과 관계없이 본능적 욕동, 목표, 대상관계, 공포, 동일시 등으로 구성된 심리적 집합체를 가리키는 용어로서 아동은 남근기 동안 반대 성을 지닌 부모와 성적으로 결합하려고(아동의 인지 능력에 따라 다양하게 상상된 환상과 함께) 애쓰며, 동성의 부모가 죽거나 사라지기를 바란다는 이론이다. American Psychoanalytic Association ed.(1990)/이재훈 역(2002). 287-295 참조.

62) 클라인은 그녀의 연구를 통해 유아가 생후 초기 경험에서 젖가슴에 대해 갖는 환상이 유아의 정서적인 안정을 이루게 하는 중요한 요인이 됨을 발견하였다. 유아는 '좋은 젖가슴'에 대한 자신의 사랑이 대상을 회복시킨다고 믿으며, '나쁜 젖가슴'에 대한 자신의 증오는 대상을 멸절시킨다고 믿는다. 나쁜 젖가슴이 나를 파괴하려 하기 때문에 나는 그 나쁜 젖가슴을 미워하고 그것을 파괴하려 한다. 반면에 좋은 젖가슴은 나를 사랑하고 보호해 주기 때문에 나는 좋은 젖가슴을 사랑하고 보호한다. 클라인의 이론에 따르면, 좋은 어머니의 돌봄은 '박해불안'이라는 나쁜 대상에 대한 편집증적 두려움을 감소시켜 주고 좋은 대상과의 관계를 강화시켜 주기 때문에 매우 중요하다. '편집-분열적 자리'에서 유아의 악의는 타고난 공격성에 의해 시작되지만 좋은 환경은 그 공포를 완화시킨다. 여기서 클라인도 다른 대상관계이론가들과 마찬가지로 유아의 정서 및 초기 정신발달에 결정적인 영향을 미치는 좋은 어머니와 좋은 양육환경을 강조하였음을 알 수 있다. Mitchell & Black/이재훈 외 역, 2002: 169-172 참조.

프로이드와 클라인의 차이는 그들의 유아에 대한 이해에서 분명하게 드러난다. 프로이드가 성인 안에서 억압된 유아를 발견하고, 대상을 본능적인 대상으로 본 반면에 클라인은 이미 유아기에 억압된 유아를 발견하였으며, 대상을 좀 더 유아적인 대상으로 보고 유아의 마음속에 있는 그 대상은 심리적인 특성, 즉 사랑하고 증오하며 탐욕과 시기심[63]에 가득 찬 모습으로 나타난다고 보았다.

클라인은 유아 초기 시기의 대상관계의 조직과 내용, 특히 유동적이고 복잡한 내적 대상세계와의 관계가 인간의 행동과 경험을 결정하는 중요한 요인으로 보았다(Greenberg & Mitchell, 1983: 145). 이렇게 인간적인 특성을 가진 것으로서의 대상에 대한 지각은 어머니의 성격에 대한 자신의 느낌을 대상에게 투사함으로써 만들어진다. 이러한 클라인의 이론은 유아가 어머니라는 최초의 대상과 맺게 되는 관계가 유아의 정서적, 심리적 건강과 직결된다고 보는 대상관계이론의 기초가 되었다.

---

63) 클라인은 초기에 젖가슴과의 의존적인 관계 안에 있는 모든 유아의 선천적 공격성에서 시기심이 발생한다고 한다. 그러나 이러한 선천적인 요인 이외에도 유아가 어머니 역할을 하는 사람에게서 강한 불안을 느끼거나 어머니의 일관성 없는 양육 태도에 자주 실망했기 때문에 시기심이 발생했을 수도 있다고 본다. 따라서 시기심은 좋은 양육자 곧 어머니에 대한 사랑과 감사에 의해 극복될 수 있다고 한다. 클라인은 시기심이 가져오는 심각한 피해는 더 이상 유아가 좋음과 나쁨을 구별할 수 없게 되는 데 있다고 주장한다. 시기심이 개입될 경우 유아는 좋은 대상들을 파괴하며, 좋은 대상과 나쁜 대상들 사이의 구분을 허물어 버리고, 따라서 유아의 박해불안과 공포는 더욱 증가하고 희망의 가능성은 파괴된다고 한다. 클라인에게 있어서 유아의 시기심에 대한 연구는 매우 중요한 의미를 가졌다. 그녀의 말년의 저서 「시기심과 감사」(Envy and Gratitude, 1957)는 정신분석의 발전을 위한 마지막 공헌이 되었다고 시걸(H. Segal)은 평가하였다. Hanna Segal/이재훈 역, 1999: 171 참조.

그녀는 1932년의 「어린이 정신분석」(The Psycho – Analysis of Children)에서 양성 모두 처음에는 욕망의 대상이 어머니의 좌절된 젖가슴으로부터 아버지의 페니스로 이동한다고 설명하였다. 그리고 양성 모두 어머니의 신체와 아버지의 페니스를 선망하고 동일시하거나 공격하는 시기를 거치게 된다고 하였다. 남자아이의 경우 만일 어머니의 몸이 지나치게 불안을 자극하면 그 아이는 자신의 신체를 어머니의 몸과 동일시하여 우울 불안을 발달시키고 그 반대로 아버지와 동일시하면 그의 성적 욕구는 외적 대상인 어머니에게로 향하게 된다. 여자아이의 경우 만일 어머니의 몸이나 그 안에 있는 아버지의 페니스에 대한 지나친 불안감을 갖는다면 성역할 학습에 있어서 어머니와 동일시할 수 없게 된다. 어머니의 몸을 공격한 것에 대한 죄책감은 회복욕구, 즉 아버지가 어머니에게 쾌락과 아기를 줄 수 있다는 회복욕구를 갖게 한다. 만일 불안이 지나치지 않다면 여자아이는 어머니와 동일시하게 되고 내적 어머니를 회복시키려고 한다(Segal: 127 – 128). 이러한 클라인의 견해는 오이디푸스 전 단계의 정신역동에서 어머니의 역할을 중심적으로 보고 만일 이 시기에 발달상의 결함이 생긴다면 수많은 심각한 장애를 야기할 수 있다고 보는 대상관계이론의 기본적인 입장에 영향을 끼쳤다(Mitchell & Black: 99).

본 장에서는 대상관계이론에서 유아와 어머니를 어떻게 이해하고 있는가를 살펴봄으로써 코메니우스의 유아와 어머니 이해를 현대적으로 재해석할 수 있는 길을 모색해 보고자 한다. 그러기 위해 먼저 대상관계이론의 주요 이론가들에 대해 개괄적으로 살펴보려고 한다.

## 2) 주요 이론가들[64]

대상관계이론가들의 이론은 "단일한 이론이 아니라 일종의 집합 이론 또는 모자이크 이론"(이재훈, 2004: 31)이라고 볼 수 있다. 이들은 관계 구조 모델로 인간을 탐구해 들어가는 점에서는 동일한 관점을 유지하고 있으나, 대상관계의 문제를 다루는 데 있어서 각자의 지적인 전통들이 다르고, 광범위하고 다양한 방법론적 가정들에 기초해 있으며, 서로 다른 언어들을 사용하고 있기 때문이다(Greenberg & Mitchell, 1984: 5).

대표적인 대상관계이론가 중의 한 사람인 페어베언(R. Fairbairn)은 인간을 쾌락을 추구하는 존재가 아니라 관계를 추구하는 존재로 이해하였다.[65] 페어베언(1952)의 이러한 견해는 "리비도의 궁극적인 목표는 대상이다."(31)라는 그의 말에 잘 나타나 있다. 초기 유아기 때 좋지 못한 관계를 경험하게 되면 분열된 인격이 출현한다. 분열되고 억압된 관계 경험의 요소들은 흥분시키는 대상, 거절하는 대상과 같은 내적 대상들을 형성한다. 인격이 분열된 환자들은 흥분시키는 대상과 거절하는 대상과의 관계를 생각나게 하는 기억들을 두려워한다. 그 기억들은 환자 자신이 여전히 나쁜 대상들을 그리워하

---

64) 이재훈(2004: 31)은 주요 대상관계이론가들로 클라인을 비롯해 페어베언(R. Fairbairn), 위니캇, 코헛(H. Kohut), 컨버그(O. Kernberg) 등을 들었다. 이 장의 연구범위는 유아와 어머니의 이해에 빛을 던져주는 대상관계이론가의 핵심 내용들을 살펴보는 데 국한되므로 이들의 이론을 전부 살펴보지 못하는 한계점이 있음을 밝혀 두고자 한다.

65) 대상관계 개인치료에 관한 저서를 저술한 샤르프(1998)는 "모든 유아는 관계를 형성하도록 기질적으로 구조화된 자아를 가지고 태어난다는 페어베언의 주장은 최근의 유아연구에 의해 그 타당성이 확인되었다."(294)라고 페어베언의 이론을 지지하고 있다.

고 있으며, 그들과 동일시되어 있다는 사실을 일깨우기 때문이다. 억압된 충동들과 환상들도 내적 대상관계 전체를 의식차원으로 불러올 위험이 있기 때문에 환자들은 이것들이 일깨워지는 것을 두려워한다. 이러한 사실을 통해 도달하게 되는 결론은 억압된 내용의 핵심과 모든 정신병리의 중심에는 억압된 나쁜 대상들이 있다는 것이다(Greenberg & Mitchell, 1984: 171). 현실에서 어머니와의 관계가 만족스럽지 못하면 그 만족스럽지 못한 관계는 내면화되어 그 결과 하나의 내적 관계가 아니라 어머니와의 외적 관계가 갖는 세 가지 특징들과 상응하는 세 가지 내적 관계가 형성된다.

페어베언은 이것을 이상적인 대상(어머니의 만족스러운 측면, 즉 만족을 주는 어머니), 흥분시키는 대상(약속을 남발하는 어머니의 유혹적인 측면, 즉 유혹하는 어머니), 거절하는 대상(어머니의 박탈하고 주지 않는 측면, 즉 박탈하는 어머니)이라고 불렀다. 어머니가 단순히 거절할 때보다 어머니가 어떤 희망이나 기대감을 준 뒤 거절했을 때 유아는 더 심각하게 분열되고 어머니와의 관계는 더 불만스러운 것이 된다. '지나치게 흥분시키는' 어머니와 '과도하게 거절하는' 어머니를 연상시키는 기억들은 유아의 내면에 억압되어 후에 유아의 정신병리를 형성하게 된다. 따라서 모든 정신병리 밑바닥에는 억압된 나쁜 대상들에 대한 애착이 존재한다. 이것은 유아가 다른 사람과 맺게 되는 관계에도 악영향을 미쳐 타자와의 파괴적인 관계형태를 되풀이하게 만든다고 페어베언은 경고하였다(164 - 169). 따라서 유아에게 있어서 만족스런 좋은 내적 대상이 형성되려면 초기 대상과의 관계 경험이 좋아야 한다. 자아는 대상과의 관계 경험으로 구성되기 때문이다. 페어베언의 이론에서 대상 없는 자아란 존재할 수 없다(164).

만족스럽지 못한 어머니와의 관계 경험에서 생겨난 자아는 분열되어 나쁜 내적 대상들로 관심을 전환한다. 이때 "자아는 나쁜 대상을 통제하기 위해서, 좌절과 분노와 채워지지 않은 갈망들로 얼룩지지 않은 현실의 어머니와의 관계를 보존하기 위해서 나쁜 대상과의 관계를 유지한다."(165) 자아가 내재화된 나쁜 대상을 다루기 위해 사용하는 방어 기제는 억압이다. 만일 억압이 내재화된 나쁜 대상에 대한 적절한 방어를 제공하지 못하고 자아를 위협하기 시작할 때 공포증, 강박증, 히스테리 그리고 편집증과 같은 정신병리적 방어들이 생겨나게 된다(Fairbairn/이재훈 역, 2003: 88).

생후 초기의 유아와 어머니 사이의 관계를 연구한 말러는 '공생'과 '분리 – 개별화'라는 두 가지 개념을 사용하여 정신분석학계의 주목을 받았다. 그녀는 유아는 정신적으로 어머니와 융합된 존재이며, 어머니와의 공생적 결합으로부터 단계적으로 발달하는 존재로 보았다. 따라서 초기에 유아가 어머니와 맺는 관계는 매우 중요하다. 초기에 유아가 어머니와 맺는 관계가 만족스러우면 유아는 믿음이 강한 좋은 자아를 형성하게 되고, 불안과 박탈로 인한 불쾌한 관계는 나쁜 자아를 형성하게 만든다. 이것은 대상관계이론가들의 일치된 견해이다(김종만, 1999: 324).

대상관계이론가들 가운데 크게 주목받고 있는 위니캇은 유아의 전 – 오이디푸스기에 관심을 집중하여 유아의 초기 정신과정을 연구한 클라인의 영향을 받았다. 그는 유아(infant)란 말은 '말을 못함'((infans)을 의미한다고 보고 유아기를 말로 표현하기 이전의 단계, 즉 언어의 상징을 사용하는 시기보다 앞선 단계로 생각해야 한다고 제안하였다(1965: 40). 그는 유아기를 언어표현에 의해서 이해받기보다는 모성적 공감에 기초해서 돌봄을 받는 시기로 보았

114

다 그래서 '모성적 몰두', '충분히 좋은 어머니', '안아 주기' 등과 같은 용어를 사용하여 유아의 초기 정서 및 자아발달에 미치는 어머니 역할의 중요성을 강조하였다.

개인의 '살아 있는 신의 탄생'을 추적한 리주토는 프로이드 이후에 개인이 어떻게 하나님과 관계하는지를 연구한 정신분석가들 중에 가장 두드러진 사람으로 평가받고 있다. 사실 프로이드 후계자들 가운데 아브라함(Abraham), 랑크(Rank), 존스(Jones), 라이크(Reik) 등과 같은 초기 정신분석가들은 종교에 대해 큰 관심을 보인 반면에 안나 프로이드나 클라인과 같은 2세대 이론가들은 별로 종교에 대해 관심을 보이지 않았다.[66] 그러나 종교가 지닌 풍부한 발달의 양태에 관한 가능성을 자신의 사상 안에 담아내지 못했던 프로이드를 넘어선(Clair, 1994: 13) 말러의 이론은 어머니와의 초기 관계 경험이 유아의 신앙 형성과정에 결정적인 영향을 미친다는 사실을 증명하였다.[67]

위에서 살펴본 대표적인 대상관계이론가들 중에 공생과 분리-개별화의 개념으로 설명되는 유아의 심리적 탄생과정에 대한 말러의 견해와 하나님 표상의 발달과정을 추적한 리주토의 견해는 유아의 심리 발달과정과 하나님 표상 발달과정을 보여준다. 생의 초기에 유아가 보이는 어머니에 대한 절대적 의존은 점차적으로 상

---

66) 그러나 에릭슨(E. Erickson) 같은 이는 그의 저서 「청년 루터」(Youngman Luther, 1958)에서 루터와 그의 아버지와의 관계 그리고 정체성 위기 때에 경험하였던 하나님 표상의 변화를 자세히 분석하고, 「정체성과 인생의 주기」(Identity and Life Cycle, 1959)에서 종교적 감정이 형성되는 기간에 기본적 신뢰가 출현한다는 이론을 확립함으로써 종교적 공헌을 하였다.

67) Rizzuto, 1979: 38 참조.

대적 의존을 거쳐 다른 사람과 성숙한 관계를 맺을 수 있도록 독립을 향하여 점진적으로 옮겨 간다는 위니캇의 이론은 하나님 표상은 인간관계의 발달과 함께 발달하며, 하나님 표상의 원천들은 일차적으로 부모와의 관계 경험에서 나온다는 리주토의 이론과 만난다(34). 이것은 유아의 심리적 탄생 이론과 유아의 정서 및 자아 발달 이론이 하나님 표상 발달 이론과 밀접한 상관관계가 있음을 보여준다. 또한 유아의 심리 발달, 정서 및 자아 발달 그리고 신앙 발달에 미치는 어머니 역할의 중요성을 통일성 있게 다룰 수 있는 길을 제시해 준다.

따라서 본 장에서는 위에서 언급한 중요한 대상관계이론가들 중에 유아는 어머니와의 공생과 분리-개별화 과정을 통해 심리적으로 성숙해져 간다는 말러의 이론과 유아가 어머니에 대한 절대적 의존과 상대적 의존단계를 거쳐 심리적 독립을 향해 간다는 위니캇의 이론 그리고 유아의 심리적 성숙과정과 하나님 표상 형성과정이 깊이 연결되어 있으며, 유아의 초기 관계 경험은 하나님 표상의 원천이 된다고 주장하는 리주토의 이론을 중심으로 유아와 어머니 이해를 살펴보고자 한다. 이러한 대상관계이론적 접근을 통해 코메니우스의 유아와 어머니 이해를 관계 구조로 재해석하기 위한 이론적 작업을 하고자 한다.


## 2. 말러의 유아와 어머니 이해

마가렛 말러는 하트만의 가장 영향력 있는 추종자였다. 그녀는 초기에 '적응'(adaptation)을 개인이 인간 환경과 관계를 맺는 방식

116

으로 이해한 하트만의 유명한 이론적 가설[68]을 따라 적응은 '현실'과 관계를 맺는 개인의 능력의 성숙과 발달에 대한 척도가 된다고 보았다. 그러나 그녀는 정상적인 어린이들과 장애 어린이들, 나이가 어린 어린이들과 좀 더 나이가 든 어린이들 그리고 그들의 어머니들을 광범위하게 관찰한 결과 그들의 정신이 조직화되어 가는 연속적인 발달과정을 확인하게 되었다.

이 관찰을 통해 말러는 프로이드가 '일차적 자기애'라고 불렀던 시기, 즉 대상이 존재하지 않았던 생후 초기의 특징을 규정하였다. 생후 최초의 몇 개월이 지나면 유아는 '자폐적인 껍질'을 깨고 '정상적인 공생관계'라고 할 수 있는 최초의 인간관계에 들어서게 된다. 그녀는 이 과정을 '분리 – 개별화'라고 불렀는데 최근에는 이 과정을 '심리적 탄생'(psychological birth)이라고 부르고 있다(Greenberg & Mitchell: 272). 말러는 그의 동료들과 함께 수많은 유아들의 분리 – 개별화 과정을 추적해 본 결과 어머니 – 유아 관계, 각 단계에서의 경험적 환경, 유아의 선천적 자질 등에 따라 각 단계의 발달에 많은 다

---

68) 하트만은 1937년에 비엔나 정신분석학회에서 연속 강의한 「자아 심리학과 적응의 문제」(Ego Psychology and the Problem of Adaptation)를 단행본으로 출간하였다. 그는 이 책에서 마음도 진화와 적응을 통해서 심리적 발달을 거친다고 주장하고 자아인 ego의 기능을 강조함으로써 자아심리학의 시대를 열었다. 이러한 자아심리학의 등장으로 인간에 대한 연구는 프로이드의 생물학적 유기체 연구에서 자아심리학자들의 사회적 유기체의 연구로 바뀌었다. 몸과 마음을 연결하는 본능적 욕동 이론을 거부하고 ego를 사회적 현실과 사회적 자원의 관계를 담당하는 마음의 대변인으로 보았던 하트만의 연구에 크리스(E. Kris)와 뢰벤스타인(R. Loewenstein) 등이 합류함으로써 자아심리학의 시대가 활짝 열리게 되었다. 이 자아심리학은 1960년대와 70년대에 에릭슨에게 계승되어 꽃을 피우게 되고, 1980년대와 90년대에 와서 말러에 의해 열매를 거두게 되었다. 김종만, 1999: 250 – 252 참조.

양성이 존재한다는 것을 발견하였다.

　말러는 아기의 정체성 형성을 돕는 어머니의 역할이 아기의 신체적, 인지적, 심리적 성숙에 어떤 영향을 미치는가에 대해 관심을 가지고 연구하였다. 그녀는 소아과 의사로서 유아들의 정상적인 또는 병리적인 행동을 관찰하면서 성격이 형성되기 전인 초기 유아기 동안 성격이 형성되는 발달과정과 정신병리의 발달과정에 관심을 갖고 연구한 것이다. 그 결과 어머니의 의식적 및 무의식적 양육태도가 유아의 정상적 발달과 병리적 발달에 영향을 미친다는 사실을 알게 되었다(273).[69] 이러한 연구결과를 토대로 달러는 유아가 공생단계로부터 시작해서 예측가능하고 현실적인 타자의 세계에서 안정되고 개별적인 정체성[70]을 획득하는 단계에 이르는 과정을 성공적인 발달의 척도로 제시하였다.

　이와 같이 말러가 오이디푸스 이전 시기의 (대상관계적) 환경과 거기서 발달하는 대인관계 경험을 강조한 점은 대상관계이론가들에게 높이 평가되고 있다(298). 즉 최초의 정신적 경험은 생후 몇

---

69) 이에 대한 자세한 임상적 관찰은 말러의 The Psychological Birth of the Human Infant (1975)을 참조하라. 말러는 브루스, 돈나, 웬디, 테디, 샘이라는 유아들의 사례를 통해 유아가 개별화 과정에서 겪게 되는 진보와 퇴행 그리고 우아가 새롭게 획득한 욕동 및 자아의 특징적인 성쇠과정(어머니 및 넓어져 가는 환경과의 상호작용에서) 등을 자세히 기록하였다.

70) 여기서 정체성이란 존재감, 실체감에 대한 최초의 의식을 의미하는 용어로 사용되고 있다. 이것은 리비도적인 에너지의 신체적 집중을 부분적으로 포함하는 느낌으로서 내가 누구인가라는 느낌이 아니라 이것이 나라는 느낌이다. 따라서 이것은 개인 됨의 발달과정에서 최초의 단계인 것이다. 말러는 유아기 자폐증과 공생적 정신병이 정체성과 관련된 두 가지 극단적인 장애라고 언급하였다. Mahler, 1975: 8 참조.

118

개월 안에 심지어 생후 몇 주 안에 시작된다고 주장한 점, 즉 현실과 소통하는 개인적인 방식이 시작되는 것은 어머니와 유아가 양자 단일체를 형성하는 공생기부터라고 주장한 점은 말러의 이론적 업적이다. 이러한 말러의 관점은 하트만의 자아심리학과 컨버그(O. Kernberg), 코헛(H. Kohut)과 같은 현대 대상관계이론가들을 연결시켜 주는 교량역할을 하는 공헌을 하기도 하였다. 이와 같은 사실을 통해 말러의 유아에 대한 이해는 어머니와의 상호관계 속에서 파악되며, 이와 마찬가지로 어머니 역할의 중요성 역시 유아와의 관계를 통해 강조되고 있음을 알 수 있다.

## 1) 공생적 관계 속의 유아와 어머니

프로이드는 아기를 길들여지지 않은 본능적 긴장으로 가득 찬 인간 이전의 야수와 같은 존재로 그렸다. 그는 무의식은 시간이 흘러도 변하지 않기 때문에 이러한 유아적 본능들은 성인들의 사회적 겉치레 밑에 항상 긴장 상태로 남아 있다고 보았다.

그러나 하트만,[71] 스핏츠(R. Spitz),[72] 말러에 의해 유아의 초기

---

71) 프로이드가 다윈의 진화론에서 인간이 다른 동물들과 전적으로 다르지 않다는 주장을 끌어내어 인간 행동의 근원적인 동기를 유아적 성과 공격성이라는 원초적인 본능으로 파악한 것에 반하여, 하트만은 다윈의 진화론에서 동물들은 적자생존의 과정을 통해 그들의 환경에 고도로 적응할 수 있도록 설계되었다는 주장을 끌어내었다. 그는 마치 씨앗이 싹을 틔우기 위해 봄비를 기다리듯이 자아의 잠재력을 가진 유아가 성장하기 위해서는 '평균적으로 기대할 만한'(average expectable) 적절한 환경조건이 필요하다고 보았다. 유아는 갈등과 무관한 자아능력의 잠재성을 가지고 있으며, 이러한 생존능력은 적절한 환경 속에서 자연스럽게 표출되어 유아가 주변세계에 적응해 나가도록 도와준다. 이러한 자아능력들은 언어, 지각, 대상이해 그리고 사고 능력을 포함하고 있다.

생활이 밝혀지자 프로이드 이론이 가지고 있는 모순점이 더욱 뚜렷이 드러나게 되었다. 특히 생후 초기 어머니와의 관계가 유아의 정신구조를 형성하는 데 커다란 영향을 미친다는 사실은 3세 이후에 나타나는 오이디푸스 콤플렉스의 중요성을 강조한 프로이드의 리비도 중심적인 이론에서 벗어나는 일이었다.

정신분석 연구자들의 관찰 작업에서 축적된 지식들을 토대로 말러는 유아가 신생아기의 정상적 자폐단계와 생후 첫 몇 달의 정상적 공생단계를 거친다는 이론을 재구성하여 도출하였다. 유아의 심리적 탄생과정과 인간 발달의 공생적 시기에 관한 그녀의 생각은 인간 경험의 많은 특성들을 이해할 수 있게 해준다.

## (1) 정상적 자폐단계(출생 후 10 – 12주까지)

신생아기에 있어서 공생단계 이전의 몇 주 동안은 잠자는 것 같은 상태가 깨어 있는 상태보다 훨씬 더 중요하다. 말러는 생후 몇 주 동안에 해당하는 이러한 발달단계를 정상적 자폐단계라고 부른다(1975: 42).

이 시기 유아는 하루의 대부분을 반은 자고 반은 깨어 있는 상태로 지낸다. 유아는 주로 태고픔이나 다른 욕구 긴장으로 인해 울음과 함께 깨어나고 잉여긴장이 해소되면 다시 잠든다. 유아에

---

Mitchell & Black: 78 – 84 참조.

72) 스핏츠는 (구강기에서 항문기, 남근기, 오이디푸스기로 이어지는) 심리성적(psychosexual)욕동 탕출의 단계에다가 생의 첫해에 본능적 대상과의 관계를 통해서 자아가 성장하는 과정을 덧붙임으로써 정신분석학에 새로운 발달적 차원을 제공하는 공헌을 하였다. Mitchell & Black: 84 – 92 참조.

게는 심리적 과정보다는 생리적 과정이 우세하므로 이 시기의 기능은 생리적인 용어로 가장 잘 나타낼 수 있다. 유아의 생리적 성장을 촉진하기 위해서는 출생 이전과 비슷한 상황이 유지되어야 하며 극단적인 자극으로부터 보호되어야 한다(41).

정상적인 신생아는 모로(Moro)반사[73]와 더불어 그것을 보완해 주는 빨기, 찾기, 붙잡기, 매달리기 등의 반사장치를 가지고 태어난다. 또한 어머니와의 원초적인 체감적 교류를 얻고자 하는 젖가슴으로 고개를 돌리는 시각적 추구도 일어난다. 그러나 시간이 지나면서 젖가슴으로 고개를 돌리는 것은 점점 발달하는 반면에 원초적인 빨기, 찾기, 붙잡기와 모로반사 등은 점차 감소하다가 사라진다(42).

이와 같이 정상적 자폐단계 동안에는 자극에 대한 반응이 포괄적이고 산만하며 혼합적이라고 말할 수 있다. 즉 정상적 자폐단계에는 외부 자극에 대한 집중이 상대적으로 없다는 것으로 특징지을 수 있다. 그러나 이것은 외부 자극에 대한 반응이 전혀 있을 수 없다는 것을 의미하지는 않는다. 예를 들어, 유아 자신이 긴장을 감소시키려는 시도들, 즉 배변이나 배뇨, 기침, 재채기, 침뱉기, 토하기 등과 유아의 욕구, 즉 배고픔의 고통을 줄여 주려는 어머니의 돌봄의 효과는 유아로 하여금 '즐겁고', '좋은' 경험과 '고통스럽고', '나쁜' 경험을 점차 구별하도록 돕는다(43).

이 단계는 코메니우스(1633: 85)가 갓 태어난 아기는 몸, 뼈, 혈관 등 모든 것들이 약하므로 손으로 안거나 내려놓거나 옮기거나 기저귀를 갈아 줄 때 부주의하지 않도록 경고한 것과 비교해 볼 수 있다. 그는 오늘날과 같은 세분화된 유아의 발달단계에 대해서

---

73) 유아의 신체에 자극이 주어질 때 유아가 전신을 뻗는 반응을 말한다.

는 언급하지 않았다. 그러나 그가 유아를 "황금보다 더 귀중한 보화"(86)로 간주하고 유아를 다룰 때는 유리를 다루는 것처럼 조심스럽게 다루어야 한다고 강조한 것은 이 시기에 유아로 하여금 즐겁고 좋은 경험을 제공해야 하는 어머니의 역할을 중요하게 인식한 것으로 볼 수 있다.

### (2) 정상적 공생단계(6주에서 1년)

유아는 생후 몇 주간의 정상적 자폐단계를 지난 뒤 생후 2개월쯤부터 욕구 충족 대상에 대한 희미한 의식을 갖게 된다. 이것은 정상적 공생단계의 시작을 나타낸다고 말러는 언급하고 있다. 이 단계에서 유아는 자신과 어머니가 마치 하나의 전능체계인 것처럼 행동하고 기능한다(44). 이것은 프로이드가 그의 저서 「문명 속의 불만」(Civilization and Its Discontents, 1930)에서 "한계나 경계가 없는, 말하자면 '망망대해 같은' 느낌"(242)이라고 부른 것과 일치한다.

공생의 본질적인 특징은 어머니 표상과의 환각적 혹은 망상적이면서 신체심리적 전능적인 융합이다. 신생아와 유아의 초보적인 자아는 일종의 사회적 공생대상인 어머니의 정서적 친근감에 의해 보완되어야 한다. 예를 들어, 어머니가 유아의 눈을 맞춘다거나 유아에게 젖을 먹이거나 이야기하거나 노래를 불러 주는 것과 같은 정서적 친근감에 의해 유아의 공생경험은 가장 바람직해진다. 이것은 유아에게 있어서 최초의 지각대상은 '움직이는 덩어리'로 느껴진다고 말한 프로이드의 견해와 유사한 것이다. 이것을 말러는 움직이는 인간의 얼굴이 최초의 의미 있는 지각대상이며, 소위 사회적 미소를 낳는 불특정한 기억의 흔적이라고 하였다. 이러한 불특정한 미소반응은 유아가 욕구충족적인 대상관계단계로 진입하였음을 나타낸다(46).

이 시기에 가장 원시적인 형태의 분화가 일어나기 위해서도 심리생리적 평형이 요구된다. 이것은 처음에는 어머니와 유아의 긴장방출 양식의 조화에 그리고 나중에는 공생적 어머니의 '충분히 좋은' 안아 주기에 대한 유아의 수용능력과 유아의 초기 적응양식 그리고 상호신호 등에서 행동으로 분별될 수 있는 어머니-유아의 상호작용 양식에 의존한다(49). 다양한 안아 주기 행동양식은 유아의 심리적 탄생의 공생적 조직자로서 역할 성패를 가름하게 될 정도로 중요하다. '안아 주기'는 위니캇의 이론에서도 매우 강조되고 있는 부분이고, 리주토에게 있어서도 하나님과 안정적인 관계를 맺게 하는 데 있어서 필수적인 부분으로 강조되고 있다.

코메니우스가 그 당시 유행하던 유모를 통한 수유를 경계하고 모유수유를 강조하였음은 이미 앞에서 언급하였다. 그는 "태아가 세상에 나오면 따뜻하고 부드러운 침대를 마련하여 편안한 잠자리를 제공해야 하며, 어머니와 유아의 잠자리를 따로 마련해서는 안 된다. 창조질서에 따라 자기 몸에서 나오는 영양분인 젖을 유아에게 주어야 하기 때문이다."(1633: 79)라고 하였다. 여기서 우리가 유의해야 할 점은 코메니우스가 모유수유를 강조한 것은 단순히 생모로부터의 물리적인 수유를 강조한 것을 넘어선다는 점이다. 유아는 모유수유를 통해 어머니의 덕성을 닮게 되고 올바른 예의를 닮게 된다는 것이 코메니우스의 관점이다(81). 그러므로 그에게 있어서 모유수유는 유아와 어머니의 관계를 육체적, 정신적으로 맺어 주는 일이며, 유아와의 정서적 유대감을 촉진시키는 일이다.

## 2) 유아의 일차적 애정대상으로서의 어머니

분리-개별화단계의 시작은 공생이 절정에 이른 시기인 4-5개월쯤에 일어난다. 분리는 유아가 어머니와의 공생적 양자 단일체로부터 벗어나는 심리내적 과정을 말한다. 이 과정은 자기로부터 독립된 어머니의 정신적 표상을 형성하는 것과 함께 대상관계 발달을 포함한다. 개별화는 유아가 자신의 개별적 특성을 구별하고, 따라서 자기가 대상으로부터 구별된 일련의 자기 표상들로서 드러나는 심리내적 과정을 말한다. 말러는 분리-개별화단계를 4개의 하위단계로 나누었다(American Psychoanalytic Association ed., 1990: 164).

### (1) 분화(differentiation, 4-5개월에서 10개월까지)단계

생후 4-5개월쯤 공생단계의 절정기에 나타나는 유아의 행동은 분리-개별화의 첫 번째 발달단계인 분화의 시작을 보여준다(52). 이때 유아의 공생단계 초기에 생긴 불특정 미소반응이 점차 어머니에 대한 특정한 미소반응이 된다. 이것은 유아와 어머니 사이에 특정한 유대가 성립되었다는 결정적인 표시가 된다. 말러는 몇 가지 관찰 결과를 통해 유아의 분화 모습을 확인할 수 있었다. 즉 유아가 어머니의 몸에 자신을 맞추거나 자신의 상체를 사용하여 어머니의 몸으로부터 거리를 두는 모습에서 그리고 유아가 어머니의 몸과 자신의 몸에 대한 느낌을 갖는 것과 중간대상(transitional object)을 다루는 모습에서 유아의 분화 모습을 확인할 수 있었다

말러는 생후 6개월쯤에 분리-개별화가 시작되는 것을 관찰을 통해 보게 되었다. 분리-개별화의 시작은 유아가 어머니의 머리,

귀, 코 등을 잡아당기거나 어머니의 입에 음식을 넣거나 어머니의 모습과 어머니의 주위 환경을 자세히 살펴보기 위해 자신의 몸을 꼿꼿이 당기는 행동 등에서 관찰되었다. 그러한 행동은 유아가 안겨 있을 때 나타내 보였던 단순히 어머니의 몸에 자신의 몸을 맞추는 행동과 대조를 이루는 것이다. 이것은 아기가 자신과 어머니의 몸을 구별하기 시작했다는 신호로 볼 수 있다(54).

말러(55-56)는 생후 7-8개월경부터 유아의 신체 심리적 분화의 시작을 알려 주는 '어머니를 되돌아보고 점검하기'가 나타난다는 사실을 관찰하였다. 그녀는 이것을 정상적인 인지 및 정서 발달의 가장 중요한 양식으로 보았다. 유아는 이때부터 비교하면서 자세히 살펴보기를 시작한다. 즉 유아는 어머니에게 흥미를 갖게 되고, 어머니를 다른 사람과 비교한다. 유아는 '어머니로서의 어머니'를 알게 되면서 어머니의 몸에 속한 것과 그렇지 않은 것(브로치 안경 등)을 발견하게 된다. 이것은 유아가 어머니 이외의 다른 사람에 대해 '낯선 사람 불안'을 가지게 만들기도 한다. 말러는 관찰을 통해 공생단계가 적절하였고 '확신 있는 기대'가 우세했던 유아는 호기심과 신기함을 가지고 낯선 사람을 살피는 것을 확인하였다. 이와는 대조적으로 기본적 신뢰감이 적절하게 형성되어 있지 않은 유아는 심한 낯가림 반응을 보이고 호기심과 신기함보다는 두려움을 보이는 것을 확인하였다(56-57).

말러는 또 다른 관찰을 통해 다음과 같은 사실들을 확인하였다: 즉 자기애적이고 사랑을 주는 데 인색한 어머니가 있는 한 여자 유아는 늦은 부화(hatching)를 보였다. 공생적 지원을 충분히 받지 못한 남자 유아는 마치 자신과 어머니에게 따라잡을 시간을 주려는 것처럼 공생기간을 연장시켰다(58-62). 한편, 어머니와 일치감을 갖는 중요한 시기 동안 큰 갈등 없이 공생단계를 지낼 수 있었던 유아들은 평균적인 시점에서 어머니의 신체로부터 약간의 거리를 두면서 적극적으로 분화하는 징후를 보이기 시작했다. 이러한 관찰 결과를 통해 말러는 "조화로운 인격 발달에 있어서 생래적으로 타고 태어난 변수가 중요하듯이, 호의적인 어머니-유아의 상호관계는 발달단계에 긍정적인 영향을 미친다."(63)라고 결론지었다.

유아의 인격 발달에 미치는 어머니-유아의 상호관계의 중요성을 보여주는 임상사례 중에 브루스(Bruce)의 분화단계를 소개해 보기로 한다.74)

브루스는 어머니의 몸에 자신을 맞추지 못했고, 매우 긴장되어 있던 불안한 아이였다. 그는 심하게 짜증을 냈고, 자주 울었으며, 어머니는 이를 다루는 데 어려움을 느꼈다. 브루스의 어머니는 불안강박증을 가지고 있었기 때문에 브루스가 자연분만으로 정상적인 체중을 지닌 아이이며, 출생 순간부터 매우 활발했다는 사실도 어머니의 근심을 몰아내지 못했다. 어머니와 아기 모두는 모유 먹는 시간을 즐기지 못했고, 공생단계 초기에 브루스는 어머니의 젖보다는 고무젖꼭지를 더 좋아하는 것 같았다. 브루스는 아주 갈급하게 고무젖꼭지를 빠는 아주 불안한 아이였지만 5개월쯤 그의 운동활동은 점점 더 목표지향적이 되었고 그 대신 내적인 불편함을 방출하는 활동은 줄어들었다. 그는 5개월쯤에 자신의 담요에 특별한 애착을 보였고 이 담요는 후에 진정한 중간대상이 되었다. 브루스의 사회적 미소는 빨리 나타났고 5개월쯤에 어머니에 대한 특정 미소반응으로 발달해 갔다. 생후 6개월이 되면서 그는 사람들을 비교하며 훑어보고 어머니를 되돌아보는 행동을 보였으며, 잠

---

74) Mahler, 1975: 124-137의 사례 내용 참조.

들기 전에 느닷없이 많이 울고 보챈다는 보고가 있었다. 6-7개월 쯤에 브루스는 심한 낯선 사람 반응을 나타냈다. 이때 어머니만이 달랠 수 있었는데 그의 어머니는 이것을 기뻐했다. 분화와 초기 연습기간에 브루스와 어머니 사이의 가장 적절한 거리는 브루스가 아기 놀이터에서 장난감을 갖고 노는 동안 그의 어머니가 방 건너 편에서 지켜보고 있는 것이었다. 브루스는 자주 어머니를 쳐다보 았고, 어머니는 그를 지켜보는 것이 그렇게 즐거운 것인지 몰랐다 고 털어놓을 만큼 그것을 즐겼다. 브루스가 9개월이 되었을 때, 어 머니가 임신을 하게 되자 계획에 없었던 새로운 임신은 어머니에 게 더 많은 갈등과 불안을 야기하는 것으로 보였고, 이것이 아들 과의 관계에 반영되었다. 그녀는 종종 아들에게 자기 자신을 주는 대신에 음식을 주었다. 9개월쯤 브루스는 일시적이긴 하였지만 다 소 심각한 음식물 섭취장애를 보였다. 그녀는 아이를 돌보는 일이 어렵다고 호소하였고, 아이에게 고함을 지르고 나서는 자신의 분 노에 대해 죄책감을 느끼곤 하였다. 브루스는 어머니의 이러한 반 응 때문에 연습기 초기의 기쁨을 상실하였으며, 다시 낯선 사람을 경계하게 되고 독립적인 놀이의 즐거움이 감소되었다. 그러나 이 러한 일시적인 장애를 딛고 그가 약간 늦게 본 연습기간으로 들어 갔을 때, 그는 자신의 주변 세상을 매우 즐겼고, 자신의 기능이 발 달해 가는 것을 기뻐했으며, 10-14개월에는 어머니와의 짧은 분 리를 견뎌낼 수 있었다.

이러한 브루스의 임상사례는 유아가 조화로운 인격발달을 하기 위해서 호의적인 어머니-유아의 상호관계가 중요함을 강조한 말 러의 이론을 실제적으로 이해할 수 있게 해준다.

말러가 말한 분화단계는 코메니우스의 「범교육학」에 '젖먹이 학급'으로 명명되어 있다. '젖먹이 학급'에서 유아는 모유를 통해 영양공급을 받아야 한다는 코메니우스의 주장은 모유수유를 매개로 유아와 어머니가 밀접한 육체적, 정서적 접촉을 해야 할 필요성을 역설한 것으로 유추할 수 있다. 이것은 "인간이란 어렸을 때의 경험에 집착하기 마련이고, (유아는) 산산이 부서져도 그 안에 담고 있던 양념을 그대로 보존하고 있는 그릇과 같다."(177)라고 한 그의 언급이 잘 드러내 주고 있다. 즉 코메니우스는 "한 방울의 독으로도 그릇 전체를 더럽히기에 충분하고, 작은 부스러기의 효모가 반죽 전체에 충분하듯"(177) 이 시기 유아의 정신과 인격에 중대한 영향을 미치는 어머니와의 관계성을 간파하였음을 알 수 있다.

### (2) 연습(practicing, 10–14개월)단계

이 시기 유아는 어머니로부터 벗어나 있는 것처럼 보이지만 정신적으로는 아직도 전능한 어머니와 결합되어 있다. 이 연습기 동안 유아의 관심은 어머니에 의해 제공된 담요, 기저귀, 장난감, 우유병으로부터 점차 다른 것으로 확장된다. 유아는 이 물건들을 시각적으로 탐구하고, 접촉을 통한 지각기관 특히 손과 입과 코를 이용하여 질감, 맛, 냄새를 조사한다. 이러한 물건들 중 하나가 중간대상이 되기도 한다. 그러나 유아가 이러한 활동에 관심을 갖고 몰두하면서도 여전히 어머니에 대한 관심이 더 중요하다는 것이 이 연습기의 특징이 된다(65–66).

말러는 이 단계의 어머니–유아의 상호관계 양태를 관찰함으로써 다음과 같은 사실을 확인하게 되었다: 연습기 동안 어머니와 거리를 두는 것에 어려움을 겪은 유아들, 즉 매우 적극적으로 어머니에게 신체적으로 밀착했던 유아들의 어머니들은 일단 이 단계가 끝나면 자신의 유아들이 이미 어른이 다 된 것처럼 대했다. 이러한 유아들은 오히려 성장과정에서 초기에 누렸던 거리를 두는 능력을 즐기지 못하고 적극적으로 어머니에게 밀착할 것을 요구하는 모습을 보였다. 이와는 대조적으로 유아와의 친밀함을 즐기는 어머니 밑에서 자란 여자 유아는 어느 정도 떨어진 거리에서도 어머니와의 연결을 잘 유지할 수 있었다. 그 여자 유아는 연습기 동안 자신의 어머니를 특별히 잘 사용하였고[75] 단지 어머니를 보거나 목소리를 듣는 것만으로도 안심하곤 하였다(69).

이 시기에는 이제껏 분주하게 손과 발을 사용하던 유아가 걷기를 시작하게 됨으로써 유아와 어머니에게 대단한 상징적 의미를 부여하게 된다(72 - 74). 보행하는 대부분의 유아는 이 연습기에 '세상과의 사랑'에 빠진 것처럼 보이며, 자신이 마치 독립된 인간 존재의 세계로 이미 나아갔음을 증명한 것같이 보인다(74). 이 시기에 자신의 아이가 '잘 해낼' 수 있다고 느끼는 어머니의 기대와 믿음은 유아의 안전감 발달에 매우 중요한 자극제가 된다. 또한 이 시기 어머니의 기대와 믿음은 유아의 마술적 전능감이 유아의 자율성 및 자아 존중감의 기쁨으로 대치되게 하는 최초의 격려가 된다(74).

---

75) 이것은 대상관계이론의 '대상사용'(The use of an object)의 능력과 관계가 있다. 이 여자 유아는 어머니와의 친밀한 관계가 가능한 촉진적 환경에서 어머니를 대상으로 사용할 수 있게 된 것이다. 위니캇(1971)은 "먼저 대상관계가 있고, 그 끝에 대상사용이 있다."(89)라고 말하면서 유아의 대상사용 능력의 발달은 유아가 촉진적 환경에서 성장하게 될 때 가능함을 강조하였다. 대상사용에 관한 자세한 설명은 위니캇의 Playing and Reality 제6장 "The Use of an Object and Relating through Identifications"(86 - 94) 참조.

코메니우스에게 있어서 이 기간은 「범교육학」에 '옹알이와 걸음마를 시작하는 학급'(177)으로 명명되어 있다. 그는 이 시기의 유아들이 말을 배우게 되는 것에 관심을 가지고 사물을 먼저 제시해 준 다음에 말을 가르쳐야 한다는 방법론을 제시하였다. 또한 유아를 돌볼 때 노래를 불러 주는 등 가능한 모든 방법을 동원하여 유아를 기쁘게 해주어야 함을 강조하였다(178). 그(1633)는 이 시기 유아들을 위해 어머니들에게 다음과 같은 권고를 하였다: "이 시기의 유아들이 앉고 일어서고 달리기 시작할 때는 넘어지지 않도록 도움을 주는 의자나 걸음마 기구 등을 마련해 주어야 한다. 유아들은 매일 앉고 일어서고 먹고 놀아야 하기 때문에 간단한 영양식을 준비해 줘서 성장 발달에 기초를 마련해 주어야 한다. 또 유아들이 뛰고 움직일 수 있는 확실하고 안전한 장소를 제공해야 한다."(86-87) 코메니우스가 이러한 권고를 한 이유는 유아들이 뛰고 무엇인가를 할수록 잘 자고 잘 일어나고 몸이나 정서가 활발하고 민첩하게 되기 때문이다. 이 시기 유아의 신체적 발달 특성을 잘 파악한 코메니우스의 권고는 이 시기 신체적 발달 특성에 따른 어머니의 정서적 지원의 중요성을 강조한 말러의 견해와 연계해 논의할 필요성이 있다.

## (3) 재접근(rapprochement, 15-24개월)단계

재접근단계는 생후 15-24개월 사이에 해당된다. 이 시기의 유아는 연습기의 의기양양함에 취해서 세상을 정복할 수 있다고 경험했던 것과는 다르게 이제는 자신이 가는 길에 장애물이 존재한다는 사실을 점진적으로 민감하게 경험하기 시작한다(76-78). 마술적 전능에 대한 유아의 의존이 사라지고 자율적 자아가 최상의 기능을 획득하기 위해서는 어머니의 계속적인 정서적 지원이 필수적이다. 즉 이 단계에서 어머니가 유아에게 대상 리비도를 순조롭게 제공해 주고, 걸음마 유아의 모험적 행위를 함께 나누고 즐겁게 상호 작용함으로써 모방하고 동일시하고자 하는 유아의 시도를 촉진시키는 정서적 지원이 요구된다. 이를 통해 유아는 점차로 언어적 소통이 일어나는 지점까지 발달해 갈 수 있다(79).

재접근단계의 유아는 어머니-유아로 구성된 세계를 능동적으로 확장시켜 나가기 시작한다. 유아는 일차적으로 아버지를 이 세계에 포함시키는 것을 시초로 하여 주변의 사람들과도 관계를 맺는다. 일례로, 말러의 관찰 결과 16-17개월 무렵부터 유아는 어머니와 떨어져 걸음마 유아 방에서 시간을 보내는 것을 좋아하였다. 남녀 유아들은 모두 관찰자, 특히 남성 관찰자를 좋아하고 이 관찰자들과 꽤 밀접한 애착관계를 맺었다(91).

유아는 18-20개월에서 24개월까지와 그 이후에 고통스러운 분리에 대한 자각을 부인하려는 행동을 보이기 시작한다. 전형적인 행동을 예로 든다면, 유아는 어머니를 자기의 확장으로 사용하여 어머니의 손을 끌어다가 자신이 원하는 물건을 가져오게 하거나 어머니가 말보다는 마술적인 몸짓으로 나타나서 자신의 소망을 이루어 주기를 기대하는 행동을 한다. 이것은 유아가 어머니를 떠나 분리된 자율적인 존재가 되고 싶어 하는 바람과 어머니의 사랑을 상실하게 되는 것에 대한 두려움이 함께 섞여 나타나는 행동양태라고 볼 수 있다(95-97).

앞에서 언급한 브루스의 사례를 살펴보면, 브루스가 16개월이 되었을 때 그의 여동생이 태어났다. 처음에 브루스는 어머니가 아기와 함께 있는 모습을 보지 않고 피함으로써 이 사건에 대처하려고 하였다. 브루스가 어머니와의 관계에서 보였던 간헐적인 진보와 퇴행은 그의 발달 전환점이었던 19개월에 끝나는 것 같았다. 그는 이 시기에 우울을 극복하였고, 놀이와 다른 사람들과의 관계에서 많은 기쁨을 발견하기 시작했다. 이때 브루스는 단어를 사용할 수 있게 되었고, 이것은 그의 관심을 더욱 쉽게 외부 세상으로 전환하게 만들었다.

이 재접근단계는 「범교육학」에 서술되어 있는 '말하기와 지각사용의 학급'(180)과 유사하다. 코메니우스는 '말하기와 지각사용의 학급'의 유아는 "세계에 대해서는 젖먹이에 불과하므로 좋은 것이든 나쁜 것이든 자신의 내부에 받아들이지 못한다."(180)라고 하면서 이 시기의 유아가 갖는 특징들에 대해 언급하였다(180 – 182). 첫째, 이 시기의 유아는 감각의 문을 통해서 사물을 인식할 수 있다. 둘째, 섬세한 사물에 대한 통찰은 이 시기의 유아에게 적합하지 못하다. 셋째, 유아는 사물에 대한 기호나 특징을 제시하여 그의 정신에 각인시키지 않는 한 단순히 명칭만 듣고서 그 사물을 활용할 수 있는 방도를 인식할 수 없다.

이 시기 유아의 특징에 대해서 코메니우스와 말러는 인식적인 면과 정서적인 면으로 다르게 접근하고 있다. 그러나 유아가 자신을 어머니 혹은 자신이 속한 외부 세계와 분리해서 인식, 경험한다는 점에 있어서는 공통된 견해를 보이고 있다. 또한 "즐겁게 상호 작용함으로써 모방하고 동일시하고자 하는 유아의 시도를 촉진시키는 어머니의 정서적 지원"(79)이 이 시기에 일어나는 유아의 언어적 소통을 돕는다는 말러의 견해는 코메니우스가 '말하기와 지각사용의 학급'이라고 명명한 이 시기의 유아교육에 중요한 실마리를 제공한다.

### (4) 대상 항상성(object constancy, 24-30개월)단계

유아의 분리-개별화 과정 중에 거의 마지막으로 나타나는 특성은 개성의 공고화와 정서적 대상 항상성의 시작이다. 말러는 성격 발달에서 자아의 광범위한 구조화가 먼저 있은 후에 초자아의 전조인 부모의 요구에 대한 내재화가 일어나면서 자기(self)가 형성된다고 한다(109). 정서적 대상 항상성은 심리 발달의 모든 측면들을 포함하는 복잡하고 다면적인 과정을 통해 서서히 확립된다. 어머니가 물리적으로 부재하는 동안에 본능적 욕구나 내적인 불편함과는 무관하게 상대적이고 안정적으로 존재하는 신뢰할 만한 내적 이미지가 최소한 어머니를 부분적으로라도 대신할 수 있게 되려면 대상 항상성이 자리를 잡아야만 가능하다.76)

이 시기의 발달단계의 특징은 복잡한 인지기능, 즉 언어적 의사소통, 공상, 현실검증 능력의 발달이다. 이 단계에서 놀이는 보다 목적성을 띠고 환상놀이, 역할놀이, 가상놀이가 시작된다. 현실세계를 더욱 자세히 관찰하여 그것을 놀이에 포함시키고 놀이 친구와 어머니 이외의 어른에 대한 관심도 증가한다(116).

브루스의 사례를 예로 들면, 브루스에게 놀이는 특별한 역할을 하였다. 특별히 흥미로운 놀이시간 하나를 소개하면 다음과 같다: 놀이시간의 관찰자는 브루스를 위해 지점토로 무엇인가를 만들어

---

76) 유아가 정서적 대상 항상성을 어떻게 획득하게 되며, 정서적 대상 항상성의 발달이 유아에 따라 어떻게 이루어지는가에 관한 말러의 세 남녀 유아의 관찰 내용은 113-116 참조.

주기로 하였다. 그가 얼룩말을 만들어 달라고 하자 관찰자는 얼룩말이 무엇이냐고 물었다. 그는 그것은 꼬리가 있고 젖이 있고 줄무늬가 있다고 하면서 얼룩말이 관찰자를 물지도 모른다고 몸짓을 섞어 가며 말했다. 그리고는 관찰자의 손을 자신의 겨드랑이 안에 넣어 그녀를 안심시켰다. 그는 아프게 하고 싶고, 아마도 없애고 싶고, 그러고 나서 가까이 하고 매달리고 싶은 갈등들을 놀이에서 표출한 것으로 보였다. 놀이는 구강기 활동의 두 측면, 즉 무는 것(구강기적 공격)과 통합하는 것(위로해 주고 편안하게 해주는 것에 부분적으로 사용되는)과 관련된 것 같았다.

위의 사례들을 통해 살펴보았듯이 유아의 놀이는 본능적 욕구나 내적인 불편함을 표출하기도 하고 해소하기도 하면서 어머니의 물리적 부재를 견디게 해주는 정서적 대상 항상성의 획득과 발달을 이루어 간다. 신뢰할 만한 내적 이미지가 어머니를 부분적으로라도 대신할 수 있게 되려면 이 대상 항상성이 자리를 잡아야만 가능한데 말러의 견해에 의하면 이 대상 항상성은 3세 이전에는 성취되지 않는다(1975: 110).

그러나 자아가 급속히 분화하는 20-22개월부터 36개월까지의 기간 동안 개별화는 매우 발달하게 된다. 이 개별화의 시기에 대상의 표상과는 명확히 분리된 자기의 정신적 표상이 확립되어야만 자기 정체성 형성의 길이 열리게 된다(117). 이 모든 과정에서 유아가 어머니와 맺는 관계의 질에 따라 자기 표상의 발달 및 정체성 형성이 영향을 받게 된다. 그러므로 초기단계에서 바람직한 어머니-유아 관계 형성은 매우 중요하다.

이 시기는 「범교육학」의 '도덕성과 경건성의 학급'(182)에 해당된다고 볼 수 있다. '도덕성과 경건성의 학급'은 유아의 도덕성을 형성할 시기의 학급으로서 유아에 대한 특별한 돌봄과 배려가 필요하다. 예를 들어, 시끄럽게 고함치며 다니는 유아를 향해 "이 아이는 생각이 없는 애야"라고 말하는 것은 치명적인 실수를 저지르는 것이다(182). 특별히 이 시기 학급에서 어머니에게 요구되는 것은 눈에 드러나지 않게 훌륭한 모범을 보임으로써 유아를 훈련해야 한다는 점이다. 코메니우스는 "가르친다는 것은 인도한다는 것을 의미한다. 그러므로 인도하려는 사람은 먼저 솔선수범해야 한다."(182)라고 역설함으로써 모범의 중요성을 강조하였다. 이러한 코메니우스의 견해는 신뢰할 수 있는 어머니의 정서적 참여가 2세 말이나 3세까지의 걸음마 유아의 사고과정, 현실검증능력 그리고 대처능력의 발달과정을 촉진시킨다는 말러의 견해(1975: 79)와 만날 수 있다. 코메니우스는 「어머니 학교 소식」에서 유아의 정서를 위해 유아의 마음에 기쁨과 위로가 결핍되지 않도록 해야 한다고 하면서 다음과 같이 제시하였다. "1세에는 요람, 노래, 놀이, 흔들기, 손뼉치기, 장난감 등으로 즐겁게 해주어야 한다. 유아를 껴안고 놀아줄 때에는 용의주도하게 돌봐야 한다. 2-4세에는 음악을 듣게 하거나 아름다운 것을 보게 해준다."(87) 어머니가 유아를 위해 이러한 배려를 하는 것을 통해 어머니와 유아와의 관계는 친밀해지고, 유아의 정서는 안정되게 발달하게 될 것이다.

코메니우스의 관점과 용어가 말러의 관점과 용어와 정확하게 일치하지는 않는다. 그러나 유아의 지각사용과 언어 발달이 활발하게 이루어지기 위해서는 유아의 발달단계에 따라 유아의 욕구를 어머니가 적절히 충족시켜 주어야 한다는 점에서는 견해를 같이하고 있다고 말할 수 있다. 다시 말해 어머니의 정서적 참여, 즉 어머니의 주의 깊은 돌봄과 배려가 필요함을 공통적으로 강조하였음을 알 수 있다.

## 3. 위니캇의 유아와 어머니 이해

도날드 우즈 위니캇은 정신분석가가 되기 전에 소아과 의사로 일했고 분석가로 활동했던 시기에도 줄곧 소아과 의사를 겸임하였다. 그는 오랜 기간 아기들과 어머니들을 지켜본 경험을 토대로 아이들의 발달을 방해하는 잘못된 양육과 아이들의 발달을 돕는 자아지원적인 양육에 관한 매우 혁신적인 이론을 형성하였다. 그의 불후의 명저인 「그림놀이를 통한 어린이 심리치료」(Therapeutic Consultations in Child Psychiatry, 1971)에서 위니캇은 자신이 3 -40년 동안 어린이들과 성인들을 분석한 경험을 통해서 특별한 정신분석 영역에 도달하게 되었다고 밝히고 있다.[77] 위니캇은 이 책에서 어린이 심리치료 실제의 세계에서 일어나는 일들을 그의 그림놀이를 통해 보여주고 있다. 그는 이러한 작업들을 할 때 한 사람이 특정한 환경과 관계를 맺는 전체적인 내력을 포함하는 개

---

77) 위니캇은 유아를 평가하고 치료하기 위해 그림을 이용한 놀이치료를 고안하였다. 이 그림을 이용한 놀이치료는 치료자가 단순한 형태의 선으로 그림을 그리고 나면, 유아가 거기에 덧붙여 그림을 완성하는 게임의 일종으로서 스퀴글 게임(squiggle game)이라고 불린다. 이 게임은 자유로운 놀이와 연상의 측면을 결합하고, 유아로 하여금 치료자와의 관계에서 자유롭게 자신을 표현하게 한다. 스퀴글 게임은 유아와 성인의 분석 및 심리치료에서 이미지를 해석하는 방법을 보여주는 모델로 사용될 수 있다. 이것은 정신분석 과정에 대한 발달적 관점과 공동보조를 취하고 있으므로 본 연구에서 사례 연구로 활용할 것이다. American Psychoanalytic Association: 322 참조.

136

인의 정서발달 이론을 항상 염두에 두고 진행하였음을 밝히고 있다. 위니캇의 이러한 작업에 나타난 어린이의 사례 연구는 유아와 어머니의 관계 및 유아 정서발달 이론을 보다 실제적으로 이해할 수 있게 하는 이점이 있다.

초기에 클라인의 이론에 영향을 많이 받았던 위니캇은 그의 연구결과를 토대로 그의 이론을 독창적으로 형성해 갔다. 그는 클라인과 대조적으로, 유아가 파편화되지 않은 채 안전하게 어머니로부터 독립하고, 공포에 압도되는 일 없이 융합 상태에서 벗어날 수 있다고 보았다. 그에 의하면, 개인의 성격을 결정하는 것은 갈등을 일으키는 본능적 압력들이 아니라 어머니가 제공하는 환경이다. 이러한 좋은 대상과 환경으로서의 어머니에 대한 그의 관점은 그의 정신분석 이론에 새롭고 강력한 발달적 가설들을 제공해 주었다(Mitchell & Black: 243).

## 1) 유아의 좋은 대상과 환경으로서의 어머니

위니캇(1971: 111)은 유아의 정서발달 초기단계에서 환경이 담당하는 결정적인 부분에 대해 말하면서 어머니 역할의 중요성을 강조하였다. 그는 어머니가 담당하는 최초의 환경적 역할에 대해 세 가지를 제시하였다. 즉 유아를 편안히 안아 주는 것과 유아를 다루는 데 있어서 일관성 있고 조심스럽게 다루는 것 그리고 유아의 욕구에 적응해 주는 것을 제시하였다. 유아는 어머니가 제공하는 이 환경의 결과로 최대한의 개인적 성숙을 이루게 된다. 다시 말해서, 유아를 잘 안아 주고, 만족스럽게 다루어 주며, 이것과 함께 유아의 적당한 전능경험이 침해되지 않는 방식으로 대상이 제공될 때 성격의 통합이 발생한다.

유아에게 필요한 환경이 되기 위해서 어머니는 자신의 주관성과 개인적 관심 그리고 자신의 신체에 대한 걱정에서 벗어나 자신의 존재와 모든 활동을 유아의 바람과 욕구에 맞추게 된다. 우아는 어머니가 제공하는 생물학적 환경을 경험함으로써 자신의 주관성을 발휘하는 경험을 하게 된다. 그럼으로써 유아는 위니캇이 말하는 실제로 의미 있는 삶을 사는 인간다운 개인으로서 출발하게 된다.

> 기본적인 환경적 제공은 초기 몇 주와 몇 달 동안에 유아에게 발생하는 아주 중요한 성숙과정을 촉진시킨다. 그리고 초기 적응의 실패는 절대적으로 자기의 통합과정을 방해하는 외상적 요인이 된다. 자기의 통합과정은 개인으로 하여금 지속적으로 존재하는 자신에 대한 느낌을 갖게 하고, 생동감 있는 신체감을 성취하게 하며, 대상과 관계하는 능력을 발달시킬 수 있는 자기(self)를 형성하도록 이끈다(1965: 257).

위니캇은 '일차적 모성 몰두'(primary maternal preoccupation)라는 용어78)로 어떻게 어머니가 유아에게 필요한 환경을 제공해 주는 '충분히 좋은 어머니'가 될 수 있는지를 설명하였다. '일차적 모성 몰두'란 유아가 태어나기 전부터 시작하여 분만 후 몇 주 동안 지속되는 어머니의 마음 상태를 말한다. 이때 어머니는 유아에게 깊이 몰두하여 유아에게만 관심을 가지며 마치 병리적 철수로 간주될 정도로 외부세계에 무관심한 상태에 있게 된다(American Psychoanalytic Association ed., 1990: 323).

---

78) 위니캇은 이 용어를 그의 저서 The Maturational Processes and the Facilitating Environment(1965) 85, 256쪽에서 구체적으로 사용하였고, 52-54, 84-87, 256쪽에서 상세하게 설명하였다.

이러한 어머니의 '일차적 모성 몰두'에 의해 생후 몇 개월 동안 유아는 자신을 모든 존재의 전능한 중심으로 경험하게 된다. 이것을 위니캇은 유아의 '주관적 전능감'이라고 표현하였다. 왜냐하면 유아가 배가 고프고 젖을 원하면 젖가슴이 나타나므로 유아는 자신이 젖가슴을 창조하였다고 느끼고, 유아가 춥고 기분이 언짢아져서 따뜻해지기를 원하면 곧 따뜻해지므로 자신이 주변을 창조하였다고 느끼기 때문이다(1971: 11).

위니캇에 의하면, 어머니의 유아 욕구에 대한 완벽한 반응은 유아에게 유아 자신의 소망이 욕구의 대상을 창조한다는 믿음 곧 환상의 순간을 제공한다. 이러한 환상의 순간은 유아의 환상과 어머니가 제공하는 것이 일치하는 순간이다. 이때 유아가 경험하는 전능감은 견고하고 건강한 자기(self) 발달의 기초가 된다.[79]

여기서 유아에게 안아 주는 안전한 환경을 제공해야 될 필요성 외에 유아에게 세상을 가져다주는 어머니의 역할이 강조된다. 세상을 가져다주는 어머니의 기능은 유아의 정서발달에서 중요한 역할을 담당하기 때문이다. 만일 어머니가 유아의 몸짓과 욕구를 실현시켜 주지 못한다면, 전능하다는 유아의 환상은 깨어지게 되고 유아의 정신과 신체 사이에는 분열이 발생하게 된다(Greenberg & Mitchell: 192).

---

79) 자기심리학자로 불리는 코헛(H. Kohut)도 건강한 자기를 확립하기 위해서는 유아가 전능성을 충분히 경험해야 한다고 주장한다. 그는 정신병리는 자기의 발달을 방해한 초기 어린 시절 공감 실패 때문에 생긴다고 보았다. 이것은 위니캇이 환경 실패에 따른 자기 발달의 장애가 성격 안에 해리를 가져오기도 하고, 이 성격의 해리는 참자기와 거짓 자기의 문제와 관련된 경계선적 장애 사례에서 심각하게 드러난다고 본 입장과 유사하다. James Jones, 1991: 38 참조.

위니캇은 유아와 어머니의 관계에 있어서 유아가 홀로 있을 수 있는 능력을 발달시키는 것에 대해서도 연구하였다. 그는 어머니가 유아의 요구에 따라 세상을 만들어 주는 것뿐만 아니라, 유아가 요구를 하지 않거나 욕구를 느끼지 않을 때도 유아에게 요구하지 않으면서 함께 있어 주는 것이 매우 중요함을 강조하였다. 어머니가 아무것도 요구하지 않으면서 함께 있어 줄 때 유아는 형태 없음(formlessness)과 편안하게 홀로 있음의 상태를 경험할 수 있게 된다. 바로 이 홀로 있음의 능력은 안정적인 개인의 자기발달에 필수적인 요소가 된다(193).

유아는 점진적으로 자신의 통제 밖에 있는 세계의 현실과 한계를 깨달을 필요가 있다. 주관적 전능감을 충분히 경험한 유아는 어머니가 조금씩 유아의 요구에 따라 세계를 제공하는 데 실패함으로써 현실과 한계를 배운다. 따라서 유아의 자아를 지월해 주고 반응해 주는 어머니의 역할은 유아가 적극적으로 자아 기능을 연습함에 따라 점차적으로 줄어든다. 어머니의 이러한 '적응의 점진적 실패'는 유아가 자신의 자아를 분리시키고 발달시키는 과정에 있어서 본질적인 요소가 된다(193 – 194). 이와 같은 사실들을 통해 유아의 정서적 발달이 부정적인 영향을 받게 되는 것은 어머니가 유아의 욕구에 정확하게 반응하여 완벽한 환경을 제공해 주는 모성적 돌봄에 문제가 있을 때와 어머니가 유아로부터 점차적으로 철수하는 것에 실패했을 때인 것을 알 수 있다(194). 이에 대해 위니캇(1971)은 다음과 같이 말하였다:

> 충분히 좋은 어머니는 유아의 필요에 능동적으로 적응해 주고,
> 그 능동적인 적응을 유아의 자라나는 능력 — 적응의 실패를 감당

140

하고 좌절의 결과를 견딜 수 있게 되는 — 에 맞추어 점차적으로 줄여 가는 어머니를 말한다. 자연히 유아의 친어머니가 다른 누구보다도 충분히 좋은 어머니일 수 있다. 그것은 친어머니의 경우 유아에게 쉽게 그리고 기꺼이 몰두하는 능동적 적응이 자연스럽게 가능하기 때문이다. 실제로, 유아를 성공적으로 돌볼 수 있는 것은 얼마나 헌신하는가에 달려 있지 영리함이나 지적 수준에 달려 있는 것이 아니다. 내가 말하는 충분히 좋은 어머니는 유아의 욕구에 거의 완전하게 적응하는 것으로부터 시작해서 시간이 흐르면서 어머니의 실패를 다룰 수 있는 유아의 능력이 성장함에 따라 점차적으로 또 완전하게 적응해 가는 어머니이다(10). …… 어머니의 궁극적인 과제는 유아로 하여금 점차적으로 환멸을 경험하게 하는 것이다. 그러나 처음에 그녀가 유아에게 환상을 위한 충분한 기회를 제공하지 못하면 그녀의 과제를 성공적으로 수행할 수 없다(11).


위니캇(1971: 111 – 118)은 유아가 정서적인 면과 정신적인 면에서 정상적으로 발달하기 위해서 어머니와 가족80)이 담당하는 거울 역할을 강조하였다. 위니캇의 후기 저서에 따르면, 어머니 얼굴의 거울기능은 파편화되고 형태 없는 유아의 몸짓 속에서 유아의 의도와 뜻을 정확하게 반영해 주는 역할을 한다. 예를 들어, 유아가

---

80) 위니캇은 아기에게 아기의 자기를 되돌려 주는 어머니의 역할의 중요성에 대해 말한 것은 가족의 역할의 중요성에 대해서도 똑같이 적용이 된다고 하였다. 즉 그는 한 가정이 온전하고 일정 기간 동안 지속적인 관심을 가져준다면 아이는 가족 구성원의 태도와 가족 전체로서의 태도에서 자기를 볼 수 있는 유익을 얻을 수 있다고 하였다(1971: 118). 또한 그는 그의 저서 The Child, The Family, And The Outside World(1987)의 제2부 가족(111 – 176) 부분에서 아버지를 비롯한 가족의 중요성에 대해 자세히 언급하였다. 가족의 중요성에 대해서는 거의 모든 대상관계이론가들이 일치된 견해를 보이고 있다.

어느 시점에 이르러 주변을 살피게 될 때 유아는 어머니의 젖가슴을 바라보는 것이 아니라 어머니의 얼굴을 바라본다. 위니캇은 "유아는 어머니의 얼굴에서 무엇을 보는 것일까?"라고 물으면서 "그 유아는 어머니의 얼굴에서 자기 자신을 바라보는 것"이라고 답변한다.

만일 어머니의 얼굴로부터 적절한 반응을 받지 못한 유아는 창조적 능력이 시들기 시작하며, 그가 표현한 것을 되돌려 받으려고 주변 환경을 살피게 된다. 어떤 유아는 되돌려 받으려는 희망을 아주 포기하지 낳고 대상을 연구한다. 어떤 유아는 이런 형태의 모성적 실패에 자극되어 마치 우리가 날씨를 연구하는 것과 똑같이 어머니의 기분을 예언하기 위해 다양한 어머니의 얼굴 모습을 연구한다. 이때 유아는 눈치를 살피느라 스트레스를 받게 되고 철수를 조직화하거나 하나의 방어로서 지각을 통해서만 모든 것을 보려고 한다.

이와 같은 경험을 한 유아는 어머니 얼굴의 거울반영에 대해 그리고 거울이 제공해 주는 것에 대해 혼란스런 느낌을 지닌 채 자라게 될 것이다. 만일 어머니의 얼굴이 반영해 주지 못한다면 그 거울은 그냥 보이는 것일 뿐 내면을 반영해 주지 못한다. 위니캇의 이러한 어머니 얼굴의 거울반영에 대한 생각은 코헛의 거울 전이 개념과 더불어 리주토의 하나님 표상에 미치는 어머니 얼굴의 거울반영에 대한 이론에서 주된 역할을 하고 있다.

유아가 정서적으로 안정하게 발달하려면 어머니로부터 자아지원을 받아야 한다는 위니캇의 이론과 아이가 출생 후 6년 동안 어머니 품에 머물러야 할 필요성을 역설한 코메니우스의 유아교육론은 어머니 품의 중요성을 인정한 이론이다. 어머니의 품 안에서 어머니의 품성과 덕성을 닮게 되는 유아는 '충분히 좋은 어머니'라는 좋은 환경 안에서 주관적 전능감을 충분히 경험하는 유아와 다르지 않다. "하나님을 경외하는 것과 도덕과 선한 자유로운 기술의 연습을 위한 참된 바탕"(1633: 15)을 어머니의 품 안에서 이룬 유아는 좋은 대상과 환경으로서의 어머니를 경험한 정서적, 정신적으로 안정된 유아와 다르지 않다. 즉 코메니우스가 말하는 보물보다 더 값진 고귀한 존재인 유아는 위니캇이 말하는 어머니의 안전한 품 안에서 어머니 얼굴의 거울반영을 받는 유아의 모습이다.

## 2) 유아의 참자기 형성자로서의 어머니

클라인이 (심리적인) 내적 대상의 중요성을 강조하였다면 위니캇은 (실제적인) 외적 대상의 중요성과 이를 토대로 하여 발생하는 안도 바깥도 아닌 '중간대상'(transitional objects)의 중요성을 강조하였다. 중간대상은 '외적인' 젖가슴을 의미한다. 그러나 그것은 간접적으로 '내적인' 젖가슴을 의미하는 것을 통해서 그러하다. 중간대상은 결코 내적 대상처럼 마술적 통제 아래 있지 않으며, 유아의 실제 어머니가 그러하듯이 유아의 통제 바깥에 있는 것도 아니기 때문이다(1971: 9 – 10).

중간대상은 유아가 가지게 되는 최초의 소유물이다. 이것은 스트레스 상황에서나 잠자러 갈 때 또는 일차적 애정대상, 즉 어머니로부터 감정적으로 분리해 가는 과정에서 사용하는 보통 부드러운 담요나 장난감 등의 물건을 가리킨다. 중간대상은 어머니가 옆에 없을 때 위로해 주고 달래 주는 어머니에 대한 환각을 유지시켜 주는 기능을 하므로 종종 어머니를 생각나게 하는 고유한 냄새와 느낌을 갖는다. 어머니는 자신의 통제 아래 있지 않지만 중간대상은 자신의 통제 아래 있기 때문에 걸음마 유아에게 더 큰 자율성을 준다(American Psychoanalytic Association ed., 1990: 318).

위니캇은 '중간현상'(transitional phenomenon)을 보다 광범위하게 정의했다. 중간현상은 유아의 옹알이나 잠들 때 흥얼거리기 등과 같은 소리 혹은 전적으로 외부 현실에 속하는 것으로 인식되지 않은 물건들을 포함한다. 이러한 소리나 물건들은 원애정대상으로부터 리비도가 전치됨으로 인해 생기는 대상 상실에 대한 불안과 유기 불안을 막아 주는 기능을 한다. 유아는 이전에 확립된 대상의 항상성과 사랑이 의심스러워질 때 사랑과 위로와 안정을 주는 어머니의 환각을 보존해야 할 필요라는 대상관계의 딜레마를 해결하려고 시도한다. 이러한 시도는 걸음마 유아가 담요나 그와 유사한 대상에게 대대적으로 리비도를 집중하고 그것에 대한 배타적인 소유권을 주장하는 현상으로 변형되어 나타날 수 있다(325).

위니캇(11 – 13)에 의하면 증간대상과 중간현상은 경험의 기초가 되는 환상의 영역에 속한다. 젖먹이 유아의 외부 세계와 내면세계가 서로 만나는 바로 그 교차지점에서 환상이 생기고, 환상이 있던 그 자리에 중간대상과 중간현상이 기능을 하는 중간영역이 생긴다.81) 중간대상과 중간현상의 주된 기능은 개개의 인간 존재로 하여금 그들에게 항상 중요한 것, 즉 도전받지 않은(놀이, 예술, 종교 등) 중립적인 경험영역을 갖고 인생을 출발하게 한다. 어떤 인간 존재도 내적 현실, 외적 현실과 관계하는 긴장으로부터 자유롭지 못하고, 이 긴장으로부터 풀려나는 것은 도전받지 않는 중간

---

81) 이것에 대해 위니캇(1971)은 그의 대표적 저서인 Playing and Reality 12쪽에서 그림을 통해 자세히 설명하였다.

144

경험 영역에 의해 제공된다.

유아에게 중간현상이 일어나도록 허용되는 것은 객관적인 지각이 본래 가지고 있는 긴장을 어머니가 직관적으로 인식할 수 있기 때문이다. 그것은 또한 중간대상이 있는, 즉 외부 세계와 내면세계가 서로 만나는 바로 그 교차점에서 중간대상을 창조한 것인지 아니면 발견한 것인지를 묻지 않기 때문이다. 유아는 여기서 완벽한 대상을 창조할 필요성을 느끼고 놀이에 몰두하게 된다. 이때 유아가 창조하는 것이 진정으로 존재한다는 환상을 가질 수 있도록 허용하는 어머니의 특별한 능력이 요구된다(Winnicott, 1971: 14).[82]

유아가 장난감이나 놀이 기구를 가지고 노는 것은 젖먹이 유아와 어머니 사이에서 이루어지는 놀이가 확장된 것으로 볼 수 있다. 그리고 유아가 곰 인형을 가지고 노는 것은 유아가 소설을 쓰는 능력, 기계를 발명하는 능력, 이론을 제안하는 능력을 발달시키는 것으로 볼 수 있다. 위니캇(1971)은 이것에 대해 다음과 같이 말하고 있다:

나는 삶을 즐기고 아름다움 또는 추상적인 인간 작품을 즐기는 고도로 세련된 성인의 능력을 살펴보고 있으며, 동시에 어머니의 입을 더듬어 찾고 치아를 느끼며 어머니의 눈을 창조적으로 바라보는 아기의 창조적 몸짓을 살펴보고 있다. 내 생각에 놀이는 자연스럽게 문화경험으로 인도하고, 그 기초를 형성한다(106).

---

82) 위니캇은 유아가 세상을 창조적인 방식으로 바라보고 놀이할 수 있는 핵심적인 역량을 가리키는 용어로 '일차적 창조성'(primary creativity)이란 말을 사용하였다. 이러한 역량은 '충분히 좋은 어머니'에 의해 제시된 대상세계 안에서 유아가 갖는 경험을 통해서 형성된다(1971: 11).

이러한 위니캇의 견해는 첫째로, 모든 유아의 초기 발달단계에서 유아–어머니 관계가 보호받아야 하며, 둘째로, 모든 유아는 개개의 능력과 정서적 나이와 발달단계에 따라 적절한 문화유산의 요소들과 접촉할 수 있는 준비를 갖출 필요가 있음을 알게 한다(109–110).

놀이[83]를 최소의 리비도적 및 공격적 에너지가 투자되는 자아활동으로 본 위니캇은 놀이를 유아기에 수행해야 할 작업이라고 보았다. 놀이에서만 유아는 창조적일 수 있게 자유로우므로 이를 통해 유아는 창조적 활동과 자기탐색(search for the self)의 작업을 할 수 있다(53). 따라서 이 놀이를 통해 유아는 타고난 성향인 '참자기'(true self)를 표현하고 정교화할 수 있다(American Psychoanalytic Association ed., 1990: 320).

그런데 모성적 돌봄의 실패로 유아의 전능감이 '침범'(impingement)을 당했을 때, 이러한 침범이 장기간 계속되면 유아의 경험이 파편화되어 유아의 타고난 성향인 '참자기'를 표현할 수 없게 된다.[84] 어머니가 유아의 자발적인 욕구와 몸짓을 이해하지 못하고 유아가 원하는 것을 제공하지 않을 때 유아는 자신의 자발적인 욕구와 몸짓을 잃어

---

83) 놀이(playing)는 위니캇의 학문적 발달단계에서 필수적인 하나의 개념이다. 그는 어린이 분석은 놀이를 둘러싸고 구성되어 있다고 하면서 그가 놀이(playing)라는 용어를 명사형으로서의 놀이(play)가 아니라 동명사형으로서의 놀이하기(playing)를 사용하는 것은 놀이(playing)는 행함(doing)이기 때문이라고 설명하였다(1971: 41). 위니캇은 클라인이 어린이 분석에 사용한 놀이어 대해 그 업적을 인정하였지만 그녀가 놀이하는 어린이를 보기보다는 어린이의 놀이 사용, 즉 어린이가 다루는 놀이의 내용에 대해서만 관심을 집중한 것을 지적하였다(39–40).

84) 위니캇(1965)은 이것을 "참자기가 침범되고 멸절되는 유아의 경험은 충분히 좋지 않을 뿐 아니라 불규칙적으로 좋았다 나빴다 하여 유아를 자극하는 어머니에 대한 경험에 속한다."(147)라고 표현하였다.

146

버리게 된다. 그 결과 자발적인 욕구와 몸짓의 근원인 '참자기'는 보아 주거나 반응해 주지 않기 때문에 표현되지 못한 채 마음속 깊은 곳으로 숨어 버리고 순응에 기초한 '거짓 자기'[85]가 나타난다. 이 '거짓자기'는 환경적 요구를 받아들이는 것처럼 보이게 하고 사람들로 하여금 인격이 존재한다는 환상을 갖게 할는지 모르지만 그 인격의 내용은 어머니의 기대와 요구로 채워져 있다. 이때 유아에게는 통각(apperception)[86] 대신 지각(perception)이 자리잡게 된다(Greenberg & Mitchell: 194).

참자기는 창조적인 삶과 연결되어 있고 거짓 자기는 비창조적인

---

85) 거짓 자기의 방어적 기능은 참자기를 숨기고 보호하는 것임을 관찰 결과를 통해 알게 된 위니캇(1965: 142－143)은 거짓 자기의 구조를 다음과 같이 다섯 가지로 분류하였다:
① 극단적인 경우: 거짓 자기는 진짜를 대신한다. 관찰자가 겉모습을 보고 진짜 그런 사람으로 생각하기 쉬운 것은 바로 이 때문이다. 비록 참자기는 철저하게 숨겨져 있으나 전체 인격이 기대되는 상황에서 거짓 자기는 본질적인 무엇인가 결여되어 있는 상태임을 드러낸다.
② 덜 극단적인 경우: 거짓 자기는 참자기를 방어한다. 그러나 참자기는 잠재적 가능성으로 인식되며 비밀스런 삶 속에서 허용된다.
③ 건강을 향해 있는 경우: 거짓 자기는 주로 참자기가 자신의 역량을 발휘할 수 있을 만한 상황을 찾아주는 데 관심을 갖는다. 이 수준에서 거짓 자기의 기능은 모욕으로부터 참자기를 보호하는 것이다.
④ 보다 더 건강을 향해 있는 경우: 거짓 자기는 동일시 위에 세워진다.
⑤ 건강한 경우: 거짓 자기는 감정을 숨김없이 드러내어 말하지 않는 공손하고 예의바른 사회적 태도로 나타난다. 여기에는 전능성과 일반적인 일차과정을 포기할 수 있는 개인의 능력이 있으며, 그 이점은 참자기만으로는 결코 살아갈 수 없는 현실사회 안에서 개인이 있을 수 있는 자리를 제공받는 것이다. 여기서 거짓 자기가 긍정적으로 기능하게 되는데, 즉 참자기를 숨겨 주거나 참자기가 살아갈 수 있는 방도를 마련해 준다.
86) 여기서 통각이란 전체 인격이 참여하는 경험적인 깨달음을 의미한다. 이와 다르게 지각은 방어적인 형태의 지적 활동을 의미한다.

삶과 관련되어 있다. 유아는 놀이를 통해 창조적이 되며, 참자기를 자유롭게 표현할 수 있다(Winnicott, 1971: 53, 65). 그러그로 유아의 참자기를 표출할 수 있는 창조적 놀이 경험을 위해 유아에게 '형태 없음'의 경험을 제공해야 하며, 놀이의 재료인 창조적 충동들과 움직임과 감각의 기회를 제공해야 한다(64).

위니캇의 임상사례 중에 엘리자(Elisa)의 사례[87]를 살펴보면 놀이를 통해 유아의 참자기가 드러나는 과정을 추적할 수 있다.

엘리자는 아들과 딸 모두가 있는 가족의 중간아이였다. 엘리자는 예쁘고 몹시 가냘픈 체격의 소녀로서 7세의 아이가 그렇듯이 매우 귀여워 보였고 매우 독립적이며 위니캇과 맺은 관계를 온전히 신뢰했다. 위니캇과 엘리자는 스퀴글로 놀이를 시작했다. 그림놀이를 통해 모자들에 대한 관심이 되풀이해서 발생하자 위니캇은 엘리자의 어머니와의 면담을 통해 엘리자가 모자 공포증을 가지게 된 사연을 듣게 되었다: 그녀의 어머니는 원치 않게 집을 며칠 동안 떠나 있을 수밖에 없었던 때가 있었다. 그때 엘리자의 나이가 가장 어려서 죄의식을 느꼈던 어머니는 집에 돌아오자마자 모자도 벗지 않고 엘리자가 있는 곳으로 달려갔는데, 엘리자는 정서적으로 얼어붙은 채 어머니의 행동에 전혀 반응을 하지 않았다. 그 후 엘리자는 모자 공포증을 보였고, 여러 달 동안 그녀는 모자를 쓴 여자들 곁을 지나가려고 하지 않았다. 이러한 이야기를 그녀의 어머니를 통해 전해 듣게 되었지만 위니캇은 그의 관심을 엘리자 자신의 자료에만 한정시키고 그림놀이를 진행시켜 나갔다. 그러자 점차로 주요 주제가 뚜렷해졌다. 그것은 엘리자의 성격에서 잃어버린 특성, 즉 '사나운 것'(열여덟 번째 그림)에서 처음 나타났고, 그 후에 꿈에서 어떤 '것'(스물

---

87) Winnicott/이재훈 역(1998). 49–69의 사례 내용 참조.

두 번째 그림)으로 나타났던 사나움과 정확히 관련이 있었다. 이 사나움은 그녀가 어머니의 뱃속에서 자라나고 있다고 상상했던 것에 대한 공포와 관련이 있으며, 섭취하고, 갖고 있다가 배설시키는(또는 전－성기기적) 신체 기능의 관점에 바탕을 둔 것이다. 그것은 또한 그녀 자신의 공격 충동, 새로운 임신 때문에 그녀로부터 철수했던 어머니에 대한 분노 그리고 어머니 뱃속에 있는 무서운 상상의 대상을 두려워하여 생긴 그녀의 공격성과 연결되어 있다. 이 모든 것 배후에는 본능으로부터 오는 대상관계 또는 원시적인 사랑충동에 의해 어머니의 젖가슴 또는 내부에 대한 탐욕적 식욕환상의 내용을 가지고 공격하는 전－역사적인(pre－history) 생각이 있었다. 위니캇과의 그림놀이를 통한 치료과정 후에 엘리자의 원시적인 대상관계 또는 사랑충동은 반응적 분노를 담고 있는 이차적 충동들로부터 충분히 자유로울 수 있었다.

위니캇이 말하는 참자기와 코메니우스가 말하는 전인적 인간성은 일맥상통한다. 엘리자의 사례에서 볼 수 있는 것처럼 참자기는 어그러진 대상관계에서 발생하는 분노와 불안, 두려움으로부터 자유롭게 하며, 창조적인 자아활동을 가능하게 한다. 전인적 인간성 형성은 하나님과 인간과 자연과의 어그러진 관계 속에서 바른 질서를 회복하여 하나님의 형상을 회복하는 것이다. 참자기를 형성하기 위해 헌신적인 모성적 돌봄이 필수적이듯이 전인적 인간성 완성을 위한 교육을 위해서도 어머니의 돌봄과 교육이 필수적이다. 이러한 어머니의 헌신적이고 지혜로운 돌봄을 통해 유아와 어머니 사이에 기본적인 신뢰감이 생겨나는 것도 같은 맥락이다. 초기 발달단계에서 젖먹이 유아와 어머니 사이에 "신뢰가 형성됨으로써 잠재공간이 생겨나고 그 공간 안에서 유아는 창조적으로 놀이할 수 있게 된다.”(1971: 109)라는 위니캇의 말은 유아와 어머니와의 신뢰 관계 형성과 유아의 창조성 그리고 놀이할 수 있는 유아의 능력은 밀접한 관계가 있음을 보여주고 있다. 코메니우스에게 있어서는 놀이가 교육을 위한 방법으로 더 강조되고 있기는 하다. 그러나 위니캇이 놀이를 통해 유아의 창조성이 피어나고 문화, 예술, 종교에로 이끈다며 놀이의 중요성을 강조한 것은 놀이를 통해 유아를 즐겁고 자유하게 하려는 코메니우스의 의도와 통한다.

## 4. 리주토의 유아와 어머니 이해

리주토는 대상관계이론을 하나님과의 관계와 신앙의 문제와 관련시켜 연구하였다. 리주토의 연구는 상당한 논쟁을 불러일으켰으나 정신분석학적 대상관계이론을 사용하여 신학과의 대화를 모색한 맥다그(J. McDargh)는 리주토의 공헌을 인정하였다. 그는 리주토가 대상관계이론을 하나님과의 관계에로 접근시킨 것은 첫째로, 대상관계이론이 신앙의 인간적인 측면에 대해 일관성 있는 심리학적 설명을 제공하고 있기 때문이며, 둘째로, 대상관계이론이 종교 경험 안에 있는 핵심적 요소, 즉 하나님이라는 신앙의 대상에 대해 고려하도록 이끌기 때문이라고 하면서 리주토의 작업을 긍정적으로 평가하였다(Clair, 1994: 29).

대상관계이론과 신 표상형성과의 관련성을 논의함에 있어서 현대 대상관계이론과 종교의 관계를 살펴볼 필요가 있다. 대상관계이론과 종교의 관계를 연구한 죤스(1991)는 라틴어 religo에서 유래한 종교(religion)라는 용어를 가지고 종교와 경험과의 관계를 설명하였다. 즉 religo는 다른 것들 사이에서 '함께 모으다(묶다)'라는 뜻으로서 철학적으로든 심리 역동적으로든 간에 종교는 경험을 함께 묶는 것이라고 정의하였다(68 - 70). 그는 리주토(1979)의 다음과 같은 말을 인용하면서 종교의 중요성에 대한 그의 견해를 피력하였다.

> 적어도 종교는 하나의 환상(illusion)[88]이 아니다. 그것은 보이지는 않지만 의미를 가지고 실재하는 것들을 창조해 내는 능력을 가진 참된 인간에게 없어서는 안 될 부분이다. ……인간에게 그러한 상상의 실재들이 없다면 인간의 삶은 단조로운 동물과 같은 실존이 될 것이다(47). ……환상과정과 이차과정을 통해서 부모원상들을 하나님 표상으로 정교화하고 재작업하는 것은 유아가 부모로부터 분리 - 개별화하고 또한 부모들과 새롭게 동일시하는 끝없는 과정과 깊이 관련되어 있다는 점에서 개인이 신앙을 포기하는 것은 자기 자신이기를 중지하는 것과 마찬가지라고 나는 추정한다(51).

1963년에 한 신학교로부터 신앙의 심리학적 기초들에 관한 강좌를 맡아 달라는 요청을 받은 리주토는 자신의 학문적 관점을 통해 종교를 바라보는 일에 관심을 갖기 시작했다. 그녀는 강좌를 맡아 가르치는 동안 초기 성격 형성기에 유아가 경험하는 요소들이 하나님에 대한 신앙을 촉진시키기도 하고 방해하기도 한다는 사실을 밝히는 문제와 씨름하였다 그러던 중에 하나님 표상을 형

---

88) 프롬(E. Fromm, 1950)은 프로이드가 「환상의 미래」(The Future of an Illusion, 1927)에서 종교를 환상이라고 비판한 것은 "종교가 인간을 구속하고 그것에 종속시켜 인간이 인간실존의 숭고한 과업인 자유와 독립을 성취하는 것을 방해하고 있다는 데에 있었다."(148)라고 언급하였다.

성하는 데 부모가 영향을 끼친다는 프로이드의 통찰에 영감을 받아서 개인 정신병원에 입원한 20명 환자들을 대상으로 연구를 진행하였다. 그녀는 연구를 시작함에 있어서 개인의 육신 아버지를 하나님과 연결시켰던 프로이드의 견해를 토대로 자신의 기본적인 가설을 세웠다. 즉 사람들은 어린 시절에 형성된 초기 관계들의 기초 위에서 자신의 신을 창조한다는 프로이드의 주장을 토대로 사람들은 유아기에 겪은 부도와의 관계 경험과 그들의 하나님 이미지 및 하나님과의 관계 경험 사이에 평행이 존재한다는 가설을 세웠다(20).[89]

리주토는 이러한 가설을 토대로 한 개인의 발달과정에서 하나님 표상이 어떻게 생겨나는지 그리고 그의 전 생애에 걸쳐 이 표상이 어떻게 사용되는지를 연구하기 시작하였다. 연구를 위해 그녀는 어린 시절에 경험하는 부모의 관계로부터 시작해서 하나님의 이미지를 창조하는 데 이르기까지 개인이 겪는 관계 경험들을 조사하였다. 이러한 연구조사 과정을 통해 하나님 표상이 형성되는 과정을 추적할 수 있게 되었는데 그녀는 이것을 '살아 있는 신의 탄생 과정'이라고 불렀다. 이 살아 있는 하나님 표상은 그 상의 토대였

---

89) 클레어(Clair, 1994)는 대상관계이론을 종교 발달과 관련시켜 연구하는 시도에 대해 다음과 같이 평가하였다: "제임스 파울러(J. Fowler)는 다양한 신앙 발달의 수준에 대해서 말했다. 그러나 그의 방법론과 범주들은 일차적으로 신앙의 내용과 신학적인 문제에 초점이 맞추어져 있으며, 정신분석적인 관계의 개념을 사용하지 않았다. 프로이드는 정신분석학적인 통찰을 종교에 적용하였지만 그 시도는 부분적으로 제한된 발달적 성취들을 반영하는 좁은 범위의 건강하지 않은 종교행위들에 초점을 맞춘 것이기 때문에 적절한 시도라고 할 수 없다. 대상관계이론과 같은 후기 프로이드 학파의 모델은 발달에 대해 보다 풍부한 통찰을 갖고 있으며, 따라서 인간 영성에 대한 보다 많은 깨달음을 제공한다."(49)

던 어머니나 아버지에 대한 상들보다 더욱 자상하게 달래 주고 위로해 주며, 더욱 많은 용기를 불어넣어 주고 영감을 불러일으키는 새로운 근원적 표상임이 발견되었다. 리주토는 그녀의 이와 같은 임상적 관찰 연구결과를 한 권의 책으로 내었는데 그것이 바로 「살아 있는 신의 탄생」(The Birth of the Living God, 1979)이다. 그녀는 저자 서문에서 "이 책은 한 개인의 발달과정에서 하나님 표상이 어떻게 생겨나는지 그리고 그의 전 생애에 걸쳐 이 표상이 어떻게 사용되는지에 대한 임상 및 이론적 연구결과들에 대한 보고를 담고 있다."라고 밝히고 있다. 이 책에서 리주토는 한 개인 안에서 발생하는 살아 있는 신의 심리적 탄생은 질서정연한 법칙을 따르는 매혹적인 과정으로 보고 그 법칙을 두 가지 관점, 즉 하나는 현상학적 관점에서 서술적으로 기술하고, 다른 하나는 개인의 심리적 균형이라는 관점에서 역동적으로 보여준다. 그녀는 현상학적 관점에서 볼 때, 신 표상의 심리적인 현상은 성숙의 문제에 관심을 갖게 한다고 한다. 즉 그것은 개인이 공생단계로부터 성숙한 대상관계로 발달해 가는 발달 심리의 상태가 어떤 것인지에 대해 관심을 갖게 한다는 것이다.[90] 개인의 심리적 균형이라는 관점에서 볼 때, 신 표상은 리비도적이고 공격적인 원망들(id)을 위한 표적으로 사용되는 것과 조절하고 통제하는 초자아의 기능을 갖는 것 사이를 왕복한다고 한다. 즉 사랑받고, 인정받고, 지도받고자 하는 원망과 시끄럽고 반역적으로 거절하며 의심하고 독립하고자 하는 표현 등이 번갈아 나타난다는 것이다.

---

90) 클레어(1994)는 "개인의 대상관계의 발달단계들은 그것과 함께 발달하는 개인의 종교 경험과 그가 하나님과 맺는 관계를 형태 짓는 데 관련된다."(33)라고 하였다.

리주토는 전-오이디푸스기 동안에 이루어지는 정서 발달과 인지 발달에 대한 지식을 통해서, 특별히 아이가 대상에 대해 갖는 지적 및 정서적 항상성의 능력에 기초해서 표상을 형성하는 능력이 프로이드가 생각했던 오이디푸스 시기보다 더 이른 시기에 형성된다는 사실을 인식하였다. 즉 리주토는 그녀의 임상연구 결과 다음과 같은 사실들을 확인하게 되었다:(43) 첫째, 자기의 내적 심리 구조들과 대상 표상들은 발달 초기에 확립된다. 둘째, 개인이 생의 초기에 경험한 어머니 및 다른 중요한 인물들과의 초기 관계 경험이 하나님과의 관계성을 조명해 준다.

## 1) 유아의 자기 표상과 대상 표상으로서의 어머니

대상 표상이란 개념은 프로이드가 처음 사용하였으나, 리주토는 융(C. Jung)[91]을 따라서 대상 표상을 '원상'(imago)이라고 명명하였다. 원상은 주체의 내부 상태와 역동에 따라서 다른 사람들에 대한 주관적인 이미지들이 생성된다는 사실을 강조하기 위해 분석 심리학에서 image 대신에 사용되는 용어이다. 원상은 많은 이미지들(예를 들어 부모의 이미지)이 부모와의 실제적인 개인 경험에서 생기는 것이 아니라 무의식적 환상에 기초하거나 원형들의 활동에

---

91) 죤스(Jones, 1991)는 리주토와 융의 출발점이 달랐음에도 불구하고 리주토가 내린 결론은 융의 생각을 반영한다고 평가하였다. 즉 인간은 본래 종교적(homo religious)이기 때문에 발달단계에서 자연적으로 종교의 부분이 나타난다는 것, 종교적 신념은 병리적인 증상을 나타낼 뿐만 아니라 건강의 표시일 수도 있다는 것 그리고 하나님 원상(imago)과 원형(archetype)의 주요한 심리학적 기능을 자기통합(self-integration)과 응집력(cohesion)으로 본 것을 말한다(74).

서 유래한다는 사실을 강조한다. 원상은 콤플렉스를 구성한다. 예를 들어, 어머니 원상은 자신의 취약한 초기 경험들을 긍정적인 축과 부정적인 축을 둘러싸고 조직하려는 유아의 선천적인 경향성을 나타낸다. 긍정적인 축에는 모성적 돌봄과 공감, 부정적인 축에는 비밀스럽고 어두운 어떤 것, 유혹하며 타락시키는 어떤 것이 모인다. 발달적 관점에서 보면 이것은 어머니의 이미지가 좋은 측면과 나쁜 측면으로 분열되는 것을 의미한다. 그러나 이상적일 경우, 유아는 자신의 어머니가 분리될 수 없는 하나의 전체라는 사실을 받아들이며, 어머니에 대한 상반된 지각을 하나로 통합시킨다. 원상이란 용어는 정신분석에서 자기 표상 또는 대상 표상을 의미한다.[92]

리주토는 샌들러(Sandler, 1960)의 말을 인용하여 원상에 대한 그녀 자신의 견해를 대신하고 있다:

> 어머니의 내적 원상(imago)은 대상관계의 대체물이 아니라 그 자체로서 대상관계의 필수불가결한 부분이다. 이 원상 없이는 (심리적인 의미에서) 어떤 대상관계도 존재하지 않는다. 이 원상은 그 자체로서는 유아에게 진정한 욕구충족의 자원이 되지 않는다. 진정한 의미에서 욕구 충족의 자원은 바로 그 어머니 혹은 그 어머니 관념에 부합하는 어떤 대상이다(198).[93]

대상과 관계 맺는 과정과 대상을 표상화하는 과정을 이해함에 있어서 리주토(1979)는 그녀가 동료들과 함께 관찰한 결과를 토대로 대상과 표상의 관계에 대해 다음과 같이 정의하였다:

---

92) American Psychoanalytic Association ed., 1990: 182 – 183에서 인용.
93) Rizzuto, 1979: 82에서 재인용.

우리가 관찰한 바로는 대상 없이는 표상이 존재하지 않으며, 표상 없이는 대상도 존재하지 않는다. 달리 말하면, 위니캇이 말한 역설적 개념처럼, 우리는 우리가 발견하는 대상을 만들어 낸다(we create the objects we find). 만일 우리가 대상 표상이 무엇인가—그 도식, 실체, 구조 등—를 이론화하는 보다 추상적인 작업을 원한다면, 우리는 플라톤도 비트겐스타인(Wittgenstein)도 정답을 찾지 못했던 인식론이라는 아주 혼돈스럽고 낯선 세계에 발을 들여놓게 된다는 사실을 알아야만 한다. ……그리하여 우리는 대상 표상이 하나의 구조나 실체라기보다는 마음에 떠올려진 복합적인 과정 또는 한 개인의 방어적인 목적이나 적응적인 기제에 의해 억압된 과정이라고 간주하게 되었다(83).

이와 같이 자기 및 대상 표상에 대한 개념을 정리한 리주토는 발달 시기와 대상 표상의 관계에 대해 주의를 기울였다. 그녀는 말러(1975)가 어머니-아기의 공생적 단일체로부터 분리-개별화 과정이 어떻게 일어나는지를 설명함으로써 유아의 내적 대상 표상으로서의 어머니에 대해 정확하게 진술하였다고 평가하였다. 리주토(1979)가 긍정적으로 평가한 말러의 진술은 다음과 같다:

유아의 심리내적 경험은 어머니와 심리적으로 융합된 상태의 경험이다. 그 융합은 자기 표상과 어머니의 표상이 융합되어 있는 상태이다. 여기에서 본질적인 요소는 어머니가 반영해 주는 경험인데, 그것은 어머니가 유아를 칭찬해 주고 안아 주고 입 맞추어 주는 행동을 통해서 사랑과 돌봄을 주는 것을 말한다. 따라서 최초의 대상 표상들은 어머니의 표상들이다(8).

이러한 말러의 진술은 케스턴버그(Kesternberg, 1971)가 "유아는 연속적인 분리-개별화 과정을 통해 자신과 어머니가 신체상으로 연합된 이미지로부터 벗어나 자기 표상과 대상 표상을 형성하게 된다.”(77)라는 진술에 의해 더욱 확실해진다. “최초의 대상 표상들은 어머니의 표상들”(1975: 8)이라는 말러의 견해와 “개인의 초기 관계 경험이 하나님과의 관계성을 조명해 준다.”(1979: 43)라는 리주토의 견해는 개인이 발달단계에서 경험한 관계들과 사건들이 어떻게 개인의 종교 경험과 하나님과의 관계에 극적으로 영향을 끼치는지를 연구하는 발달 이론이라는 것을 확인시켜 준다(Jones, 1991: 25 – 26). 또한 자기 및 대상 표상으로 기능하는 어머니 역할의 중요성은 유아에게 있어서 어머니와의 관계를 통한 경험이 얼마나 중요한 것인가를 알게 한다.

코메니우스는 앞에서 이미 살펴보았듯이 유아의 신앙교육을 매우 강조하고 자세히 다루었다. “유아들이 경건성을 지니도록 지도하는 것이 필수적이다.”(1666: 184) “유아들은 부모의 모습을 보고 배워야 한다.”(184) “기회가 있을 때마다 유아들에게 하나님에 관해서 말해 주어야 한다.”(185)라고 어머니들에게 가르쳤다. 물론 코메니우스는 의도적인 신앙교육을 더 많이 언급했지만 어머니 자신이 겸비해야 할 경건의 모습, 자녀에게 훌륭한 모범을 보여야 할 모습을 통해서 자녀에게 비의도적인 신앙교육을 하도록 권하였다(183). 이러한 코메니우스의 가르침은 결국 신앙교육도 어머니와의 바람직한 관계를 통해서 이루어진다고 본 것으로 이해할 수 있다.

## 2) 유아의 하나님 표상 형성자로서의 어머니

리주토는 어머니와의 경험으로부터 오는 하나님 표상의 초기 형성과정을 설명하기 위해 ‘거울 전이’(mirror transference)[94]라는 코헛의 개념(1977: 185 – 188)을 사용하였다. 유아의 초기 자존감은 어머니의 반응에서 거울 반사되는 자기(self)를 봄으로써 성장한다. 그녀에 의하면, 이 초기의 반사 경험은 응집된 자존감의 기초를 형성하는데 이 응집된 자존감의 표상은 하나님 표상의 핵심에 위치한다.[95] 만일 거울이 깨지거나 흐려진다면 자기의 의미는 왜곡될 것이다. 따라서 어머니와의 경험이 핵심이 되어 거울반사를 하게 되어 대상 표상들을 형성하게 되고 그것이 기초가 되어 하나님 표상이 형성된다.

여기서 위니캇(1971)이 "개인의 발달에 있어서 거울의 초기 형태는 어머니의 얼굴"(111)이라고 하면서 어머니 얼굴이 유아의 내면을 반영해 주어야 하는 필요성을 강조한 것을 되짚어 볼 수 있다. 어머니 얼굴의 '거울반영'에 대한 위니캇의 견해는 어머니의 인정과 수용을 받고자 하는 유아의 욕구를 만족시키기 위해 필요한 코헛의 '거울 전이' 개념과 맥을 같이한다.

발달적 관점에서 최초의 하나님 표상은 유아의 실제 좋은 어머니 또는 유아가 소망하는 좋은 어머니로부터 만들어진다. 이 하나님은 친절하고 사랑이 많으며 항상 함께하는 분이다. 두세 살경에 경험

---

94) 코헛은 자기(self)관을 발달시키는 데 세 가지 기본적인 관계의 욕구가 필요하다고 하였다. 그것은 첫째, 크고 이상적인 현실과 연관되고자 하는 욕구, 둘째, 인정과 수용의 욕구, 셋째, 다른 사람들도 우리와 똑같다는 경험에 대한 욕구이다. 이러한 욕구들을 만족시키기 위한 자기대상 전이들 세 가지, 즉 이상화 전이, 거울 전이, 쌍둥이 전이 중 거울 전이는 인정과 수용의 욕구를 만족시키기 위해 필요하다고 설명하였다. Jones, 1991: 33 참조.

95) 리주토(1979)는 "자존감의 의미는 사실상 존재 자체의 의미를 유지시키는 데 근본이 되는 하나님 표상과의 변증법적인 상호작용에 있다."(5)라고 진술하였다. 왜냐하면 유아에게 있어서 응집된 자존감의 발달은 하나님의 표상을 거울로 사용하기 때문이다.

하게 되는 종교 경험은 어머니에 대한 실제 경험으로부터 파생된 것이며 떼려야 뗄 수 없이 연결되어 있다. 유아가 어머니와 함께 경험한 기본적 신뢰는 사랑이 많은 하나님을 믿는 신앙의 기초로 사용된다(Meissner, 1984: 139). 여기서 만일 자라나는 유아가 초기 발달 경험을 통해서 신뢰감을 형성한다면 그 유아는 다양한 관계성 안으로 들어갈 때 안전하다고 느끼고, 하나님과도 안정적인 관계를 맺게 된다고 한 클레어(1994: 18)의 생각에 동의하게 된다. 클레어 는 공생과 분리-개별화의 개념으로 설명되는 유아의 심리적 탄생 과정에 대한 말러의 견해와 하나님 표상의 발달과정을 추적한 리주 토의 견해를 연결시켜 유아의 심리 발달과정과 하나님 표상 발달과 정을 설명하였다. 그는 또한 위니캇의 견해와 리주토의 견해를 연 결시켜 유아의 정서적 발달과 하나님 표상 발달과정을 설명하였다. 즉 생의 초기에 유아가 보이는 어머니에 대한 절대적 의존은 점차 적으로 상대적 의존을 거쳐 다른 사람과 성숙한 관계를 맺을 수 있 도록 독립을 향하여 점진적으로 옮겨 간다는 위니캇의 이론을 하나 님 표상은 인간관계의 발달과 함께 발달하며, 하나님 표상의 원천 들은 일차적으로 부모와의 관계 경험에서 나온다는 리주토의 이론 과 연결시켰다(34).[96] 클레어의 이러한 학문적 업적은 유아의 심리

---

96) 클레어는 세 단계로 유아의 심리적 발달 과정과 하나님 표상 형성과 정의 상관관계를 설명하였다(1994: 34-44).
  (1) 초기단계: 삶의 초기 몇 주 동안 유아는 자기와 자기가 아닌 것 을 구별하지 못한다. 이 시기의 유아는 몸의 기억과 전-언어적 경 험들을 가지고 있을 뿐이며, 어머니와 심리적으로 융합된 상태, 즉 자기 표상과 어머니의 표상이 융합되어 있는 상태에 있다.
  (2) 초기 심리적 분화단계: 이 단계는 '좋은' 자기 표상과 '나쁜' 자 기 표상이 하나의 전체적인 자기 개념에 통합되고, '좋은' 대상 표상 과 '나쁜' 대상 표상이 전체 대상 표상 안에 통합됨으로써 끝이 난

적 탄생 이론과 유아의 정서 및 자아 발달 이론이 하나님 표상 발달 이론과 밀접한 상관관계가 있음을 보여준다. 또한 유아의 심리 발달, 정서 및 자아 발달 그리고 신앙 발달에 미치는 어머니 역할의 중요성을 통일성 있게 다룰 수 있는 길을 제시해 준다. 만일 유아의 최초 대상이 이상화된 부모상 또는 이상화된 대상이라면 하나님 표상의 지배적인 특징들은 부모표상의 특성들을 공유한다. 이러한 견해를 발전시켜 클레어는 다음과 같이 어머니 이미지와 하나님 이미지와의 상관관계를 다음과 같이 언급하였다:

어머니가 유아를 보호해 주고 사랑한다면 유아는 사랑이 많고 친절한 하나님 이미지를 형성한다. 반대로, 어머니가 유아에게 벌을 주거나 무섭게 대한다면, 유아는 두려움과 회피의 이미지들을 어머니에게 부착시키며, 또한 두려움과 경외감을 자아내는 이미지들을 하나님 표상에 부착시킬 것이다. ……긍정적인 어머니 이미지들이 우세하다면 긍정적인 종교 경험을 할 가능성이 높아진다(36).

---

다. 물론 이 단계에서 자기의 분화가 이루어지고 있지만 이 자기는 아직 완전히 응집적이지도 않고 통합되어 있지도 않다.

(3) 자기 표상과 대상 표상의 통합 그리고 더 수준 높은 심리 구조의 발달: 이 시기는 개인으로서 출현하는 응집적 자기를 공고화하는 시기로서 3세 후반부터 6세까지 지속된다. 이 시기는 말러가 말하는 발달과정에서 연습기, 재접근기, 대상 항구성기 등 하위단계들과 겹친다. 이 단계에서 형성되는 하나님 이미지는 이 전 단계에서의 양태보다는 덜 모성적이고 부성적인 특징을 띠게 된다. 이것은 이 시기의 유아가 아버지에 대한 오이디푸스적 불안을 경험한다는 사실을 보여주는 것으로 볼 수 있다. 만일 유아의 아버지가 가족 내에서 아주 강력한 인물이어서 유아를 압도한다면 유아는 두려움과 경멸의 특징들을 지닌 하나님 표상을 형성하게 된다. 그러나 이 시기에 오이디푸스적 갈등들이 해소되고, 부모상이 탈성화되고, 신성을 지닌 존재로 고양된다면, 유아는 성인이 되어서도 하나님과의 가장 즐겁고 만족스러운 관계를 맺을 수 있게 된다.

유아가 어머니와 갖는 관계가 생애 전체를 통해서 반복된다는 말러의 견해를 아버지 혹은 다른 일차적 대상에게 적용시켜 유아의 하나님 표상 형성과정과 연관 지어 설명한 것은 리주토(1979)의 공헌이다. 그녀는 만일 유아의 최초의 대상 표상이 이상화된 부모상이라면, 하나님 표상의 지배적인 특징들은 부모 표상의 특성들을 공유한다고 주장하였다.[97]

> 나는 전－오이티푸스기 유아가 일차적 대상 표상들과 자기감 사이의 끊임없는 변증법적 과정들을 통해서 '무엇보다도' 그리고 누구보다도 크고 강한 부모를 '닮은' 존재에 대한 표상을 형성하게 된다고 추정한다. 이 존재는 유아의 마음속에서는 보이지 않지만 살아 있는 실재가 된다. 부모가 유아에게 신에 관해 자주 언급해 주고 유아를 주일학교에 보낼 뿐만 아니라 부모 자신들이 예배에 참석한다는 사실은 유아에게 깊은 인상을 심어 준다. 왜냐하면 유아에게 있어서 부모는 눈으로 볼 수 있는 가장 위대한 존재들이기 때문이다. 이 모든 요소들이 신의 실재에 대한 느낌을 창조하는 데 사용되며, 따라서 이 느낌은 불가피하게 부모의 실재 및 그들의 성격과 연결되어 있다. 게다가 이 신은 부모와 유아 모두가 복종해야 하는 모든 사람의 '초자아'와 법의 제정자가 된다. 유아에게 있어서 이 보이지 않는 존재에게 무릎을 꿇고 존경과 경의를 표하며 헌신을 약속하는 부모의 모습을 바라보는 것은 가장 인상 깊은 경험이 된다(50).

리주토의 이러한 생각들은 "하나님은 가정 안에서 발견되고 부모에 의해 유아에게 제공된다."라고 하며, "마침내 유아들은 하나

---

97) 프로이드도 신의 문제를 다루는 데 있어서 부모 모두가 중요하다는 사실을 지적했으나 신 표상의 원천으로서의 아버지에게만 초점을 맞추었다. Rizzuto, 1979: 50 참조.

님이 거하시는 곳으로 간주되는 공식적인 '하나님의 집'으로, 곧 교회로 인도된다."라고 말한 것(8)과 연결된다. 이러한 리주토의 견해는 다음과 같은 코메니우스(1666)의 말과 함께 가정에서의 신앙교육의 중요성을 다시 한 번 돌아보게 만든다.

유아들이 사는 집은 작은 교회가 되어야 한다. 여기에서 아침과 저녁으로 모여서 기도하며, 하나님을 생각하고 찬양하며, 하나님의 말씀을 읽고 경건한 대화가 오고 가야 한다. 또한 부모들은 유아들을 교회에 데려가기 시작해야 한다(184).

# 제 7 장
## 코메니우스의 교육사상에 나타난 유아와 어머니 이해의 대상관계이론적 재해석

코메니우스가 생존했던 당시 어린이와 여성은 교육의 대상에서 소외되어 있었음에도 불구하고 그가 유아와 어머니를 중심에 두고 범교육을 발전시킨 것은 그의 교육사상의 위대함 가운데 하나로 평가할 수 있다. 앞에서 살펴보았듯이 하나님의 탁월하고 완전한 피조물인 인간의 목표는 하나님 형상을 회복하여 본래의 인간성을 회복하는 데 있고, 이것을 이루기 위해 교육이 필요하다는 것이 코메니우스의 교육적 관점이다. 이러한 교육의 목적을 이루기 위해 지성과 덕성 그리고 경건성을 위한 훈련과 연습이 필요한데 이것은 어릴 때부터(더 정확히 말해 어머니의 태중에서부터) 이루어져야 한다 (1633: 46－47). 그 이유는 "씨를 뿌리는 데 적합한 시기는 인생의 첫 시기이기 때문"(1666: 173)이며, "초기에 모든 것이 결정되기 때문"(169)이다. 어머니 품에서 이루어지는 교육은 코메니우스의 저서에서 '어머니 학교'(1657: 193), '유아기 학교'(1666: 162)로 명명되었다. 어머니가 이 학교에서 6년 동안 유아의 주의 깊은 인격 형성을 위해 유아 특성에 맞게 어떤 가르침을 어떤 방법으로 가르쳐야 하는가를 제시한 것이 그의 유아교육론이다.

본 장에서는 코메니우스가 그의 유아교육론에서 언급한 것들 가운데 대상관계이론에 의해 현대적으로 재해석될 수 있는 주요 개념들을 비교 논의하고, 이러한 작업을 통해 얻은 결과물을 가지고 유아와 어머니교육을 위한 재구성의 가능성을 모색해 보고자 한다.


## 1. 유아와 어머니와의 관계성과 그 영향

유아와 어머니와의 관계성을 연구한 말러와 위니캇은 그들의 임상 연구를 통해 유아는 생의 초기에 어머니에게 절대적으로 의존하는 관계를 맺다가 점차적으로 다른 사람과의 관계에로 옮겨 간다는 유아의 심리적 탄생과정과 발달과정을 관찰할 수 있었다. 이러한 관찰결과는 리주토로 하여금 유아의 하나님 표상의 발달과정인 '살아 있는 하나님의 탄생'과정을 추적할 수 있는 이론적 토대가 되었다.

그들은 연구결과 초기 어린 시절에 유아-어머니와의 관계가 개인의 심리적 정서적 종교적 영역에 얼마나 절대적인 영향을 미치는가를 확인하게 되었다. 즉 그들은 연구결과들로써 어머니의 품 안에서 경험한 유아의 관계 경험이 유아의 심리발달과 정서발달 그리고 신앙 형성에 있어서 매우 중요한 영향을 끼친다는 사실을 확인할 수 있었다. 우리는 그들에게서 유아의 욕구에 대한 어머니의 완벽하고 충분한 반영, 유아의 최초 환경인 어머니의 젖가슴과 품, 유아가 어머니와의 좋은 관계 및 돌봄의 경험에서 획득하게 되는 기본적인 신뢰감 형성, 유아에게 놀이를 제공해야 하는 필요성 및 놀이의 중요성에 대한 개념들을 찾아낼 수 있다.

이러한 개념들은 코메니우스에게 있어서도 마찬가지로 발견된다. 코메니우스는 유아가 태어나 어머니의 품에서 어머니의 젖으로 영양을 공급받아야 한다는 것을 강조하였다. 이것과 함께 유아는 어머니의 품에서 어머니의 품성과 덕성을 닮아야 하며, 어머니의 무릎에서 지성과 덕성 그리고 경건성을 위해 다양한 방법으로 양육되어야 할 것을 강조하였다. 여기서는 말러, 위니캇, 리주토에게서 강조되고 있는 개념들을 가지고 코메니우스의 유아와 어머니 관계에서 중요하게 제시되고 있는 부분을 비교 논의하고자 한다.

## 1) 어머니의 품과 신뢰 형성

하나님은 하나님의 씨(말2: 15)라 부른 유아를 어머니의 젖가슴과 품에 안기셨다. 태어나서 어머니의 젖가슴과 품에 안긴 유아에게는 모유수유가 필요하다. 하나님이 어머니에게 젖을 주신 것은 세상에 태어날 유아에게 양식을 공급하기 위해서이다(1666: 169). 그러므로 유아에게 우유를 먹이는 것은 하나님의 창조질서를 어기는 것이다. 유아에게 모유를 먹이지 않으면 어머니 자신의 건강에도 해롭다. 젖먹이는 어머니의 의사이기 때문에 어머니의 몸 안에 있는 병을 유발시키는 나쁜 물질을 빨아들이기 때문이다(1633: 82). 유아는 유모의 젖을 먹는 것보다 친모의 젖을 먹는 것이 더 건강하다. 왜냐하면 유아는 뱃속에서 어머니의 피를 통하여 양분을 공급받는 것에 익숙해 있기 때문이다(80). 또한 유아는 어머니의 품에 안겨 어머니의 젖을 먹음으로써 어머니의 특성과 덕성을 닮게 되고(81), 어머니로부터 예의바름을 배우게 되기 때문이다(82). 그러나 코메니우스는 친모가 나쁜 기질이 있어 쉽게 분노하거나 우울증에 걸린 경우 유아는 다른 사람의 품에서 자라는 것이 더 낫다고 판단하였다(81).

이러한 관점은 대상관계이론의 관점에서 볼 때 매우 타당하다. 유아는 어머니가 정서적으로 불안정하게 되면 어머니와의 공생궤도 안에 안전하게 닻을 내리지 못하고 불안과 불만족을 느끼게 된다(Mahler, 1975: 52). 우리는 이러한 예를 말러가 제시한 브루스의 사례를 통해서 볼 수 있었다. 브루스의 어머니는 첫 번째 아기에 대해 보통의 어머니가 불안해하는 것보다 더 불안해하였고 불안 강박증 증세를 보였다. 그래서 어머니와 아기 모두 공생단계에서 모유수유의 짧은 기간을 즐기지 못했으며, 브루스는 어머니 젖보다 고무젖꼭지를 더 좋아했다. 브루스는 어머니의 몸에 자신을 잘 맞추지 못하고 근육도 경직되어 있는 불안한 아이가 되어 갔다(Mahler, 1975: 124).

유아와 어머니 젖가슴과의 관계를 추적한 위니캇에 의하면 어머니는 유아에게 젖을 물림으로써 그녀의 잠재된 젖먹이기 충동을 제공한다. 유아의 욕구에 대한 어머니의 적응이 충분히 좋기만 하다면, 그것은 유아로 하여금 자신의 창조적 능력에 상응해 주는 외적 실재가 있다는 환상을 갖게 한다. 이때 유아는 심리적으로 자신의 일부인 젖가슴으로부터 젖을 받고 있고, 어머니는 자신의 일부인 유아에게 젖을 주고 있는 것이다(1971: 12). 위니캇은 수유와 관련하여 다음과 같이 말하고 있다:98)

한 번도 젖을 먹어 보지 못한 유아를 상상해 보라. 배가 고프게 되고 그 유아는 무엇인가를 마음에 막 그리려 하고 있다; 그 유아는 욕구로부터 만족의 근원을 창조할 준비가 되어 있다. …… 그 순간에 엄마가, 유아가 무엇인가를 기대하려는 곳에 젖가슴을 갖다 놓는다면 그리고 유아가 오랫동안 입과 손으로 후각으로 불룩한 젖가슴을 느낄 수 있다면, 그 유아는 거기서 발견된 것을 바로 자기가 '창조'한 것으로 경험한다. ……유아는 엄마에게서 젖떼기 전까지 수천 번 외적 실재에 대해 특별히 소개받는 일을 제공받는다. 수천 번, 원하던 것이 창조되고 거기에 있다는 것을 느끼게 된다. 여기에서부터 세상은 원하고 필요로 하는 것을 담고 있다는 믿음이 자란다.

---

98) Winnicott(1947). Further Thoughts on Babies as Persons. London: Heinemann. Davis & Wallbridge, 1981: 59에서 재인용.

젖가슴은 존재함(being)의 상징이다. 그러므로 어머니 젖가슴과의 관계에서 유아가 충분히 만족을 못 하게 되거나 실망을 하게 되면, 유아는 존재의 멸절 위협을 느끼게 된다(81). 즉 유아는 모유수유를 통해 어머니와 인격적 관계를 경험하고, '전능감을 경험할 수 있는 짧은 기간'을 갖는다(Davis & Wallbridge, 1981: 57, 59). 이 수유경험을 통해 유아는 어머니와의 신뢰감을 형성하게 된다. 그러므로 '대상관계'는 실제적으로 '인격적 관계'라는 개념을 가진다고 말할 수 있다. 위니캇(1971)은 유아가 최초의 대상인 어머니와 맺는 인격적 관계의 중요성에 대해 사례(15 – 20)를 통해 보여주었다. 유아의 어머니가 우울한 사람이면 유아가 정서적으로 상처를 입게 된다는 것이다. 생의 초기에 어머니를 통해 입게 되는 심리적 상처는 유아의 인격 성장과 발달에 있어서 '분열성 인격' 장애를 가져오게 한다(67).

그런데 어머니의 젖가슴과 품에서 형성된 신뢰감은 하나님과의 관계 형성에 긍정적인 영향을 끼친다. 하나님과의 관계성을 조명하기 위해 개인이 경험하는 생의 초기 대상관계에 대해 관심을 가진 리주토는 어머니에 대해 가지는 원상(imago)이 어머니와의 대상관계에서 필수적인 부분인 대상 표상이 된다는 샌들러(J. Sandler)의 말에 귀 기울였다(1979: 82). 이 대상 표상을 다시 불러일으켜서 유아기 시절의 요소들을 재평가하는 작업을 통해 리주토는 유아가 어머니와 최초로 맺게 되는 관계 경험의 중요성을 확인하게 되었다(83). 즉 그녀는 더글라스 오더피의 사례를 통해 그의 신 표상과 좌절을 주는 어머니가 영원히 연결되어 있는 것을 보게 되었다.

유아가 최초로 경험하게 되는 어머니의 젖가슴과 품에 대한 이와 같은 대상관계이론가들의 연구결과는 다음과 같이 코메니우스의 견해를 심리학적으로 더욱 풍부하게 설명해 준다고 말할 수 있다: 첫째, 하나님은 유아를 어머니의 젖가슴과 품에 안기셔서 젖을 먹게 하심으로써 유아가 어머니의 특성과 덕성을 닮게 하시고, 어머니로부터 예의바름을 배우게 하셨다는 코메니우스의 견해는 유아의 심리 및 정서 발달에 있어서 유아의 최초 관계 경험의 중요성을 강조한 대상관계이론가들의 견해에 의해 더욱 풍부해질 수 있다. 둘째, 친모가 나쁜 기질이 있어 쉽게 분노하거나 우울증에 걸린 경우 유아는 다른 사람의 품에서 자라는 것이 더 낫다고 판단한 코메니우스의 견해는 유아의 어머니가 우울한 사람이면 유아가 정서적으로 상처를 입게 된다는 위니캇의 임상 사례 결과에 의해 더욱 확고해지게 된다. 셋째, 신앙교육에 있어서 어머니의 훌륭한 모범이 필수적이라고 본 코메니우스의 생각은 어머니와의 관계에서 기본적인 신뢰감을 형성한 유아는 하나님과의 관계를 긍정적으로 맺게 된다는 리주토의 이론에 의해 더 정교하게 구성될 수 있다.

## 2) 돌봄과 촉진적 환경

코메니우스는 어머니가 유아에게 젖을 먹여야 하는 필요성과 당위성을 육체를 위한 영양공급을 위해서뿐만 아니라 어머니 품에서 돌보아져야 하는 양육의 측면에서 강조하였다. 어머니가 유아를 용의주도하게 돌보아야 할 필요성과 그 내용을 코메니우스는 「어머니학교 소식」 제5장 '유아들을 어떻게 건강하게 키우고 훈련시킬 것인가?'에 상세히 제시하였다. 코메니우스가 어머니의 자녀 양육의 책임을 강조한 것은 유아는 "하나님의 선물"(77)이기 때문이라는 기독교 신앙적인 입장에서이다. 그러나 유아의 발달단계와 발달 욕구에 따라 유아를 어떻게 다루고 돌보아야 하는지에 대해 그가 제시한 내용에는 기독교적인 입장 외에 돌봄을 필요로 하는 유아와 돌봐 주어야 하는 어머니와의 관계가 잘 드러나 있다.

대상관계이론에서도 돌봄과 양육환경은 매우 중요하다. 말러는 유아가 어머니의 따뜻한 신체감각을 통해 어머니와의 일체감을 느끼게 되면 어머니와 공생을 이루고 있던 단계에서부터 무난한 분화를 이루게 된다는 사실을 관찰하였다(1975: 53). 유아의 분리 – 개별화 과정 중에 거의 마지막으로 나타나는 개성의 공고화와 정서적 대상 항상성은 어머니의 좋은 돌봄을 통해 각 단계들을 무난히 통과한 유아에게 나타난다(109, 117). 이와 같이 어머니로부터 좋은 반영과 돌봄을 받은 유아는 긍정적인 어머니상을 유지하게 되고, 여기서 싹트게 된 정서적 대상 항상성은 대인관계에도 긍정적인 영향을 끼친다(112). 말러가 말하는 '대상 항상성'은 에릭슨이 말하는 '기본적 신뢰감'이 적절히 어머니와의 관계에서 유지되어 왔을 때 나타나는 특성이라고 할 수 있다. 에릭슨(1963)은 기본적 신뢰감 형성과 어머니의 돌봄과의 관계성에 대해 이렇게 표현하였다:

가장 초기의 유아기적 경험에서 '결핍된 신뢰의 양'은 '음식의 절대량'이나 '사랑의 표현'에 의존하기보다는 '어머니와의 관계의 질'에 의존하는 것 같다. 질적인 면에서 어머니들은 유아의 개인적인 욕구를 민감하게 보살펴 주는 동시에 자신의 문화에 적합한 생활양식이라고 믿어지는 틀에서 '확고한 개인적 신뢰가치감'(a firm sense of trustworthiness)을 갖게 하는 양육방식으로 유아에게 신뢰감을 심어 준다. 이것은 유아의 정체감에 기본이 되는데

> 이 정체감은 후에 '자기가 괜찮은 사람이라는 느낌, 자신의 존재
> 감 그리고 타인들이 자신이 무엇이 될 것이라고 믿는다.'라는 느
> 낌과 함께 결합된다(249).

어머니의 돌봄을 통해 형성되는 기본적 신뢰감은 유아의 신체적 접촉을 통해 이루어진다. 유아의 몸-자아는 몸의 경험 위에 세워진다. 이 경험은 대상관계 안에서 '계속성'과 '접촉성'이 이루어지는 자아관계에 속하는 경험이다. 이 경험은 어머니의 품의 경험을 통하여 계속성의 자리가 마련된다. 이어서 어머니의 적응에 의한 전능 환상경험을 통하여 유아는 자신과 대상이 마술적으로 연결되어 있다는 접촉의 믿음을 형성한다(1971: 101). 여기서 모성적 돌봄에 있어서 '안아 주기'의 중요성을 보게 된다.[99]

우리는 위니캇의 사례연구에서 안전한 안아 주기 환경을 제공받지 못한 유아는 정신건강에 문제가 생기는 경우를 보았다. 안아 주기는 유아에게 어머니의 촉감에 대한 피부감각, 어머니의 체온, 목소리, 얼굴모습 등의 느낌들을 제공한다. 안아 주기는 어머니가 자신의 사랑을 유아에게 보여줄 수 있는 특별한 형태의 사랑이다. 세상에는 유아를 안아 줄 수 있는 어머니들과 그렇지 못한 어머니들이 있다. 후자에 속한 어머니들은 유아를 불안하게 하며, 고통스럽게 울게 만든다. 그러나 어머니 자신이 충분히 좋은 돌봄을 받았다면, 그녀는 유아에게 충분히 좋은 돌봄을 제공할 수 있다

---

99) 터스틴 (F. Tustin)은 자폐어린이의 심리치료에 대한 그의 저서 The Protective Shell in Children and Adults(1990)에서 유아와 어머니 사이의 상호작용을 발달시키고 관계 맺기를 촉진하는 '안아 주기'가 결핍되었을 때 유아는 단단한 자폐 껍질을 만들어내 외부와 완전히 차단하여 자신을 보호하고자 하는 자폐징후를 보인다는 이론과 임상 사례를 제시하였다.

(1965: 49). 여기서 충분히 좋은 돌봄이란 유아를 편하게 잘 안아 주는 것, 유아를 다루는 데 있어서 일관성 있고 조심스럽게 다루는 것, 유아의 욕구에 적응해 줌으로써 유아의 전능경험이 침해되지 않게 하는 것으로 요약해서 말할 수 있다(1971: 112).

다양한 안아 주기 행동양식은 유아의 심리적 탄생의 공생적 조직자로서의 역할을 하느냐 못 하느냐의 성패를 좌우할 정도로 중요하다. 말러는 모유 먹이기가 중요하긴 하지만 안아 주기 행동양식이 더 결정적으로 유아의 심리적 탄생의 공생적 조직자로서의 역할을 하게 되는 사실을 관찰 결과 알게 되었다.

예를 들어, 한 어머니는 자랑스럽게 유아에게 모유를 먹였지만 모유를 먹이는 동안 팔로 유아를 편안하게 받쳐 주기보다는 젖가슴이 유아의 입에 닿도록 무릎으로 유아를 떠받쳤다. 그녀는 자신의 팔을 자유롭게 사용하기 위해서 팔로 유아를 안아 주거나 달래 주지 않았다. 이 유아는 오랫동안 미소 짓지 않았고 유아가 미소반응을 보였을 때 그것은 불특정한 미소반응이었다. 반면에 모유를 먹이지는 않았지만 유아 돌보기를 충분히 즐거워한 어머니는 우유를 먹이는 동안 유아를 팔로 잘 받쳐 자신의 품에 가까이 안아 주었다. 그녀는 유아에게 미소 짓고 이야기를 건넸으며, 유아가 기저귀를 갈아 주는 테이블에 누워 있을 때에도 팔을 유아 밑에 받쳐 주고 얼러 주었다. 그녀의 유아는 매우 행복해하고 만족해했을 뿐만 아니라 매우 일찍부터 불특정한 미소반응을 보이기 시작했고 점차 특정하고 구체적인 미소반응을 발달시켰다(1975: 49–51).

그러나 위니캇은 유아는 태어날 때부터 친엄마에게서 돌보아지도록 되어 있는 것 같다며, 유모나 다른 사람들에게서 유아가 돌봐지게 되면 양육의 실패를 가져오는 경우가 많다고 보았다(Wallbridge

& Davis, 1981/이재훈 역, 1997: 60). 이것은 코메니우스가 유모에게 유아의 양육을 맡기는 것에 대해 세 명의 황제를 예로 들어 그 위험성을 경고한 것(1633: 83 – 84)과 일치한다. 위니캇의 용어인 '충분히 좋은 어머니'의 헌신적인 돌봄은 유아에게 안전감과 만족감을 주어 기본적인 신뢰감 형성에 결정적인 영향을 끼친다. 클레어는 유아가 어머니와 함께 경험한 기본적 신뢰는 후에 사랑이 많은 하나님을 믿는 신앙의 기초로써 사용된다고 하였다. 두세 살경에 경험하는 것으로 알려진 최초의 유아기 종교 경험은 어머니에 대한 실제 경험으로부터 파생된 것이기 때문이다. 여기서 우리는 긍정적인 어머니 이미지들이 우세하다면 긍정적인 종교 경험을 할 가능성이 높아진다는 사실을 알 수 있다. 이러한 클레어의 견해(1994: 36)는 개인의 초기 관계 경험과 하나님과의 관계성을 밀접하게 연결시킨 리주토의 견해(1979: 43)와 관점을 같이하고 있다.

유아의 몸을 소중히 다루어야 한다고 강조한 코메니우스의 유아 몸에 대한 이해와 유아를 편하게 잘 안아 주고, 일관성 있고 조심스럽게 유아 몸을 다루어야 한다고 강조한 대상관계이론의 유아 몸에 대한 이해는 표현방법이 다를 뿐이지 모성적 돌봄의 중요성을 강조한 면에 있어서는 일치한다. 따라서 여기에 유아의 초기 발달단계에 따른 충분히 좋은 돌봄을 기독교 유아와 어머니교육에 적용해 볼 수 있는 타당성이 있다. 이것은 유아로 하여금 긍정적인 어머니 이미지와 하나님 이미지를 가질 수 있도록 도울 수 있을 것이다.

174

## 3) 놀이를 통한 유아의 무한한 가능성과 창조성

놀이에 대한 견해는 학자들에 따라 다소 다르게 주장된다. 그러나 다음의 다섯 가지로 놀이에 대한 공통된 견해를 정리해 볼 수 있다:(김수경, 1998: 16) 첫째, 놀이는 창조적이다. 둘째, 놀이는 무의식적이고, 자발적이며, 능동적인 활동이다. 셋째, 놀이는 상징의 영역이다. 넷째, 놀이는 기쁘고 즐거운 것이다. 다섯째, 놀이는 다른 발달 영역과 관련을 맺고 있다.

코메니우스는 놀이를 학습의 지루함과 싫증을 해소하기 위해 제공되는 다양한 활동으로 이해하였다. 놀이가 학교활동에 있어서 필수적이 되어야 한다고 강조하였고, 학습과 놀이의 중용을 제안하였다(Comenius, 1649: 112 - 113). 그러나 코메니우스가 놀이를 학습 효과를 높이기 위한 활동으로만 이해한 것은 아니다. 유아가 마음껏 몸을 움직이고 활발한 활동을 하는 것을 권장하였고, 부모가 그들과 함께 노는 것을 부끄러워해서는 안 된다고 하였다(1633: 97). 그는 아텐(Athen)의 한 성주가 그의 아들과 함께 비밀리에 말 타기를 하며 놀았던 일화를 소개하면서 자녀와 함께 놀이를 하는 부모에 대해서 이상하게 생각하는 그 당시의 풍토가 잘못되었다고 지적하였다(98).

코메니우스는 유아를 놀이를 원하는 존재로 이해하였다. "건강한 몸과 신선한 마음의 확실한 징표"(99)로 끊임없이 움직이고 무엇인가를 시도하려고 하는 유아가 놀이를 원하고 그 놀이가 위험하지 않을 때는 기꺼이 도와주어야 한다는 것이다. 그는 「범교육학」에서 다음과 같이 제시하였다:

유아들이 자신의 발로 똑바로 서게 되면 자신이 움직이고 지체를 사용할 수 있도록 해 주어야 한다. ……그들이 끊임없이 움직이는 것에 익숙해지도록 뛰어놀게 해야 한다. 활동적인 삶이 진실한 삶이다. ……유아들이 자신의 지체를 적당히 움직이도록 하기 위해서는 달리기, 공놀이, 원반던지기 등 이와 유사한 놀이를 통해 훈련해야 한다(178).

코메니우스는 유아들의 연령이 두세 살일 경우에는 장난감 놀이를 할 수 있도록 장난감을 제공할 것을 권하였다. 유아들은 이 장난감들을 가지고 놀이를 하면서 많은 것들을 그들 스스로 이해하고 배우게 되기 때문이다(1633: 99). 유아들이 세 살 혹은 네 살일 경우에는 놀이하는 방식으로 그림 그리기와 글쓰기를 연습하도록 권하였다. 네 살에서 여섯 살의 유아들은 손을 가지고 작업하도록 권하였다. 이러한 수작업들을 통해 유아들의 몸과 마음은 상쾌해지고, 몸의 지체들은 민첩해지도록 훈련되기 때문이다(98). 연령에 따라 제공해 주어야 하는 놀이에 대해 코메니우스(1633)는 다음과 같이 말하였다:

격언에 따르면, 신선한 정서는 거의 건강에 의해서 결정된다. 예수 시락서의 가르침(30:23)에 따르면, 인간의 즐거운 마음도 마찬가지라고 한다. 그렇기 때문에 부모는 유아들에게 기쁨과 위로가 결핍되지 않도록 해야 한다. 예를 들어, 1세에는 요람, 노래, 놀이, 흔들기, 손뼉치기, 장난감 등으로 즐겁게 해 주어야 한다. 유아들을 껴안고 놀아 줄 때에는 용의주도하게 돌봐야 한다. 2－4세에는 음악을 듣게 하거나 아름다운 것을 보게 해준다. 주의할 것은 유아들이 좋아하고 편안한 것이어야 하고, 편안한 오락거리가 되어야 하며, 그들의 눈과 귀와 같은 감각기관에 좋은 것이어야 한다. 그리고 신체와 정서의 건강에 도움이 되는 것이어야 하

며, 하나님 경외와 도덕에 위배되는 것은 눈과 귀에 보이게 하거
나 들리게 해서는 안 된다(87).

코메니우스는 유아의 경건 훈련도 노래라는 놀이를 통해 하기를
권하였다. 그는 식사 전후 기도시간에 노래를 통해 기도하기를 권
하였고, 온 교우들이 교회에 함께 모여 노래하는 곳에 유아들을
데려가야 한다고 권하였다(101). 그의 놀이에 대한 견해는 그 시대
를 훨씬 앞서 가는 그의 진보적인 교육관을 보여준다. 그의 놀이
에 대한 견해에는 첫째, 유아에 대한 이해가 전제되어 있으며, 둘
째, 유아의 자발성과 창조성을 북돋고 학습과 훈련의 효율성을 높
이고자 하는 교육적인 목적이 있다. 따라서 코메니우스는 놀이를
효과적인 학습과 훈련을 위한 방법적인 원리로 더 이해하였음을
알 수 있다.

이러한 놀이에 대한 그의 견해에 대상관계론적인 접근을 통한
놀이 이해를 하게 되면 코메니우스의 놀이 개념은 더욱 현대적으
로 확장되고, 유아의 무한한 가능성과 창조성이 발휘될 수 있는
놀이에 대한 연구가 이루어지는 계기가 마련될 것으로 기대된다.
더 나아가서 유아가 놀이할 수 있는 존재가 되게 하는 데 있어서
필수적인 요소인 유아와 어머니의 관계 경험에 대해 더 성찰하도
록 이끌 것이다.

놀이에 대해 연구하고 놀이를 학습과 치료의 영역으로 도입한
학자들은 많이 있지만 위니캇만큼 놀이를 연구 주제의 중심에 두
고 학문체계를 발전시켜 나간 사람은 드물다. 말러의 경우, 그녀는
유아의 심리적 탄생과정을 추적하는 데 있어서 놀이방에서 놀이하
는 유아의 모습을 관찰함으로써 그녀의 이론을 세워 나갔다. 브루

스의 사례에서 잘 드러난 바와 같이, 그녀는 특별히 대상 항상성 단계(24-30개월)에 있는 유아의 놀이는 보다 목적성을 띠고 환상놀이, 역할놀이, 가상놀이가 시작되는 것을 관찰하였다(1975: 116). 그러나 그녀가 그러한 작업을 수행할 때 특별히 놀이라는 주제를 가지고 접근한 것은 아니었다.

따라서 여기서는 주로 위니캇의 놀이 이론을 중심으로 코메니우스의 놀이 이해에 대한 대상관계론적 재해석을 시도해 보고자 한다. 코메니우스의 놀이 이해와 대상관계이론의 놀이 이해가 만남으로써 코메니우스의 놀이 개념은 더 풍부해질 수 있기 때문이다. 놀이 이론을 자신의 대상관계이론의 중심이론으로 삼고 집중적인 연구를 한 위니캇은 놀이가 생겨나는 과정, 놀이의 기능, 놀이의 영향 등에 대해 다음과 같이 설명하였다:(1971: 38-64)

첫째, 아기와 대상은 하나로 융합된다.

둘째, 대상은 거부되고 재용납되며 객관적으로 지각된다. 이 과정에서 아기가 어머니의 완전한 반응을 경험하면, 아기는 전능감의 경험을 하게 되고, 이것은 신뢰감으로 이어져 어머니와 아기 사이에 잠재공간 혹은 중간현상이라고 불리는 하나의 중간 놀이터를 형성한다.

셋째, 놀이는 항상 개인의 정신 실재와 현실 대상들의 통제 경험 사이에 일어나는 놀이의 예측불허성으로 인해 매우 창조적이고 무한히 신명난다.

넷째, 놀이는 아기 안에 잠재되어 있는 참자기의 요소를 활성화시켜 참자기가 하나의 인격으로 자리잡게 만들어 삶을 의미 있고 가치 있고 생동감 있게 만든다.

위니캇은 이러한 기능과 역할을 하는 놀이를 유아와 어머니와의

178

관계에서 생겨나는 중간현상으로 보았다. 그는 충분히 좋은 어머니의 헌신적인 돌봄을 받은 유아는 어머니에 대한 신뢰감을 형성하게 되고, 여기에 하나의 중간 놀이터를 만들게 된다고 하였다.[100] 이 놀이터는 유아와 어머니 사이에 또는 유아와 어머니의 연결 속에 있는 잠재공간이다(1971: 47). 이 놀이터에서 유아는 무한한 가능성을 경험하고 창조성을 발휘한다. 유아는 상상력 있는 놀이와 관련된 강렬하고 심지어 고통의 느낌을 수반하는 즐거움을 느낀다. 여기에는 정해진 규칙이 없으므로 모든 것이 창조적이다. 이러한 놀이 경험은 발전하여 문화 경험의 자리에로까지 나아간다. 문화 경험은 놀이에서 처음으로 드러나는 창조적인 삶과 함께 시작된다(100).

유아는 창조적인 삶을 즐기기 위해 실제 대상들을 사용한다. 만일 유아에게 이러한 기회가 주어지지 않는다면 거기에는 그 유아를 위한 놀이 영역이나 문화 경험 영역이 없을 것이다. 기회를 박탈당한 유아는 초조하고 놀이를 제대로 하지 못하며, 문화 영역 안에서 경험능력이 빈약하다. 따라서 삶을 창조적으로 즐길 수 있게 하는 문화 경험의 기초를 형성하는 유아의 초기 대상관계 질이 매우 중요함을 다시 한 번 강조하게 된다. 유아에게 있어서 의존할 만한 환경의 실패 또는 대상 상실은 놀이 영역의 상실, 의미 있는 상징의 상실을 뜻한다(101). 그러므로 어머니의 사랑은 유아에게 신뢰감을 형성하게 하고, 그 신뢰감은 타인에 대한 신뢰감으로 확장된다는 것과 이러한 것은 놀이의 영역이나 문화 경험의 영역을 유아로 하여금 창조하게 한다는 것을 알 수 있다.

---

100) 이것은 자아 정체성 형성에 관한 에릭슨(1956)의 연구와 매우 유사한 점이 있다.

이와 같이 놀이를 통한 유아의 무한한 가능성과 창조성이 코메니우스와 위니캇에게서 어떻게 드러나는가를 살펴보았다. 놀이는 코메니우스에게서는 어머니나 부모 혹은 교사가 유아에게 학습과 훈련을 위한 방법으로 제공해야 하는 하나의 활동으로 간주되었다. 그 활동 속에서 유아는 자유와 자발성, 창조성을 느끼고 발휘할 수 있다. 위니캇은 놀이 자체를 유아와 어머니와의 신뢰 관계를 기초로 해서 생겨나는 창조적인 중간 현상으로 보았다. 놀이할 수 있는 유아는 어머니와의 신뢰 관계를 정상적으로 맺은 유아이다. 놀이할 수 있는 유아는 정상적으로 발달단계들을 거치게 되고, 정체감 형성에 성공한다.[101] 따라서 놀이할 수 있도록 유아를 이끄는 것이 위니캇의 치료목표이다. 놀이할 수 없는 유아로 하여금 놀이할 수 있도록 놀이를 통해 유아의 잠재능력을 이끌어 내는 작업이 스퀴글 게임(squiggle game)으로 불리는 그의 그림놀이치료이다.

이러한 위니캇의 그림놀이치료를 통해, 유아의 건강한 신체 및 정서발달과 효과적인 훈련과 학습을 위해 코메니우스가 제시한 놀이의 개념을 놀이할 수 없는 유아를 위한 치료놀이의 개념에로까지 확장해서 적용할 수 있는 가능성을 탐색해 볼 수 있다. 최근에 놀이를 통해 유아에게 결핍된 "돌봄의 포근함과 정서적 풍족감을 경험하게"(성영혜 외, 2002: 5) 하여 유아의 마음을 치료하고 건전한 자아 정체감을 가지게 하려는 학계의 노력들이 이루어지고 있다.[102]

그러나 국내외적으로 코메니우스의 유아와 어머니 이해를 기초

---

101) 놀이를 통해 정체성 발달을 성공적으로 하는 예에 대해서는 에릭슨 (1963)의 대표적인 저서인 Childhood and Society, 238–241을 참조하라.

102) 이것에 대해서는 참고문헌의 목록을 참조하라.

로 하여 놀이치료 및 치료놀이가 이루어지고 있지는 않다. 그 첫 번째 이유는 코메니우스의 유아교육사상을 유아와 어머니 관계의 관점에서 이해하려는 학문적 시도가 없었기 때문이다. 두 번째 이유는 코메니우스의 유아교육사상을 현대의 놀이치료 및 치료놀이와 연계하여 해석한 작업이 이루어지지 않았기 때문이다. 이러한 점을 감안해 볼 때 코메니우스의 유아교육사상의 현대적 해석에 기초한 놀이치료 및 치료놀이 프로그램의 개발은 매우 의미 있는 학문적 과제가 될 수 있다.

## 2. 어머니의 교육적 위치와 역할

코메니우스에게 있어서 어머니의 교육적 위치는 명확하게 제시되어 있는 부분이다. "아직 성장하지 않았고, 모든 부분에서 인격 형성이 필요한 존재"(1666: 162)인 유아는 어머니의 교육을 필요로 하는 존재이다. 어머니는 유아의 최초의 인격 형성을 위해 세심한 관심을 끊임없이 기울여야 한다. 그리하여 유아로 하여금 "맑은 거울처럼 빛나고 어둠 속에서도 온 세상을 보여주는 정신의 소유자"(163)가 되게 해야 한다. 즉 말이 아닌 행동을 앞세우고, 바람직한 습관을 형성하고, 어느 누구에게도 해를 끼치지 않고 오히려 모든 이들에게 봉사하는 생각만을 하는 사람으로 교육해야 한다. 이런 사람의 마음에는 하나님만이 거주하시고, 이런 사람은 그에게 은혜로 쏟아지는 요구 앞에 불타오르는 열정을 소유한다. 이렇게 참되게 교육된 인간은 하나님의 살아 있는 형상이다. 유아를 이러한 살아 있는 하나님의 형상으로 교육하기 위해서 어머니는 최초의 교사로 세움을 받았다(163 - 164).

이와 같이 코메니우스에게 있어서 어머니의 교육적 위치는 그의 확고한 교육론에 근거하여 정립되어 있음을 알 수 있다. 인간을 하나님의 형상으로 다시금 회복시키기 위해 유아가 아주 어릴 때부터 감당해야 할 어머니의 교육적 역할에 대한 코메니우스의 견해는 이미 앞에서 다룬 바이다. 그러므로 여기서는 이러한 코메니우스의 어머니의 교육적 위치와 역할에 대한 이해를 세 가지 주요한 개념들을 중심으로 대상관계이론적 관점에서 재해석해 보고 유아와 어머니교육을 위해 어떻게 적용될 수 있는지를 모색해 보려고 한다.

## 1) 전인적 인격교육과 참자기 형성

코메니우스에게 있어서 전인적 인격은 하나님의 원형상을 회복한 온전한 인간성을 의미한다.[103] 즉 코메니우스는 전인적 인격을

---

103) 하나님의 형상에 대한 심리학적인 탁월한 이해는 오덴이 인간의 자기-실현의 경향성에 대한 로저스의 견해를 소개한 다음과 같은 글에서 찾아볼 수 있다: 하나님의 형상에 대한 개념은 피조물로서의 인간에게는 그의 인간관계 속에서 하나님의 사랑을 거울처럼 반영시키거나 그 사랑의 '형상'을 드러낼 수 있는 능력이 주어졌다는 사실을 강력하게 주장하고 있다. 이 반사 능력이 항상 인간 소외상태에서 왜곡되기는 하지만 그럼에도 불구하고 그 거울은 자신의 기능을 작동시키려고 하고 있으며, 그 거울이 사용되도록 하기 위하여 창조주의 은총에 의해 인간에게 주어진 것이다. 비록 깨어진 거울이기는 하지만 그것은 거울의 특성을 가지고 존재한다. 인간의 그 거울이 하나님의 영광을 깨어진 상태에서 아무리 희미하게 비추어 준다고 하더라도 여전히 거울의 역할을 하듯이 하나님으로부터 부여받은 본래적인 의로움(justitia originalis)은 여전히 인간성 안에

하나님과의 관계 속에서 이해한 것이다. 하나님의 최상의 피조물인 인간은 하나님의 모든 피조물 가운데 중앙에 위치해 있다. 인간의 밝은 이성은 방 한가운데 있는 공에 비유되는 거울을 매달아 놓은 것처럼 그 주변에 있는 모든 것을 반영해서 받아들이고 있다. 그리고 인간의 밝은 이성은 가까이 있는 것들뿐만 아니라 공간적으로나 시간적으로 멀리 있는 것들도 포착한다(1657: 32). 여기서 거울비유를 통해 코메니우스가 말하고자 한 것은 인간이 하나님의 형상이라는 사실을 통해 하나님과 인간의 의존적인 관계를 말하고자 했던 것임을 알 수 있다(김기숙, 1999: 65). 즉 하나님의 원형상을 회복한 온전한 인간성을 위한 전인교육은 하나님과 인간과의 관계성을 배제할 수 없는 것임을 알 수 있다.

하나님의 형상을 대상관계심리학적으로 해석한 프라이스는 인간의 상호관계 속에서 하나님의 형상이 반영되거나 그렇지 못하다고 갈파하고 있다. 프라이스는 어머니와 유아 사이 관계에서 발달하는 사랑이 하나님의 사랑을 반영하는 것일 수 있음을 주장한다. 그는 다음과 같이 말함으로써 하나님의 형상이 유아와 어머니 사이에 어떻게 역동적으로 나타나는지를 보여준다: "인간의 사랑은 하나님의 사랑의 표상이다. 따라서 대상관계심리학은 인간이 '상호적인 친교를 맺을 수 있는 역량의 실천적인 예증'을 제시한다. 그것은 바로 하나님의 형상이다."104)

---

존재한다. ……로저스에게 비록 인간의 원초적인 상태에 대한 견해가 없으며 하나님의 의지가 인간의 본래적인 자기-실현의 목표라고 하지는 않지만, 그가 주장하고 있는 인간의 자기-실현적 경향에 대한 불가침성은…… 하나님의 형상이라는 불가침적인 것과 유사하다고 할 수 있다(1999: 100-101).

104) Price, "Karl Barth's Anthropology in Light of Modern Thought: the

코메니우스는 하나님과 인간과 자연을 올바르게 연결해 주는 역할을 인간에게 맡기셨는데 이 일을 수행할 수 있는 사람을 길러내는 것이 교육이라고 보았다. 그러한 사람은 건강한 신체에 빛나는 지성과 훌륭한 도덕과 자유롭게 사용할 수 있는 기술을 연마한 하나님을 경외하는 사람 곧 전인적 인격을 소유한 사람이다. "그는 매일 하나님의 살아 있는 형상으로서 끊임없는 하나님의 능력과 지혜와 선하심이라는 빛을 밝게 비추게 된다."(1633: 65)

이미 앞에서 살펴본 바와 같이 코메니우스는 전인적 인격교육의 일차적인 교사로서 어머니를 이해하고 유아를 어릴 때부터 어머니 학교에서 바르게 양육하도록 교육지침을 제시하였다. 이것은 곧 하나님을 경외하고 건강한 몸과 건전한 정신, 예의바른 도덕을 겸비한 사람을 양육하는 일차적 책임을 어머니에게 일임한 것이다.

하나님의 형상 회복은 "모든 인간은 전체적으로 개선되어야 할 뿐 아니라 인간 개체도 근본적으로 개선되어야 한다."(1666: 67)라는 코메니우스의 인간교육의 의지가 실천된 모습이기도 하다. "매일 하나님의 살아 있는 형상으로서 끊임없는 하나님의 능력과 지혜와 선하심이라는 빛을 밝게 비추이는"(1633: 65) 사람이 되기 위해 지식과 예의범절과 경건성에 대해 만반의 준비가 필요하다고 본 그의 사상은 다음과 같이 대상관계이론적으로 재해석할 수 있다: 타인과 분리된 경험을 극복하여 자기와 자기 대상 사이의 융합에서 전능감을 느끼고 참자기를 형성한 전인적 인격의 사람이 되기 위해 일차적 모성몰두와 충분히 좋은 어머니 그리고 공감적

---

Dynamic Concept of the Person in Trinitarian Theology and Object Relations Psychology"(unpublished dissertation, University of Aberdeen, Scotland), 1990: 319. Hunsinger, 2000: 99에서 재인용.

관계 경험이라는 준비된 양육환경을 필요로 한다. 유아와 어머니와의 관계 경험이 이루어지는 준비된 양육환경에서 긍정적인 자기 표상 및 대상 표상(하나님 표상 포함) 형성을 하고, 긍정적인 자아감을 형성하는 교육은 코메니우스가 지향하는 하나님 형상 회복의 교육과 일맥상통하기 때문이다. 따라서 코메니우스의 하나님의 형상을 회복하는 교육목적을 이루기 위해서는 관계 경험의 질을 높여 유아의 전인적 발달을 꾀하려는 대상관계이론의 노력에 관심을 가질 필요가 있음을 알 수 있다.

하나님의 원형상을 회복한 온전한 인간성은 대상관계이론에서 말하는 '참자기'105)와 만날 수 있다. 참자기의 개념에는 "정신내적인 측면과 전인의 독특하고 개인적인 측면이 모두 포함된다."(2000: 43)라고 말한 매스터슨(J. F. Masterson)은 건강한 참자기의 능력으로 열 가지를 열거하였다:(67 – 72) ① 활기 있고 기쁘게 그리고 자발적으로 다양한 감정을 깊이 체험하는 능력, ② 적절한 권리를 기대하는 능력, ③ 자기를 활성화하고 자기주장을 할 수 있는 능력, ④ 자기 존중감의 인정, ⑤ 고통스러운 감정을 진정시키는 능력, ⑥ 인생에서 전념할 만한 일을 정해 매진하는 능

---

105) 매스터슨(J. F. Masterson)은 참자기와 자아의 개념은 이론적 시각에 따라 정의가 다양하기 때문에 명확하게 구분하기가 곤란하다고 하였다. 자아심리학 관점에서 참자기와 그 기능은 '자아'에 포함되고, 대상관계의 관점에서는 자아의 대등한 동반자 역할을 하면서 임무 수행을 위해 자아 기능의 일부를 활용한다. 에릭슨은 개인의 정체성에는 자아 측면과 자기 측면이 있다고 하였다. 자기 측면(자기 정체성)은 자아 측면(자아 정체성)이 개인의 심리 사회적 경험으로 형성된 다양한 자기 이미지들을 성공적으로 통합하거나 종합할 때 드러난다. 즉 각 개인이 자신만의 독특한 방식으로 관계나 과제를 처리할 때 그 경험은 통합되고 자기 이미지를 강화시킨다. Masterson(1988)/임혜련 역(2000). 44 참조.

력, ⑦ 창조성, ⑧ 성적 친밀감, ⑨ 홀로 있을 수 있는 능력, ⑩ 자기의 연속성.

참자기에 대해 위니캇(1965)은 "이론적으로 참자기는 생의 최초의 단계에서 자발적 몸짓과 개인의 창조적인 생각이 출현하는 자리이다. ……오직 참자기만이 창조적일 수 있으며, 삶을 생생하게 느낄 수 있다."(148)라고 하였다. 그러므로 참자기는 창조적으로 대상을 사용할 수 있는 잠재력을 가지고 있다. 창조적으로 대상을 사용할 수 있는 능력은 놀이를 할 수 있는 능력이다. 유아에게 참자기가 형성되어 있을 때 유아는 마음껏 놀이할 수 있으며, 창조적이 될 수 있다(1971: 102). 이 참자기는 어머니가 충분히 좋은 돌봄으로 유아로 하여금 전능성을 경험할 수 있게 해줄 때, 유아의 약한 자아에게 힘을 주게 되고, 유아는 자신의 삶을 갖기 시작한다. 이와는 반대로 유아의 감각적인 환각(hallucinations)과 자발적인 몸짓에 대해 어머니의 적응이 부족하거나 충분히 좋지 않을 때 유아는 거짓 자기를 형성하게 되고, 순응의 유혹에 이끌리어 환경적 요구들을 받아들이고 눈치를 살피게 된다.106) 그리하여 유아의 상징을 사용할 수 있는 능력의 발달은 시작조차도 못 한다(1965: 145). 따라서 대상을 사용할 수 있는 능력, 상징을 사용할 수 있는 능력, 놀이를 할 수 있는 능력, 창조적인 삶을 살 수 있는 능력인 참자기의 근원은 헌신적인 모성적 돌봄에 있다. "어머니의 헌신 없이 참자기는 현실이 될 수 없다."(148) 왜냐하면 참자기가 현실이 되게 하는 유아의 모든 욕구와 원망의 충족 여브는 어머니 역할을 하는 사람의 손에 달려 있기 때문이다.

---

106) 말러(1975: 5)도 유아의 환경순응은 이미 초기 유아기 때부터 존재한다고 일치한 견해를 보이고 있다.

참자기의 발달과 어머니의 육아방식 및 어머니 역할의 중요성에 대해서 말러도 같은 견해를 가지고 있다. 말러는 자기 정체감 형성에 어머니의 육아 방식이 결정적인 영향을 준다는 사실을 임상 연구를 통해 확인하게 되었다. 즉 정상적인 분리 – 개별화는 정체감의 발달과 유지에 가장 중요한 전제조건인데 분리 – 개별화를 정상적으로 발달시키는 요인은 어머니의 육아 방식이라는 것이다 (1975: 11). 말러는 이 시기에 발달하는 운동기능에 대한 어머니의 태도와 (성장하는 유아의 능력에 대해 의식적으로든 무의식적으로든 어떻게 반응하느냐에 따라) 어머니의 불안이 유아의 자아능력 발달에 직접적인 영향을 미친다고 지적하였다. 어머니가 유아의 발육에 필요한 것을 유아에게 제공한다고 하더라도 어머니 자신이 불안하고 불만족스럽다면, 그 불안은 유아에게 전염되어 유아가 어머니와 공생적 관계를 맺는 데 방해가 된다(Greenberg & Mitchell: 293 – 294). 이러한 관찰결과를 토대로 말러는 유아가 개별화된 인성을 형성하도록 돕는 어머니의 구체적인 역할에 대해 더 많은 관심을 가지고 연구하게 되었다.

참자기 발달에 대해 깊은 관심을 가지고 있는 매스터슨[107]도 참자기 발달은 "어머니나 그 밖에 어머니 역할을 하는 사람과의 상호작용을 통해 이루어진다."(1988: 48)라고 강조하였다.[108] 그는

---

107) 매스터슨은 자신의 이론을 발달론적인 대상관계이론이라고 부른다. 그의 이론은 말러의 분리 – 개별화 모델을 따른다. Jones, 1991/유영권 역, 1999: 132.

108) 샤르프(1998)도 "자기는 타자가 확인해 주고, 반응해 주며, 사랑해 주는 상호 돌봄의 관계 안에서 적절하게 성숙할 수 있다."(295)라고 하며 참자기는 돌봄의 관계 안에서 발달하고 성장하는 것임을 역설하였다.

유기(遺棄) 우울증에 빠져 인생이 무의미하고 공부도, 생각도 할 수 없다고 고통을 호소한 대학생 프레드의 치료사례를 예로 들었다(185 – 187). 매스터슨은 프레드를 치료하는 과정에서 그의 문제 근원은 초기 어린 시절에 어머니에게서 분리되어 참자기를 표현하려 할 때 어머니의 정서적 지지가 없었다는 데 있었음을 발견하였다. 또한 매스터슨은 경계선적 성격장애를 가진 사람들이 입을 모아 "나는 엄마가 나한테 한 것처럼 자식에게 하지 않을 거예요."라고 말하지만 그들은 한결같이 자기도 모르는 사이에 자녀들의 참자기가 드러나는 것을 방해하면서 자기 부모와 똑같이 파괴적인 행동에 빠져든다는 것을 지적하였다(192). 이 점에 대해서 위니캇(1965)은 다음과 같이 말하였다:

> 어머니 자신이 충분히 돌봄을 받았다면 유아에게 충분히 좋은 돌봄을 제공할 수 있다. 어머니가 유아에게 좋은 돌봄을 제공하지 못하는 것은 그녀 자신이 충분히 돌봄을 받은 적이 없기 때문이며, 그것은 교육수준과 아무런 상관이 없다(69).

이와 같이 어린 시절 어머니로부터 충분히 좋은 돌봄을 받지 못한 환경에서 자라난 사람은 "충분히 좋지 않을 뿐만 아니라 불규칙적으로 좋았다 나빴다 하여 유아를 자극하는 어머니"(Winnicott, 1965: 213)가 되어 버린다. 이런 어머니는 유아로 하여금 어머니의 기분을 살피게 하고 그것에 순응하게 하는 거짓 자기를 가지게 하여 인격의 분열을 초래한다고 위니캇은 경고하였다.

이상과 같이 살펴봄으로써 유아의 전인적 인격 형성과 참자기 형성에 있어서 결정적인 역할을 하는 사람은 일차적으로 어머니임을 알 수 있다. 여기서 코메니우스가 어머니의 교육적 역할을 말함에 있어서 훈육 혹은 훈련이라는 용어를 사용한 것은 위니캇이 우려하는 도덕적 훈계와는 다르다는 점을 인식해야 한다. 그러나 대상관계이론으로부터 코메니우스의 전인적 인격을 위한 도덕성 교육을 위해 특별한 통찰을 얻을 수 있다. 즉 전인적 인격에 필수적인 요소인 도덕성을 교육할 때 어머니가 유아와의 신뢰의 경험을 기초로 점진적으로 인내하면서 교육하게 되면 유아의 참자기가 손상되지 않고 활성화된다는 통찰을 얻을 수 있다. 참자기가 활성화되는 것은 어머니의 인내와 끈기를 통해서이기 때문이다. 어머니의 이와 같은 역할에 의해 유아는 하나님의 살아 있는 형상으로서 자발성과 창조성과 같은 능력들을 발휘하고, 행복한 삶을 살수 있게 된다.

## 2) 유아의 훈육과 최적의 좌절

훈육 혹은 훈련을 뜻하는 라틴어 'discipline'는 교수와 학습의 행위를 의미하는 단어이다. 코메니우스는 유아들에게 있는 꽃 속의 가시나무와 같은 악한 의도나 습관을 훈련해야 한다고 하였다. 즉 어머니는 유아에게 지나친 애정을 쏟지 않음으로써 유아의 고집과 반항을 다스려야 한다. 게으름을 피우는 유아는 놀이를 제공해서 분주하게 움직이도록 하게 하고, 예배와 기도시간에 소리치고 뛰어다니는 유아는 사려 깊은 침묵을 할 수 있도록 훈련해야한다. 아버지와 어머니가 무엇인가를 명할 때는 조용히 청취하도록 훈련해야 한다(1633: 124 - 125).

코메니우스는 유아의 경거망동한 행동을 경계하였다. 그는 당나귀가 강아지처럼 주인의 사랑을 받으려고 주인의 품에 안겨 주인을 혀로 핥고 애무하는 우화를 예로 들어 유아들이 자기의 나이에 적합하게 어울리는 행동을 할 것을 권하였다. 즉 어떻게 앉아야 하고, 일어서야 하고, 걸어야 하는지에 대해 바르게 훈련받아야 한다는 것이다(128).

훈육을 할 때 유아들이 최악의 고집을 피울 경우 외에는 매를 들지 말 것을 코메니우스는 강조하였다. 그 당시 유아들에게 매를 때리는 손쉬운 훈육 방법을 그는 경계하였다. 매를 드는 훈육보다는 "세심한 관심으로 지도해서 마땅히 할 바만을 행하도록 해야 한다", "근본원인을 치료하라."(1666: 184)라는 것이 코메니우스의 훈육방법이다. 그러한 훈육방법으로써 유아들은 자신의 고의적인 의도에서 나오는 나쁜 행동 혹은 습관을 일찍부터 고치고, 순종을 통해 자신의 판단보다는 다른 사람의 충고를 따르는 것이 더 확실하다는 것을 인식할 수 있게 된다(184).

코메니우스의 '훈육'과 대상관계이론의 '점진적인 환멸' 또는 '최적의 좌절'은 매우 가까운 개념이다. 대상관계이론가들은 어머니가 유아에게 최대한 반응해 주고, 헌신적으로 충분히 돌봐 주어야 하는 '모성적 돌봄'에 대해 견해를 같이하고 있다. 이들은 동시에 어머니가 유아의 욕구에 점진적으로 반응해 주지 말아야 하는 '점진적인 환멸' 혹은 '최적의 좌절'에 대해서도 일치된 견해를 보이고 있다. 그것을 통해서 유아는 한 단계 더 발달하게 되고 성숙을 향해 나아갈 수 있기 때문이다. 예를 들어, 말러는 유아가 어머니와의 공생적 양자 단일체로부터 벗어나는 심리내적 과정인 분리-개별화 과정에서 유아가 자신의 개별적 특성을 구별하고, 자기를 대상으로부터 구별된 일련의 자기 표상들로 드러내는 것을 성숙의 표시로 보았다. 이 시기에 어머니가 유아의 분리불안을 잘 극복할 수 있도록 유아의 애착행동을 잘 다루어야 함을 브루스의 예에서 볼 수 있다(1975: 127). 위니캇(1971)의 다음과 같은 언급은 유아에게 점진적으로 정서적 적응을 하는 어머니의 역할에 대해 잘 표현해 준다:

> 내가 말하는 충분히 좋은 엄마는 유아의 욕구에 거의 완전하게 적응하는 것으로부터 시작해서, 시간이 지나면서 엄마의 부재를 다룰 수 있는 유아의 능력이 성장하는 것에 따라 조금씩 적응을 줄여 가는 엄마이다(10).

유아에 대한 어머니의 정서적 적응이 미치는 영향은 매우 크다. 예를 들어 유아의 환경이 순조로울 때 어머니가 완전에 가까웠던 반응을 자연적으로 감소하지 않는다면 유아의 정서는 오히려 장애를 입을 수 있다. 모든 것이 순조로운 환경에서 유아가 좌절의 경험을 하게 될 때 실제로 유익을 얻을 수 있다(11). 위니캇은 어머니의 보호가 지나칠 경우에 유아의 공격성이 억압되거나 대상을 직면하지 못하고 외면할 수 있다고 지적하였다. 그럴 경우에 어머니는 유아로 하여금 어머니를 잃게 될 것이라는 불안을 극복하지 못하게 하고 그것에 더 집착하게 하는 결과를 초래할 수 있다(1965: 76).

여기서 위니캇이 말한 유아의 '홀로 있음'의 능력이 요구된다. 유아의 '홀로 있음'의 능력은 어머니에 의해 점진적인 환멸과 좌절을 성공적으로 경험한 유아에게 정서적 성숙을 가져다준다. "홀로 있을 수 있는 능력은 누군가가 곁에 있는 상태에서 홀로 있는 경험에 기초해 있다. 유아는 약한 자아조직을 갖고 있음에도 불구하고 믿을 수 있는 부모의 자아지원 때문에 홀로 있을 수 있다."(36)

위니캇은 '변화하는 사회에서의 도덕교육'이라는 제목의 강의에서 유아에게 옳고 그름의 판단 기준을 주입하는 도덕적인 '훈계'를 경계하였다(133 – 151). 훈계가 유아의 자연스런 성격 발달을 대신하게 되면 그 유아는 부모가 되는 대신에 도덕교육자가 되기 때문이다. 즉 엄격한 도덕적 훈계로 양육을 받은 유아는 자녀를 무조건 사랑해 주는 부모가 되는 대신에 옳고 그름, 좋고 나쁨의 조건에 의해 자녀를 인정해 주거나 거부하는 부모의 모습을 대물림하게 된다. 위니캇은 어머니가 유아를 인정해 주거나 거부하는 경험을 유아가 어떤 방식으로 경험하도록 해야 하는지에 대해 다음과 같이 말하고 있다(141).

> 유아는 부모의 인정 및 거부를 경험할 필요가 있다. 그러나 훌륭한 부모들은 대체로 유아가 바로 지금 의미 있고 특별한 돌봄 안에서 가치감의 요소와 좋고 나쁜 요소, 옳고 그른 요소들을 스스로 발견할 때까지 기다려 주며, 인정 및 거부의 표현을 자제한다.

이와 같이 유아는 적절하지 어머니로부터 인정을 받거나 거부를 당하는 경험을 통해 자연스런 성격 발달을 이루게 된다. 여기서 코메니우스의 훈육을 대상관계이론적으로 접근하는 데 있어서 많은 실마리를 제공하는 코헛(H. Kohut)의 '최적의 좌절'에 관해 논의하고자 한다. 코헛은 심리구조가 발달하는 것은 유아의 최초 대상이자 양육자인 어머니에 대한 이상화가 점진적으로 철회되는 것을 통해서 이루어진다고 보았다. 조금씩 이루어지는 이상화의 철회는 유아의 실망이 점진적이고 스스로 처리할 수 있는 정도로 발생함으로써 이루어진다. 코헛은 이러한 점진적 환멸을 '최적의 좌절'이라고 불렀다(Segal, 1996/권명수 역, 2002: 50 – 51, 316).

> 만약 유아가 너무 버릇이 없다면(최적의 좌절을 경험하지 못함
> 으로 인해서), 그 유아는 비정상적 자기애 또는 전능감을 갖게 된
> 다. 동시에 이 유아는 실제적인 기술이 부족하기 때문에 열등감을
> 느낀다. 반대로 좌절 경험이 너무 지나칠 경우…… 유아로 하여
> 금 자기애적 전능환상을 보유하도록 만든다.[109]

인간성 완성교육을 지향하는 코메니우스의 교육론은 '최적의 좌절' 또는 '점진적 환멸'을 통해 유아의 정서적 적응을 훈련하려는 대상관계이론에 의해 다음과 같은 통찰력을 제공받을 수 있다. 첫째, 훈육을 통해 유아의 인간성을 바르게 교육하려는 코메니우스의 교육적 의도는 어머니에 의해 점진적으로 이루어지는 유아의 정서적 적응 과정을 통해 더욱 효과적이고 안정적으로 이루어질 수 있다. 어머니로부터 적절한 정서적 적응 훈련을 경험하지 못한 유아는 심리 및 정서적으로 비정상적인 발달을 하여 분리 불안을 정상적으로 극복하기 어렵고, 비정상적인 전능감 및 열등감을 갖게 되기 때문이다.

둘째, 코메니우스가 훈육의 방법이 혹독해서는 안 된다고 언급하긴 하였으나 훈육을 할 경우 옳고 그른 것에 대해 어머니의 가치관이 강하게 개입될 여지가 있다. 이것은 유아의 자연스런 성격발달을 방해하게 된다고 위니캇은 경고하였다. 그러나 위니캇이 강조하였듯이 유아 스스로 자연스럽게 옳고 그른 것에 대한 요소를 발견할 때까지 어머니가 인정 및 거부의 표현을 자제하며 기다려 줌으로써 훈육을 할 때 어머니의 옳고 그른 것에 대한 가치관이 유아에게 강압적으로 주입될 가능성을 최소화시킬 수 있다.

---

109) Kohut and Seitz, 1960: 20. Segal(1996)/ 권명수 역(2002). 50에서 재인용.

셋째, 유아의 습관을 어릴 대부터 바르게 형성하기 위해 어머니의 훈육을 강조한 코메니우스의 관점은 유아에 대한 지나친 보호는 유아의 공격성을 억압하거나 대상을 직면하지 못하고 외면할 수 있게 만든다는 대상관계이론으로 말미암아 유아의 정서적 측면이 더 고려되어 훈육의 과정과 방법이 새롭게 보완될 수 있다.

## 3) 모범과 거울 역할

"좋은 모범들은 유아들에게 매우 필요한 것"(1633: 115)이므로 부모는 훌륭한 모범을 지속적으로 제시해야 한다고 코메니우스는 강조하였다. 하나님께서는 유아들에게 다른 사람이 하는 행동을 따라 흉내 내려는 열망을 심어 놓으셨기 때문이다(116). 여기서 말리(1975: 79)가 재접근단계(15 – 24개월)에 있는 걸음마 유아는 어머니의 계속적인 정서적 지원 속에서 상호작용을 통해 어머니를 모방하고 동일시하고자 하는 시도를 하게 된다고 한 말을 상기할 필요가 있다. 그러므로 부모는 유아들이 나쁜 것을 모방할 기회를 제공하면 안 된다는 코메니우스의 말은 타당하다. 그러나 단순히 나쁜 전례를 제거하는 것만으로는 안 되고, 훌륭한 모범을 제시하여 모방하도록 해야 한다. 그런데 훌륭한 모범은 눈에 띄지 않게 주어져야 한다(1666: 183).

유아의 지적 활동을 비롯한 신앙교육과 덕성교육을 위해서 모방의 원리가 적용되어야 함을 코메니우스가 강조하였음은 이미 앞에서 고찰하였다. 즉 지적 활동을 위해서는 실물을 제시하여 집중력과 활동성을 고양시켜야 하고, 신앙교육을 위해서는 그리스도와 성경의 인물들을 모범으로 제시하여 유아들이 그들을 모방하게 해야 한다는 것이다. 그리고 덕성교육을 위해서는 가족들을 모델로 제시하여 덕성과 바른 습관을 훈련해야 한다는 것이다.

코메니우스가 모범을 제시해야 할 필요성을 언급한 것은 교육적인 효과를 높이기 위해서이다. 이것은 그(1633)가 "아이를 가르칠 가장 좋은 기회는 좋은 모범을 보이는 때"(116)라고 말한 것에서 더욱 잘 드러난다. 그에게 있어서 모범과 관련하여 어머니의 교육적인 역할이 강조되고 있다. 모범을 직접 보이고, 적절한 모범을 제시해야 하는 어머니의 교육적인 역할은 유아의 심리 및 정서, 신앙발달에 있어서 거울 역할을 하는 어머니의 역할과 만날 수 있다.

대상관계이론에서 어머니 얼굴은 유아에게 거울 역할을 한다. 유아가 어느 단계에 이르면 어머니의 얼굴을 보는데 이때 어머니 얼굴은 유아 자신의 얼굴이다. 유아는 어머니 얼굴을 봄으로써 자기 자신을 바라본다. 만일 어머니 얼굴이 유아 자신을 반영하는 거울 역할을 하지 못할 때 유아는 반영받고자 하는 자신의 욕구를 충족하기 위해 주변을 살핀다. 여기서 유아는 시각이 아닌 다른 감각을 통해 반영받고자 하는 자신의 욕구를 표현한다. 이때 유아가 비록 어머니의 얼굴을 보지만 어머니의 얼굴을 통해 자신을 보는 것이 아니라 보이는 어머니의 얼굴을 볼 뿐이다. 즉 "세계와의 의미 있는 상호교환이 일어나야 할 자리에, 보이는 세상 안에서 의미를 발견하는 것과 정서적 자기 – 풍족감(self – enrichment)이 교대로 일어나는 쌍방통행의 과정이 있어야 할 자리에 (자발성과 창조성을 상실한 방어적인 인식작용인) 지각이 자리잡는다."(Winnicott, 1971: 113)

이와는 반대로, 유아의 내면적인 욕구를 반영해 주는 어머니의 얼굴은 유아에게 자기 자신이 용납되고 수용된 사실을 확인하게 한다. 그리고 유아는 거울의 역할을 하는 어머니의 얼굴을 통해 어머니와 자신이 친밀한 상태에 있다는 것을 확인한다. 유아가 더 성장하고 발달해 감에 따라, 말러의 용어로 표현하자면, 유아의 대상 항상성이 발달해 감에 따라 유아는 어머니 얼굴 또는 가족관계에 있는 다른 얼굴로부터 자기를 돌려받는 일에 덜 의존하게 된다(118). 이와 같이 코메니우스가 말하는 모범과 대상관계이론에서 말하는 거울 역할은 어머니의 양육태도가 유아에게 미치는 영향이라는 점에서 상호 관련성이 있다.

따라서 모범을 통해 유아들을 올바르게 가르쳐야 한다는 코메니우스의 어머니의 교육적 역할에 관한 견해는 어머니가 유아들에게 거울 역할을 하게 된다는 대상관계이론으로 더욱 심화될 수 있다. 모범에 대해 대상관계이론적으로 재해석해 봄으로써 외적으로 드러나는 어머니의 모범도 중요하지만 어머니가 내적으로 유아와 충분히 좋은 관계를 맺어야 할 필요성이 있음을 보게 된다. 어머니와 충분히 좋은 내적인 관계를 맺게 될 때 유아는 어머니가 보이는 모범을 더욱 자연스럽게 따르게 될 수 있기 때문이다. 그러므로 어머니가 모범을 통한 교육적 역할을 성공적으로 수행할 수 있기 위해 유아의 내면세계를 반영해 주는 거울 역할에 관한 어머니교육 프로그램 제공이 우선적으로 필요하다고 볼 수 있다.

## 3. 유아의 신앙발달과 신앙교육

태중에서부터 기도로 신앙교육을 받은 유아는 출생과 성장을 통해 계속하여 연령과 발달단계에 따라 부모로부터 신앙훈련을 받아야 함을 강조한 코메니우스의 신앙교육관은 대상관계이론가들의 유아의 신앙발달론과 여러 가지 면에서 공통된 관점을 가지고 있다.

맥다그는 로저스가 신학과 심리학 간의 학제간 대화를 위해 인간 경험에 대한 자료들을 탐구하는 연구방법으로 사용한 건설적 -관계적 모델을 수용하여 신앙의 생성과정을 탐구하였다. 그는 신앙은 자기됨을 창조하고 유지해 가는 자기 생성과정에서 생겨나는 관계지향적인 과정으로 보았다(1986: 253). 이것은 유아가 생의 초기에 어머니와 절대 의존의 관계를 맺다가 점차적으로 다른 사람과의 관계에로 옮겨 가며 자기를 인식해 간다는 말러의 심리적 탄생과정 이론과 만날 수 있다.

신앙의 자리는 위니캇의 중간대상과 중간현상 이론에서 찾아볼 수 있다. 중간대상과 중간현상의 주된 기능은 개개의 인간 존재로 하여금 그들에게 항상 중요한 것, 즉 도전받지 않은 중립적인 경험영역을 갖고 인생을 출발하게 하는 것이다. 이 도전받지 않는 중립적인 경험영역에 신앙의 자리가 있다. 중간대상은 위니캇 (1971)에 의하면 어머니의 이미지를 가지고 있고, 어머니를 대신하는 역할을 하기도 한다(14, 15). 이러한 견해는 하나님 표상 형성에 어머니 이미지가 깊은 영향을 미친다는 것을 시사한다.

하나님 표상 형성과 어머니 이미지 상관성을 연구한 대표적인 사람은 리주토이다. 그녀는 개인의 육신 아버지를 하나님과 연결시켜 이해했던 프로이드의 견해를 토대로 가설을 세워 한 개인의 발달과정에서 하나님 표상이 어떻게 생겨나는지 그리고 개인의 전 생애에 걸쳐 이 표상이 어떻게 사용되는지를 연구하였다. 사람들이 유아기에 겪은 부모와의 관계 경험과 그들의 하나님 이미지 및 하나님과의 관계 경험 사이에 평행이 존재한다는 가설을 토대로 그녀는 어린 시절에 경험하는 부모의 관계로부터 시작해서 하나님의 이미지를 창조하는 데 이르기까지 개인이 겪는 관계 경험들을 조사하였다. 이러한 연구조사 과정을 통해 하나님 표상이 형성되는 과정을 추적할 수 있게 된 리주토는 개인의 관계 경험과 살아 있는 하나님의 탄생과정이 깊이 연결되어 있음을 발견하게 되었다.

## 1) 유아의 하나님 표상 발달과정과 어머니의 영향

코메니우스(1666)는 유아교육과 신앙교육을 별개로 생각하지 않았다. 유아는 한 생명체로서 모태에 처음 잉태될 때부터 신앙적으로 양육되어야 하고 귀하게 돌보아져야 한다고 생각하였다:

> 어머니의 사고와 행동은 유아의 육체와 영혼에 그대로 뿌리박히게 되기 때문에 태중에 있을 때부터 어머니는 조심해야 한다. 어머니는 유아의 영혼을 위해 아담의 죄의 뿌리를 가진 어두움을 그의 선한 빛으로 밝게 하시는 바로 그분의 영이 새로 태어날 유아에게도 충만할 수 있도록 기도해야 한다. 어머니는 자신의 건강과 습관에 해로운 모든 것을 피해야 한다(159).

이러한 코메니우스의 가르침은 어머니의 일거수일투족이 유아에게 영향을 끼친다는 사실을 보여준다.

대상관계이론에서는 유아가 어머니와 갖는 관계가 직접적으로 하나님과 갖는 관계에 영향을 미친다는 사실을 강조한다. 리주토는 개인이 하나님과 관계를 맺게 되는 과정과 하나님 표상을 형성하고 발달시켜 나가는 과정을 연구한 대표적인 사람으로 손꼽히고 있다. 그녀(1979)는 하나님 이미지 형성에 어머니 표상이 어떤 영향을 미치는가를 연구한 결과 하나님 표상은 초기 어린 시절에 맺

198

은 어머니와의 관계 경험이 핵심적인 역할을 한다는 사실을 알게
되었다:

> 각 개인은 발달과정에서 그의 대상관계들, 발달하는 자기 표상
> 들 그리고 개인마다 그를 둘러싼 신앙체계로부터 비롯된 특유하
> 고 매우 개인적인 신표상을 만들어 낸다. 그 복잡한 표상은 일단
> 형성되면 없앨 수 없다. 그것은 억압되거나 변형되거나 사용될 수
> 있을 뿐이다(90).

리주토는 더글라스 오더피(Douglas O'Duffy)의 사례[110]를 통해
그의 '거울 속의 신'에는 어머니 표상이 사용된 것을 확인하였다.
더글라스 오더피의 어머니는 병약하고 어린 더글라스 오더피가 자
신의 존재감을 확인할 수 있도록 그와 접촉해 주지 못했다. 이처
럼 절실하게 필요했던 시기에 어머니가 자신을 거부했을 때 그는
그것을 감당할 수 없었다. 이런 상황에서 신은 자연스럽게 싸우고
거부하고 불신해야 할 대상이 되었다(127 - 129). 더글라스의 경우
처럼 하나님 이미지는 개인의 성장을 촉진시킬 수도 있지만 반대
로 개인을 억압하는 대상이 될 수도 있다.
 더글라스의 하나님 이미지는 반영받고 칭찬받고자 하는 욕구와
자신이 완전하다는 느낌을 유지하고자 하는 욕구가 지배적으로 나
타나는 발달기 동안에 형성되었다. 그의 신 표상은 첫째, 이 시기
에 좌절을 준 그의 어머니의 태도로 인해 신은 그를 좌절시키고
그에게 응답하지 않으며 계속적으로 그를 괴롭히는 살아 있는 존
재이다. 둘째, 신은 완전을 추구하고 그 자신 안에서 선함과 만족
을 발견하는 더글라스 자신의 측면이지만 그가 문(어머니)을 열기

---

110) Rizzuto, 1979: 109 - 129의 사례 내용 참조.

전까지는 알 수 없는 분이시다. 셋째, 신은 거울 안에 있는 더글라스의 이미지이다. 이 이미지의 시각적 요소는 놀라울 정도로 지배적이다. 더글라스의 이러한 신 표상은 그가 한 살에서 세 살 또는 네 살 사이의 초기 발달 시기 동안에 일어난 것이었다. 그의 억압되고 반동적인 반응으로 이루어진 초기 경험들은 그의 아버지, 형제들과 가졌던 좋은 관계 경험이나 현재 그의 아내와 가진 좋은 경험과는 차단된 채 그대로 남아 그의 신 표상 형성에 결정적인 영향을 준 것이었다.

위의 더글라스 오더피의 사례에서 드러나듯이 유아가 초기에 어머니와 맺은 관계가 좋으면 좋은 하나님 이미지를 형성하고, 그와 반대 경험을 하게 되면 그 반대 현상이 일어난다는 대상관계이론은 유아의 초기 경혐에서 어머니와 맺게 되는 관계가 하나님 이미지 형성에 결정적인 영향을 준다고 주장한다.

유아의 하나님 이미지 형성에 어머니의 영향이 큰 점에 대해 언급한 또 다른 대표적인 대상관계이론가로 위니캇을 들 수 있다. 그는 '신뢰'라는 개념으로 유아가 하나님과 맺게 되는 관계에 대해 설명하였다. 그는 어린 시절에 어머니로부터 충분히 좋은 돌봄을 받고 어머니와 정상적인 관계를 맺은 유아는 신뢰감을 형성하게 된다는 사실을 강조하였다. 반면에 초기 발달단계 동안에 충분히 좋은 어머니와의 관계 경험을 통해 신뢰감을 획득하지 못했던 유아들에게서는 타인을 자신의 무기력한 분노반응의 표적으로 삼는 등 공격성의 성향이 드러나게 된다.[111]

---

111) 유아의 부정적인 공격성에 대해서 이정혜(2004)의 박사학위논문 "대상관계이론에 근거한 아동의 공격성 감소 프로그램 개발과 효과" <표 Ⅱ-3> 대상관계이론의 공격성 유발 요인 참조.

어린 시절에 어머니로부터 충분히 좋은 돌봄을 받고 어머니와 정상적인 관계를 맺어 신뢰감이 형성된 유아에게는 가족이나 사회가 믿는 하나님이 전수될 수 있다. 그러나 그 반대의 경우의 유아에게는 하나님의 존재는 기껏해야 속임수일 뿐이고, 심지어 하나님이라는 존재는 부모가 인간본성을 믿지 못한다는 증거이며, 부모가 알려지지 않은 존재를 두려워한다는 증거일 뿐이다(1965: 93). 유아가 먼저 '신뢰'를 갖지 못한다면 도덕이나 종교를 가르치는 것은 아무런 효과가 없고 우스꽝스러운 일이 된다. "유아의 자연스런 발달과정에 의해 그의 마음속에 자리잡은 그 무엇을 하늘에 계신 신으로 부를 수 있어야 비로소 그에게 영향을 미칠 수 있다."(94) 즉 위니캇은 유아가 초기 어린 시절 의존의 경험에서 신뢰를 획득했을 때에만 신앙교육이 가능하다는 사실을 상기시켰다.

위니캇의 중간대상의 개념을 빌려서 리주토는 하나님 이미지를 "장난감이나 담요나 심리적 표상과 같은 중간대상이 제공되는 심리적 공간에서 강력하게 진정한 환상적 힘을 갖고 유아에 의해 창조되는 특별한 유형의 대상 표상"(1979: 177)이라고 정의했다. 그러나 하나님 이미지는 장난감이나 담요 같은 일반적인 중간대상과는 다르게 기능한다. 유아가 자주 사용하는 인형이나 담요 등은 부드러운 천으로 만들어지지만 하나님 이미지는 유아의 환경에서 사랑과 증오의 경험을 제공하는 중요한 대상들의 표상에 의해 확고하게 구성되기 때문이다. 이러한 대상 표상들에 의해 형성된 하나님 이미지는 평생 동안 중간대상으로 남아 있게 된다. 그런데 한번 형성된 하나님 이미지가 개인의 사회적 능력을 저하시키거나 불편을 느끼게 하면 개인은 성장하면서 자신의 하나님 이미지를 억압하거나 변화시키게 된다. 이것은 더글라스 오더피의 사례를 비롯한 많은 사례들에서 증명되었다.

대상 표상이 하나님 이미지 형성에 끼치는 영향에 대해 연구한 리주토는 유아가 첫 번째 대상 표상인 어머니 원상을 하나님 표상으로 정교화하고 재작업하는 것은 환상과정과 이차과정을 통해서라고 하였다. 그러한 작업은 유아가 어머니로부터 분리-개별화하고 또한 어머니와 새롭게 동일시하는 끝없는 과정과 깊이 관련되어 있다. 이것을 통해 하나님 이미지를 형성하는 자료로 대상 표상과 변화하는 자기 표상 그리고 신념체계의 환경112)이 매우 중요함을 알 수 있다(90). 따라서 하나님 이미지에 주로 사용되는 대상 표상과 자기 표상 그리고 신념체계의 환경이라는 자료에 대해 보다 많은 관심을 가지고 연구할 필요가 있음을 알 수 있다.

이와 같이 유아의 신앙을 언급함에 있어서 코메니우스와 대상관계이론가들은 유아와 어머니와의 관계, 가정환경의 중요성을 강조하고 있다는 공통점이 드러난다. 그러나 신앙에 대한 이해 및 신앙교육에 대한 접근방법에 있어서 코메니우스와 대상관계이론가들의 견해는 상이한 점이 있다. 일례로, 코메니우스에게 있어서 신앙은 이미 모태에서부터 유아에게 주어진 초월적인 것으로 이해되고 있고, 그러한 신앙을 유아의 신체적 지적 발달단계에 맞추어 어떻게 잘 가꾸어 나갈 것인지에 대한 방법을 가르치는 것에 그의 관심을 기울이고 있다. 하지만 대상관계이론가들에게 있어서 신앙은 유아가 어머니와의 관계를 바람직하게 맺게 되었을 때, 위니캇(1965)의 말을 빌리자면 "유아의 자연스런 발달과정에 의해 그의

---

112) 종교를 자아정체성이나 성의 통전성과 같은 생의 발달과제들을 해결해 나가도록 지원하는 신념체계로 이해한 에릭슨은 종교심이 어머니와의 관계를 통해 근본적인 신뢰가 형성되는 생의 초기 경험과 깊은 관련이 있음을 주장하였다.

마음속에 자리잡은"(94) 그 무엇이다. 즉 대상관계이론가들은 신앙 자체나 신앙교육보다는 신앙이 형성되는 과정에 관심을 기울이고 있다. 그러나 비록 이러한 상이점들이 있음에도 불구하고 코메니우스가 강조한 유아의 신앙교육은 대상관계론적인 관계의 언어로 재해석될 수 있다. 다시 말해 신체적 지적 발달단계를 우선적으로 고려한 코메니우스의 신앙교육론을 유아의 하나님 이미지 형성에 대해 어머니와의 관계 경험에 기초한 발달론적인 물음을 제기하는 대상관계이론으로 재해석함으로써 유아의 신앙교육은 그 교육내용과 교수학습과정에 있어서 관계모델의 토대를 마련할 수 있을 것이다.113)

## 2) 유아의 신앙 형성과 중간영역

신앙이란 "하나님을 찾고, 그를 따르고, 그에게서 즐거워하는 것"(1657: 160)이라고 정의한 코메니우스는 "신앙은 하나님의 선물이며, 하늘로부터 우리에게 주어진 것"(160)으로 설명하였다. 이러한 신앙은 이해력(mens), 의지(voluntas), 믿음의 확신(conscientia)과 함께 이루어진다(161). 우리의 마음이 어디서든지 하나님을 찾고, 하나님을 발견한 곳에서 그를 따르고, 그에게 이른 곳에서 그분

---

113) 신앙교육의 교육내용과 교수방법의 관계모델을 위한 토대로 현재 미국의 기독교교육 분야에서 활발하게 활동하고 있는 오스머(Richard R. Osmer)에게서 통찰력을 얻을 수 있다. 그(1992)는 그의 대표적인 저서 Teaching for Faith에서 신앙을 "그리스도를 통하여 사랑과 신실함을 보여주신 하나님과 맺은 신뢰의 관계"(68)로 정의하면서 "신앙은 단지 하나님에 대하여 어떤 아이디어를 갖는 것만을 의미하지 않으며, 도덕적인 의무만을 추구하는 것도 아니다. 그것은 살아 있는 하나님과의 역동적이고 개인적인 관계"(68)임을 강조하였다.

으로 즐거워하는 신앙은 어릴 때부터 시작되어야 한다(162). 유아들은 "눈, 입, 손, 발을 사용하는 것을 배우자마자 하늘을 바라보고, 손을 들고, 하나님과 그리스도를 부르고, 보이지 않는 권위 앞에 무릎을 꿇고, 하나님과 그리스드를 경외하기를 배워야 한다."(163) 코메니우스의 이러한 신앙관은 대상관계이론에서 말하는 신앙과 차이가 있다.

대상관계이론에서 신앙의 자리는 앞에서 언급한 바와 같이 유아의 중간영역에 있다. 이 중간영역은 내적 실재와 외적 실재 사이의 분리를 유지하면서도 개인을 위한 쉼의 장소, 도전받지 않는 제3의 영역이다(1971: 2). 또한 이 중간영역은 "유아의 놀이의 영역과 직접적인 연속선상에 있다. 유아가 세계와 관계 맺기를 시작할 수 있으려면 유아기의 중간영역은 필수적이다. 이것은 초기의 결정적인 시기에 충분히 좋은 어머니의 돌봄에 의해 가능해진다."(13) 이 중간영역에서 유아는 어머니의 부재 및 어머니와의 분리불안을 견뎌낼 수 있다. 즉 유아는 중간영역에서 중간대상과 중간현상의 사용으로 어머니와의 관계를 비실제적인 상황에서도 실제적으로 경험할 수 있게 되어 "자발적이고 능동적으로"(Mahler, 1975: 100) 어머니와의 분리경험에 대처할 수 있다.

유아가 어머니와의 분리경험에 대처하기 위해 사용하는 기제들을 관찰하던 말러는 걸음마 유아는 이전의 공생관계의 상실로 인한 슬픔, 즉 어머니에 대한 실망과 자신의 무력감에 직면하게 된다는 사실을 확인하였다. 이 시기의 유아는 자신이 외롭고 무기력한 존재라는 사실뿐 아니라 자신의 어머니조차도 항상 그의 행복감을 회복시켜 줄 수 없다는 사실로 인해, 실제로 어머니의 관심은 자신의 관심과 구별된 것이며, 그 둘이 항상 일치하지 않는다는 사실로 인해 고통스러워하는 모습을 보였다(97 - 98). 분리의 경험, 소외의 경험에 대해 오덴(1999)은 이렇게 서술하고 있다:

> 인간 사회에서 혹은 적어도 현대 서구 문화 속에서 유기체가 발달해 나감에 따라 인간 자신은 자기의 유기체적 경험으로부터 소외된다. 인간은 가치화과정이 자신의 구체적인 경험에 깊이 뿌리박고 있는 신생아적인 상태의 에덴동산으로부터 추방당하며, 불일치 상태라는 소외지로 쫓겨난다. 그곳에서 자기와의 경험은 불일치되어 있다(101).

이러한 분리불안을 겪는 유아들에게서 다양한 중간현상들이 나타나는 것을 말러(1975)는 관찰할 수 있었다. 예를 들어 어머니의 부재로 인한 분리불안을 견디기 위해 어떤 유아는 많은 양의 과자를 먹거나 우유병을 들고 돌아다니려 했다. 어떤 유아는 어머니의 의자를 혼자 소유하려고 어머니가 방을 떠나면 곧바로 어머니의 의자에 앉곤 하였다. 이 유아는 어머니의 의자를 혼자 차지할 때에만 어머니의 부재를 참아낼 수 있었다(100).

말러가 관찰한 위의 중간현상들 외에 위니캇의 중간영역에 대한 논의는 유아의 신앙 형성에 대한 통찰력을 제공해 준다. 위니캇은 유아의 분리불안을 긍정적으로 대처하는 기제로 기능하는 중간대상과 중간현상은 관계 경험의 기초가 되는 환상영역에 속한다고 보았다. 이 환상영역은 유아가 창조하는 것이 진정으로 존재한다는 환상을 가질 수 있도록 허용하는 충분히 좋은 어머니의 특별한 능력에 의해 가능해진다(1971: 13 - 14). 유아가 어머니와 맺는 관계 경험이 공감적일 때 그리고 충분히 좋은 어머니의 돌봄에 의해 가능해지는 유아기의 중간영역에서 유아는 전능 경험을 통해 좋은 하나님 이미지를 형성하기 때문이다. 유아가 중간영역에서 전능 경험을 하는 것은 유아의 신앙이 형성되는 기초가 된다.

유아가 분리불안 및 소외감을 어머니와의 공감적 관계 경험에 기초한 중간대상 및 중간현상을 통해 극복한다는 대상관계이론적 관점은 유아의 종교영역의 길을 새롭게 열어 놓았다. 유아는 초기 시절에 충분히 좋은 어머니의 돌봄에 의해 가능해지는 중간영역에서의 전능 경험을 통해 건강한 정서 발달 및 신앙 발달을 하게 된다는 대상관계이론적 관점은 코메니우스의 신앙관을 발달심리학적으로 해석할 수 있게 한다. 즉 계시적 초월적 신앙 해석에서부터 유아의 정서 발달단계에서 형성되는 내재적 심리적 신앙에 대해 숙고할 수 있는 길을 열어 준다. 또한 유아의 신앙 형성을 위해 충분히 좋은 어머니가 제공하는 중간영역에서의 전능경험이 가능할 수 있도록 유아 및 어머니를 배려해야 하는 필요성을 확인시켜 준다.

## 3) 유아의 신앙교육

코메니우스에게 있어서 신앙교육은 도덕교육이나 기술교육보다 더 중요하다. "신앙과 하나님 경외, 예절과 덕, 언어 학문과 모든 종류의 기술"(1633: 64)은 순서의 뒤바꿈이 없이 우선순위에 따라 교육돼야 한다. "하나님을 경외하는 마음이 없다면, 미친 사람 손에 칼이나 검이나 도끼가 들려 있는 것과 같기 때문에, 모든 기술과 도덕은 오히려 해로울 뿐"(130)이다. 그러므로 부모들은 무엇보다도 내적이고 투명하게 하나님 경외하는 모습을 먼저 가르칠 수 있도록 노력해야 한다. 이 신앙교육은 유아가 태중에 있을 때부터 이루어져야 한다.

아버지는 임신한 아내와 함께 매일 기도를 해야 하고, 몸이 더 무거워졌을 때는 모든 시간을 온전히 기도하여 하나님의 축복을 구하며 태중에 있는 유아가 하나님 경외하기를 시작할 수 있도록 해야 한다(131).

코메니우스는 유아가 살아 있고 사지가 움직이는 것을 보면서 어머니는 겸손히 전능하신 하나님께 감사하고, 하나님께서 거룩한 천사들로 하여금 유아와 함께하시어 모든 악한 것들로부터 지켜주시고, 하나님의 축복으로 자손이 번성하도록 기도해야 한다고 하였다(130 – 131).

유아의 신앙교육은 본격적으로 만 2세가 지나서 시작할 수 있다. 이 시기는 "작은 사랑스러운 꽃봉오리처럼 유아의 이성이 피어나기 시작하여 사물을 구분하기 시작하는 때이고, 유아의 혀가 풀려 단어들을 똑똑하게 발음하기 시작하고, 발에 힘이 생겨 걸으려고 할 때"(131)이다.

신앙교육에 있어서 코메니우스가 강조한 것에는 다음과 같은 것들이 있다:(1666: 64 – 65)

첫째, 성경에 나타난 규례와 규범을 통한 훈련이 필요하다.

둘째, 일상생활 속에서 신앙을 연습하고, 하나님의 온전한 사람으로서 모든 선한 행위가 숙달될 때까지 실수들을 고치는 기회를 놓쳐서는 안 된다.

셋째, 유아의 영혼이 실제로 상처를 입기 전에 신앙교육을 일찍이 시작해야 한다.

넷째, 진지한 보기 및 모방을 제시해야 한다.

다섯째, 언제나 유아들은 모방을 통해 배우게 해야 한다.

이 밖에도 코메니우스는 유아의 신앙교육은 경건한 어머니의 기도와 조심성 있고 사려 깊은 행동으로 이루어지고, 가정의 신앙분위기 속에서 자연스럽게 놀이처럼 이루어져야 함을 강조하였다. 그는 유아에게 하나님에 대해 가르칠 때도 항상 효과적인 방법을 통하여 동기를 제공할 것을 권하였다(1633: 133). 이 시기에 이루어질 수 있는 신앙교육에 대해 코메니우스는 몇 가지 실례를 들어 제시하면서 신앙교육도 놀이처럼 이루어져야 한다고 하였다(131 – 132).

첫째, 식사 전후에 기도하거나 찬송을 부를 때 유아는 조용히 두 손을 모으고 앉아 있는 습관부터 길러야 한다. 가족이 좋은 모범을 보여주면 쉽게 습관을 익힐 수 있게 된다.

둘째, 유아의 입술로 찬양을 하게 하고, 무릎을 꿇고 두 손을 모으고 위를 쳐다보며 다음과 같은 간단한 기도를 따라하도록 한다: “하늘에 계신 아버지, 우리 주 그리스도 예수의 이름으로 저에게 자비를 베푸소서. 아멘.” 유아의 기억에 남도록 한두 달 반복하여 이 기도를 드린 후에 주기도문을 가르쳐야 한다. 이때 한꺼번에 다 가르치지 말고 몇 번에 나누어서 반복해서 가르쳐야 한다.

셋째, 하늘을 가리키면서 유아에게 의식주를 창조하신 하나님이 그곳에 계시다고 말할 수 있다. 이때 간단한 기도를 보충할 수 있다.

코메니우스의 이와 같은 신앙교육은 그 당시 강압적이고 주입식이던 교리문답 위주의 신앙교육을 극복하고 유아 중심의 신앙교육을 제시했다는 점에서 높이 평가할 수 있다. 또한 유아의 신앙교육에 어머니와의 관계 경험이 지대함을 강조한 것은 대상관계이론과 공통점이 있다.

리주토(1979)는 하나님 표상의 정교화가 부모 표상의 억압과 관련이 있는 것으로 보고 종교적 신앙에 있어서 중요한 요소인 회심을 설명하였다. 그녀는 회심을 “초기 하나님 표상이 지닌 중요한 정서적 요소가 억압에서 벗어남으로써 정서적으로 축적된 삶의 경험이 한곳으로 모이는 것"(51)으로 이해하였다. 다시 설명하자면, 부모 표상을 갖고 있는 개인이 억압으로부터 자아 동질적인 방식으로 풀려나는 현상을 회심으로 볼 수 있다는 것이다. 즉 하나님 표상과 현재의 자기 표상이 정서적으로 연결되어 있음을 인정하는 것을 회심이라고 볼 수 있는데 이것은 개인에게 '압도하는 실재감'과 '신에 대한 열광적인 헌신'을 가져다준다는 것이다(52).

이와 같은 대상관계이론의 하나님 이미지의 형성 및 그 발달과정에 대한 이해는 유아의 신앙교육에 있어서 쉽게 범할 수 있는 과오를 점검할 수 있게 해준다. 즉 유아에게 무조건 하나님을 주입시키려는 방법적인 과오를 지양하게 해준다. 신앙은 강제적인 방법이 아닌 모범을 통해 가르쳐야 한다는 코메니우스의 관점은 어머니와 유아 관계 경험에서 획득된 신뢰를 바탕으로 유아의 자연스런 신앙 발달을 강조한 대상관계이론을 통해 방법적인 모색을 할 수 있다. 즉 어머니와의 관계 경험 속에서 이루어진 신뢰를 기초로 하나님 표상이 긍정적으로 형성되고 표현되게 하는 점진적인 방법은 어머니와 유아와의 관계 경험을 더욱 공고히 하고, 유아의 신앙교육에 있어서 어머니의 교육적 역할을 보다 지혜롭게 수행할 수 있도록 길 안내를 할 수 있다.


## 4. 기독교 유아교육과 어머니교육의 재구성


유아교육과 어머니교육은 오랜 시기 동안 따로 구별되지 않고 서로 혼재되어 있었다. 자연공동체 생활을 하는 시기에는 어머니 및 주변의 어머니가 자녀를 양육하는 모습을 보고 배워 가다가 그들이 축적한 자녀양육의 경험과 어머니 역할에 대한 방법 및 기술들을 일상생활 속에서 비의도적이고 비공식적인 형태로 다음 세대 어머니들에게 전수해 나갔다(이숙희 외, 2003: 129). 어머니교육은 고대 국가 시대와 중세 시대를 지내오면서 그 시대가 요구하는 가치관과 풍습에 따라 주로 가정에서 행해져 왔다. 이와 같이 비의도적이고 비공식적인 형태로 일상적인 삶 속에서 행해지던 어머니교육이 형태를 갖춘 체계적인 교육의 모습을 갖추기 시작한 것은 르네상스 말 인문주의 시대가 도래하면서부터이다(135).

17세기, 어머니교육을 위한 체계적이고 전문적인 교육이 없었던 시대에 코메니우스는 가정에서 유아를 위한 교육과 어머니교육의 중요성을 강조하여 지침서들을 펴냈다. 이것이 체계적이고 전문적인 어머니교육의 효시이자(김현주 외, 2004: 16) 동시에 유아교육의 효시였다.

18세기 계몽시대에 이르러서는 구습과 전통을 이성적으로 비판하고 합리성을 강조하는 사상이 대두되면서 로크(J. Lock)의 '백지설'에 의한 유아기의 가정교육이 강조되었고, 루소(J. J. Rousseau)의 '자연주의' 사상으로 자연교육 중심의 유아교육이 강조됐다. 19세기는 현대적 부모교육이 시작된 시기이다. 이 시기에는 유명한 유아교육자들인 페스탈로치(H. Pestalozzi)와 프뢰벨(F. W. Fröbel)에 의해 어머니와 유아를 위한 교육 자료들[114]이 나오게 되었으며, 어머니와 자녀와의 상호관계 속에서 이루어져야 하는 유아교육 및 부모-자녀 간의 수평적 관계에 기초한 유아교육이 강조도

---

114) Pestalozzi(1801)의 How Gertrude Teaches Her children과, Fröbel(1843)의 Mutter und Kose-Lieder 등이 있다.

었다(16 - 17).

어머니교육은 20세기에 들어서면서부터 아버지 역할의 중요성을 인식하여 아버지를 포함한 부모교육으로 확대되어 강조됐다. 부모교육은 정신분석학, 사회심리학, 성격이론 행동주의 이론 등 제반 심리학의 영향으로 아동에 대한 이해와 어머니 및 부모의 역할에 대한 폭넓은 이해로 더욱 전문화된 교육으로 자리잡아 갔다(18). 특별히 프로이드 이후로 부모와 자녀와의 관계는 안정된 정서와 적응을 강조하는 수평적 관계가 강조되기 시작하였다. 이러한 부모-자녀 간의 수평적 관계의 강조 흐름에 따라 20세기 이후의 부모교육은 드라이커스(R. Dreikers)의 민주적 부모교육 이론, 지노트(G. H. Ginott), 고든(T. Gordon)의 부모 효율성 훈련 이론, 딩크마이어(P. Dinkmeyer)와 멕케이(Mckay)의 효율적 부모 역할 수행을 위한 체계적 훈련 행동수정 이론으로 발전되어 자녀를 효과적으로 양육하기 위한 부모교육 프로그램으로 활용되어 왔다(107).

오늘날 21세기 지식정보화 사회에서의 부모교육은 다양한 사회 구조 속에서 그 방향에 대해 도전받고 있다. 김명희는 현대의 지식정보화 사회에서 부모교육은 자녀의 인성을 저해하는 요소를 잘 파악하고 비인간화되어 가는 자녀의 인격을 바르게 형성하는 방향으로 나아가야 한다는 시대적 요구에 직면해 있다고 갈파하고 있다(2003: 48 - 49). 이것은 코메니우스가 잘못된 자리에 있는 인간을 이끌어 내는 행위와 그 인간을 바른 자리에 앉히는 행위가 교육이라고 본 관점과 다르지 않으며, 전인적 인격을 이루는 참자기의 형성을 위해 자녀와 어머니와의 좋은 관계 경험이 필요하다는 관점과 어긋나지 않는다.

본 장에서는 연구의 범위를 아버지를 포함한 부모교육으로 확대하지 않고, 대상관계이론에 의해 재해석한 코메니우스의 유아와 어머니 이해를 중심으로 현대사회에서 요청받고 있는 기독교 유아교육 및 어머니교육의 재구성에 대해 논의하고자 한다. 여기서는 유아교육과 어머니교육이 분리된 형태로서가 아니라 어머니가 유아교육의 교육목적과 교육과정과 교수학습과정에 직접적으로 참여되는 코메니우스의 관점에서, 유아와 어머니와의 관계 경험을 중요시하는 대상관계론적인 관점에서 유아교육과 어머니교육을 함께 통합시켜 논의할 것이다. 이에 앞서 유아기와 초기교육의 중요성 및 가정환경과 어머니 역할의 중요성에 대한 코메니우스의 교육사상과 대상관계이론의 공통된 강조점에 대해 먼저 살펴보고자 한다.

## 1) 유아기와 초기교육의 중요성

인간의 유아기에 관심을 가지고 교육의 핵심적인 중요한 시기로 인식한 것은 코메니우스에 이르러서이다. 그가 강조하였듯이 교육은 이른 시기에 이루어져야 그 효과가 높고, 토대가 튼튼해지기 때문이다. 그의 이러한 생각은 19세기 페스탈로치와 프뢰벨과 같은 유아교육자들에 의해 꽃이 피워졌고,[115] 오늘날에 이르러서는 유아교육의 전성기를 맞이하고 있다고 해도 과언이 아니다(정희영, 2004).

그러나 오늘날 우리나라 유아교육의 방향이 지식 위주로 흐르고 있고, 상업성에 의해 좌우되고 있어 매우 안타까운 현실이다. 어머

---

[115] 코메니우스의 유아교육사상이 페스탈로치와 프뢰벨에게 미친 영향에 관한 저서와 논문으로 이숙종(1996), 「코메니우스의 교육사상」 제12장 "코메니우스의 유산"(455-462), 마송희(2001), "코메니우스, 페스탈로찌의 교육사상과 기독교유아교육"(유아교육학논집 제5권 제1호: 77-95) 그리고 이상욱(1996), 「프뢰벨과 기독교유아교육」 참조.

니가 유아교육 기관에 자녀를 맡김으로써 교육의 책임을 다한 것으로 생각하고 어머니 품 안에서 자녀를 안정되고 바르게 교육해야 하는 책임을 방임하는 현실도 지적하지 않을 수 없다. 이러한 현실이 초래되는 이유는 크게 두 가지로 설명할 수 있다. 첫째는 현대사회의 변화로 인해 어머니의 교육적 기능 및 역할이 약화되어 유아교육은 전문적인 특별한 훈련을 마친 전문가에게 맡기는 것이 더 낫다는 생각이 지배적이기 때문이고, 둘째는 직장을 가진 어머니는 자녀를 아주 이른 나이에 교육기관 및 탁아시설에 맡길 수밖에 없기 때문이다(김현주 외, 2004: 25).

이와 같은 현실인식은 우리로 하여금 코메니우스가 강조한 유아기 및 초기교육의 중요성을 다시 한 번 인식하고 그에게서 교훈을 얻어야 할 필요성을 느끼게 한다. 또한 대상관계이론가들이 한결같이 주장한 초기 어린 시절 어머니와의 관계 경험 중요성의 의미를 다시금 되새기게 만든다.

유아기 및 초기교육의 중요성에 대한 코메니우스의 강조는 "성인이 이미 고착화된 자신의 정신에 양분을 줄 수 없다는 것을 알게 되었으면 유아들에게 그 가능성을 열어 주어 어린 시기에 교육을 받도록 해주어야 한다."(1666: 191)라고 유아기와 성인기의 특성을 이해한 것에 근거한 것이다. 성인기는 이미 무엇을 받아들이거나 변화를 일으키기에는 늦은 시기이다. 그러나 유아기는 무궁무진한 가능성을 품은 시기이므로 이 시기에 기초가 놓여야 하고 교육이 행해져야 한다. 코메니우스는 "유아들은 무한적이며, 모든 것을 할 수 있는 가능성과 능력을 지니고 있다."(172)라고 말함으로써 유아기를 교육이 가능한 시기, 교육의 토대가 놓여야 하는 시기로 보았음을 알 수 있다. 그는 부모가 자신의 자녀로 하여금

"다시는 돌이킬 수 없는 기회를 잃어버리지 않게"(171) 어릴 때부터 적절하고 세심한 배려를 할 것을 권했다.

> 여러 갈래 길을 통과해서 낯선 길을 걸어야만 하는 사람에게는 처음 출발에 있어서 올바른 방향 제시가 매우 중요하다. 왜냐하면 그에게는 조그마한 오류도 치명적이며 잘못된 방향으로 인도하기 때문이다(1666: 171).

이와 같이 유아기와 초기교육의 중요성을 강조한 코메니우스의 관점은 분리-개별화 과정을 통해 유아의 자아가 성숙해지는 과정을 연구한 말러의 관점과 비교 논의될 수 있다. 말러는 3세경에 유아는 개별성을 성취하고 정서적 대상 항상성을 획득한다는 사실을 확인하였다. 유아기의 심리 발달을 추적하는 연구에 전념한 말러는 전-오이디푸스기에 이루어지는 발달이 결국 개인의 정신건강을 좌우하게 되는 일이 된다는 것을 관찰결과 확인한 것이다. 개별성의 성취와 대상 항상성의 획득의 중요성에 대한 말러(1975)의 견해는 다음의 글에 잘 나타나 있다:

> 전-오이디푸스 발달에 관한 한, 정신건강의 첫째 조건은 유아가 리비도적 대상 항상성을 토대로 자존감을 보유하거나 회복할 수 있는 능력을 획득했는지, 그 지속성이 어떠한지에 달려 있다(118).

한편, 개인의 인격에서 참자기와 거짓 자기가 형성되는 결정적인 시기인 유아기에 대해 깊은 관심을 가진 위니캇은 유아기에 이루어지는 정상적인 발달이 건전한 인격을 이루게 되는 것을 강조하였다. 유아기 때 경험하는 충분히 좋은 어머니의 돌봄은 참자기 형성을 촉진하고, 유아로 하여금 살아 있다는 느낌을 느끼게 하고, 자발성과

214

창조성을 활성화하고 촉진하는 놀이를 할 수 있게 한다. 따라서 "유아의 욕구들에 대한 연구가 필요하며, 그 연구를 위해서는 유아가 전적으로 의존되어 있는 시기에까지 거슬러 올라갈 필요가 있다."(1965: 66)라고 한 위니캇의 말에 귀 기울일 필요가 있다.

또한 심리역동적으로 볼 때 전적인 무신론은 불가능하다고 본 리주토는 인간은 어린 시절의 초기 삶이 만들어낸 표상의 단편조각들을 통합하기 위해 어떤 내부의 하나님 표상을 형성한다고 주장하였다. 유아의 응집된 자존감의 발달은 이러한 하나님의 표상을 거울로 사용한다. 하나님 표상의 초기 형성과정은 어머니와의 경험에 의존되어 있으므로 유아와 어머니와의 관계 경험은 매우 중요하다(Jones, 1991: 68 – 69).

이로써 대상관계이론가들은 유아기와 이 시기에 이루어지는 심리적, 정서적, 종교적 발달과정에 강조점을 두고 있음을 알 수 있다. 유아기의 중요성에 대한 강조는 코메니우스와 같다는 사실은 이미 앞에서 살펴본 바와 같다. 그리고 대상관계이론의 발달론적 관점은 코메니우스의 초기교육 중요성에 대한 강조점을 더욱 심화시켜 주고 설득력을 제공해 줄 것이다.

## 2) 가정환경[116]과 어머니 역할의 중요성

가정환경은 유아의 일차적 환경이며, 가정환경의 핵심은 부모이

---

116) 가정환경이 유아의 인지·심리·정서·신앙 발달 및 교육에 미치는 영향에 대해 다루고 있는 연구논문들이 많이 있고, 이것에 관해 깊이 있게 다루려면 가족체계이론적 접근도 필요하지만 본 연구의 범위를 넘어서는 일이므로 여기서는 코메니우스와 대상관계이론가들의 관점을 중심으로 다룰 것이다.

다. 부모는 유아 초기에 상호 작용하는 경험의 양적·질적인 측면과 모든 발달에 중요한 영향을 미친다. 부모 중에서도 어머니의 역할은 유아에게 절대적인 영향을 미치게 된다.[117) 유아는 어머니와의 관계 속에서 새로운 경험을 쌓게 되고, 이것을 토대로 상황과 형편에 따라 직면한 문제를 해결하는 방법들을 터득하게 된다. 이런 과정에서 형성된 인성은 거의 평생을 유지하게 된다. 그러므로 유아에게 부모를 포함한 가족의 중요성과 가정환경을 중심으로 형성되는 유아의 초기 경험의 중요성은 매우 강조되고 있다. 특히 초기 경험의 중요성에 대한 많은 연구 결과들은 부모교육의 필요성을 강조하는 직접적인 요인이 되었다(김현주 외, 2004: 25). 이러한 현실적 상황에서 코메니우스와 대상관계이론가들의 가정환경과 어머니 역할의 중요성에 대한 강조에 대해 살펴보는 것은 매우 중요한 작업이다.

코메니우스는 유아가 6년 동안 지내야 하는 어머니 학교를 "싹이 터서 향기를 발하는 다양한 꽃들로 꾸며진 봄과 같다."(1657: 192)라고 하였다. 어머니 학교로 표현된 가정은 정원처럼 아름답고 다양하고 싱그러운 모습이어야 한다는 것으로 이해할 수 있다. 비록 어머니에 대한 역할의 중요성을 더 많이 강조하기는 하였으

---

117) 매스터슨의 대상관계이론적 접근방법에 많은 영향을 받은 호치키스(S. Hotchkiss, 2002)는 나르시시즘의 분석과 대응전략에 대한 그녀의 저서에서 "인생의 서곡은 어머니와 유아의 듀엣 곡으로 들려온다. 유아가 장차 보이게 될 문제들이 대부분 자아가 분리되어 형성될 당시의 문제에서 비롯된다고 보는 전문가들은, 유아에게 가장 큰 힘을 발휘할 수 있는 어머니야말로 그 유아에게 가장 책임 있는 존재라고 생각한다. 아버지의 역할도 중요하기는 하나, 그것은 어디까지나 조력자 역할에 불과하다."(89)라고 어머니 역할의 중요성을 역설하였다.

나 코메니우스는 아버지와 함께 가정에서 부모가 행해야 하는 공동책임에 대해서도 언급하였다. 「어머니 학교 소식」에서는 유아가 가정에서 특히 좋은 습관을 형성하고 신앙훈련을 받을 때에 부모가 함께 모범을 보임으로써 효과적으로 가르치도록 권하였다. 그는 가정에서의 교육이 제대로 수행되지 못하게 될 때의 위험성에 대해서도 경고하였다: "올바른 교육에 대한 무관심은 인간, 가족, 세계 전체를 멸망시키고, 잘못된 가정교육은 학교, 교회, 국가를 곤경과 어려움에 처하게 한다."(1666: 190)

대상관계이론에서도 유아에게 결정적인 영향을 미치는 환경으로서의 가정과 어머니 역할에 대해 강조하고 있음은 앞에서 이미 살펴본 바와 같다. 유아의 절대적 의존단계에서 어머니의 역할을 강조했던 위니캇은 유아가 절대적 의존단계로부터 벗어나서 독립된 온전한 사람들과 관계하기 시작할 때 아버지는 그에게 인격적 존재로서 중요해진다고 보았다. 유아는 아버지로부터 자기 자신과 다르며 다른 사람들과도 다른, 즉 유일한 사람에 대해 처음으로 배울 수 있다. 여기에 유아가 자신의 더 성숙한 통합을 위해 사용하는 모형이 있다(Wallbridge & Davis, 1981/이재훈 역, 1997: 166). 아버지가 유아들의 놀이 속에 참여하게 될 때 그는 가치 있는 새로운 요소들을 더하게 되며, 그가 이런 것들을 가져다줄 때 유아들은 새로운 눈으로 세상을 본다. '집 안의 안정성'이 엄마에게 속해 있다면, '거리의 생기발랄함'은 아버지에게 속해 있다(167).

위니캇은 가정이 무엇인가에 대한 묘사는 그것이 무엇을 하는지에 대한 설명과 관련이 있다고 하였다. 유아의 정서 발달에 있어서 가정의 결정적인 기능 중의 하나는 "관계 속에서 꾸준한 경험들이 중간영역의 발달을 위해 사용될 수 있는 충분한 시간"을 제공하는 것인데, "그 영역에서 중간현상 또는 놀이현상이 특정 유아를 위해 확립될 수 있다."118)라는 것이다. 유아가 놀이 속에서 가정을 창조하고 재창조할 시간을 가지게 됨으로써 가정이 유아의 실재 안에 동화될 때, 유아는 더 넓은 사회집단과 관계할 수 있도록 길을 터 주는 가정의 기능을 사용할 준비를 갖추게 된다(172).

> ……개인은 어머니와 융합되어 있는 상태로부터 독립적인 사람이 되어 어머니와 관계하고 또 어머니, 아버지 모두와 관계하는 긴 여정을 가질 필요가 있다; 여기서부터 그 여정은 어머니와 아버지가 이루는 가정이라는 영역을 통과한다.119)

위니캇은 자신들이 속해 있는 사회와 관계할 수 있는 부모들의 능력 또한 중요하다고 보았다. 가정은 진공상태에서 발달할 수 없기 때문이다. 또한 그는 부모 사이의 관계와 부모의 사회와의 관계가 가정의 기초를 제공한다면, 가정의 연속성은 개개의 유아의 인격통합에 달려 있다고 보았다:

> ……개개의 유아는 정서적으로 건강하게 성장하고 만족스러운 성격 발달을 이룸으로써 가정의 분위기를 긍정적으로 자극한다. 부모들은 가정을 세우려고 노력하면서 개개 유아의 통합경향성으로부터 유익을 얻는다.120)

가정 안에서 인격통합을 이루지 못한 유아가 겪게 되는 불행에 대해 데이비스와 월브릿지(Davis & Wallbridge)는 위니캇의 견해

---

118) Wallbridge & Davis, 1981/이재훈 역, 1997. 171에서 재인용.
119) 168에서 재인용.
120) 170에서 재인용.

에 동의하는 다음과 같은 말을 하였다:

> 비행에서 드러나는 반사회적 경향성은 초기의 박탈에서 생겨난 것이다. 그리고 박탈은 종종 아이가 그 안에서 충동적인 행동을 표현할 수 있도록 허용해 주는 파괴되지 않는 환경이 결핍된 데서 온다. 따라서 비행 소년과 사회의 관계 사이에 있는 테두리들은 가정 — 계속적인 아버지와 어머니의 돌봄 제공 — 을 나타내는 테두리의 허약함을 포함하고 있다(188).

가정환경의 중요성에 대해 클레어(1994)는 인간의 관계 경험과 하나님 경험의 상관성을 논하는 그의 저서에서 다음과 같이 진술하였다: "하나의 자기(self)가 되는 과정은 가정 안에서 시작된다. 가정환경은 아이로 하여금 자기와 다른 사람들의 이미지들을 사용해서 자신의 자기에 대한 느낌을 갖도록 자양분을 제공하는 곳이며, 이 가정 안에서 하나님 이미지가 발달한다. 즉 이러한 초기의 인간관계 안에서 하나님과의 관계에 대한 기초작업이 이루어진다."(11)

그는 유아가 어떻게 하나님 이미지를 만들어 내는가를 가정과 관련해서 설명하였다. 즉 유아는 하나님에 대해 의식적으로 생각해 내서 스스로 하나님 이미지를 만들어 내는 것이 아니라 가정 안에서 이루어지는 구체적인 경험들을 통해서 하나님 이미지를 창조한다는 것이다. 따라서 유아는 가정의 분위기와 부모의 이야기, 가족의 기도 등을 통해서 이미 형성된 하나님 이미지를 가지고 공적인 종교교육을 받게 된다(25).

가정 안에서 어머니를 비롯한 아버지 및 형제관계에서 형성된 하나님 이미지와 대상 이미지와의 관계성에 대해서 리주토가 밝혀낸 연구결과들은 그녀의 임상사례에 제시된 많은 사람들의 경우에 일치하고 있다. 피오렐라 도미니코(Fiorella Dominico)의 수염이 없는 신 표상, 더글라스 오더피의 거울 속의 신 표상, 대니엘 밀러(Danial Miller)의 불가사의한 신, 버나다인 피셔(Bernadine Fisher)의 적으로서의 신 표상 등은 모두 가정 안에서 어머니를 비롯한 아버지 및 형제관계에서 형성된 신 표상을 가지고 있었다. 그들은 이미 어린 시절에 경험한 가정이라는 울타리 안에서 맺은 대상관계를 기초로 하나님 이미지를 형성한 것이다. 리주토(1979)의 다음 말은 어린 시절 경험한 대상에 대한 기억에 관해 잘 설명해 준다:

> 대상에 대한 기억은 인간의 삶에서 참으로 중요하다. 기억의 형태는 그 인간관계의 질과 당시에 유아가 활용할 수 있었던 표상능력 및 그 기억의 양식에 의존한다(76).

따라서 유아의 최초의 대상 표상이 이상화된 부모상이라면, 하나님 표상의 지배적인 특징들은 부모 표상의 특징들을 공유한다. 그러므로 부모를 향한 양가감정은 하나님을 향한 양가감정과 일치한다. 예를 들어, 어머니가 유아를 사랑하고 보호해 주면, 그 유아는 사랑이 많고 친절한 하나님 이미지를 형성한다. 반대로, 어머니가 유아에게 가혹하게 대하면, 그 유아는 무섭고 두려운 하나님 이미지를 형성한다(Clair, 1994: 36)

이상과 같이 가정환경과 어머니의 역할이 유아의 정서 및 성격 발달과 신앙 발달에 결정적인 영향을 미친다는 대상관계이론의 관점은 가정환경의 중요성과 가정 안에서 유아교육의 책임을 맡은 어머니 역할의 중요성을 강조한 코메니우스의 유아교육 사상과 일맥상통한다. 요약하여 서술하면 다음과 같다: 첫째, 코메니우스의 유아교육은 가정이라는 울타리에서 이루어진다. 예를 들어, 지성과 덕성 및 신앙교육은 젖먹이 학급, 옹알이와 걸음마를 시작하는 학급, 지각사용 학급, 도덕성과 경건성 학급, 어머니 품 학급이라는 이름의 가정 안에서 이루어진다.

위니캇의 경우에도 가정이라는 울타리 안에서 유아의 정서가 안정하게 발달하고, 건강한 삶을 영위할 수 있다고 보았다. 안전한 울타리 제공 실패는 유아에게 박탈감을 제공하여 비행 청소년이 되게 한다는 것이 그의 견해이다. 이것은 코메니우스(1666)의 "잘못된 가정교육은 학교, 교회, 국가로 하여금 어려움과 곤경에 처하게 만든다."(190)라는 견해와 다르지 않다. 둘째, 코메니우스에게서는 어머니가 일차적 교사로서 더 강조되고 대상관계이론에서는 일차적 애정대상으로서 더 강조되고 있다. 그러나 그럼에도 불구하고 가정이라는 울타리 안에서 행해지는 어머니 역할이 공통하게 강조되고 있다. 셋째, 가정의 경건한 분위기와 가정에서 어머니의 모범으로 유아의 신앙교육이 바르게 이루어질 수 있다고 본 코메니우스의 견해는 유아가 가정에서 어머니와 맺는 관계 경험이 유아의 신앙 발달에 직접적으로 영향을 준다는 대상관계이론으로 더 심화시켜 논의할 수 있다는 점이다.

## 3) 교육목적의 재구성

본 절에서는 유아기와 초기교육의 중요성 그리고 가정환경과 어머니 역할의 중요성에 대한 코메니우스와 대상관계이론의 공통된 강조점을 기초로 하여 기독교 유아교육과 어머니교육을 위한 교육목적과 과제 및 내용, 교수방법의 재구성에 대해 간략하게 논의하고자 한다.

대부분의 부모교육은 유아교육과 별개로 이루어지고 있다.[121] 즉 유아기 자녀를 위한 부모교육이지 유아교육과 부모교육이 하나로 이루어진 부모교육이 아니다. 코메니우스의 유아와 어머니 이해에서 볼 수 있듯이 그에게 있어서 유아교육과 부모교육은 분리되어 있지 않다. "하나님의 값진 선물이고…… 성실히 보호받아야 할 가치 있는 존재"(1633: 55)인 유아를 교육해야 하는 의무와 책임이 있는 부모를 위한 교육 지침서는 유아교육서인 동시에 부모교육서이다. 이것은 특별히 코메니우스가 그의 유아를 위한 교육서를 「어머니 학교 소식」이라고 명명한 데서 확인할 수 있다.

그런데 '어머니 학교'(1657: 193), '유아기 학교 - 어머니의 무릎'(1666: 162) 등과 같은 용어를 통해 드러나듯이 코메니우스는 부모 중 아버지의 교육적 위치와 역할에 대해서도 언급을 하긴 하였으나 유아교육에 있어서 어머니의 위치와 역할을 훨씬 중요하게 생각하고 있음을 알 수 있다.

그러므로 첫째, 부모교육의 범위를 어머니교육의 범위로 한정하여 기독교 유아교육과 어머니교육을 관련지어 논의해야 하고 둘째,

---

121) 한국행동과학 연구소(1983)는 부모교육의 목적을 다음과 같이 서술하고 있다:

자녀의 발달을 촉진시키기 위한 부모의 역할을 인식하도록 부모를 돕는다.
자녀의 사회적, 정서적, 인지적, 언어적 그리고 신체발달과 이러한 발달을 촉진하는 환경조성에 관한 지식을 갖도록 돕는다.
유아교육상 부모로서 당면하는 문제들을 해결하는 데 필요한 정보와 기법을 습득하도록 부모를 돕는다.
유아교육에 적극 참여하도록 부모를 돕는다.

김현주 외, 2004: 23에서 재인용.

기독교 유아교육과 어머니교육을 분리하지 않고 관계모델적인 차원에서 교육의 목적을 재구성해야 할 필요가 있다. 따라서 본 연구자는 기독교 유아교육과 어머니교육의 목적, 교육과제와 내용의 재구성 그리고 교육방법의 재구성을 논함에 있어서 기독교 유아교육과 어머니교육이 서로 분리되어 이루어지는 것이 아닌 유아와 어머니가 함께 참여하는 기독교 유아-어머니교육으로 명명하고자 한다.

코메니우스의 교육적 목적은 그의 범교육적인 교육의 개념과 정의를 통해 알 수 있는 바와 같이 인간의 하나님 형상의 회복과 인간을 통한 창조세계의 회복이다. 유아는 하나님의 형상에 도달하기 위해 그리고 창조세계의 회복을 위해 교육되어야 한다. 어머니는 이러한 목적을 위해 유아를 책임적으로 교육해야 한다는 것이 코메니우스의 관점이다.

하나님의 형상을 회복해 가는 유아의 모습과 참자기가 형성되어 가는 유아의 모습은 다르지 않다. 유아의 하나님 형상 회복과 참자기 형성 과정에 있어서 어머니의 역할과 영향은 매우 중요하다. 유아와 어머니와의 건강한 관계 경험이 유아의 전인적인 인격 형성, 즉 참자기의 형성을 이룰 수 있다고 보는 것이 대상관계이론의 관점임을 볼 때 유아의 참자기 형성은 하나님 형상 회복과 더불어 기독교적 유아-어머니교육의 목적으로 재구성할 필요가 있다. 즉 하나님과의 관계, 인간과의 관계, 자연과의 관계 안에서 하나님의 형상을 회복하는 것을 목적으로 하는 코메니우스의 교육적 관점을 대상관계심리학적으로 재해석한 관계모델에 기초하여 기독교적 유아-어머니교육의 목적을 재구성할 필요가 있다. 한 걸음 더 나아가 어머니가 유아의 하나님 형상 회복과 참자기 형성과정에 지혜롭게 관여하도록 돕는 것이 기독교 유아 – 어머니교육의 목적이 되어야 할 것이다.

## 4) 교육과제와 내용의 재구성

위와 같은 기독교 유아 – 어머니교육 목적의 재구성을 위해서 코메니우스가 제시한 유아교육의 과제와 내용[122]은 다음과 같이 대상관계이론적으로 재해석되어 기독교 유아 – 어머니교육의 과제와 내용으로 재구성되어야 한다.

일반적으로 즐거움을 연상시키고 유아 자신의 고통을 감소시키는 따뜻한 어머니의 모습을 많이 경험했던 유아가 지니게 되는 하나님의 이미지는 좋으신 하나님 혹은 나를 도우시는 하나님이라는 긍정적인 이미지이다. 이러한 하나님 이미지를 구성하는 데 도움을 주는 최적의 양육환경 제공이 우선적으로 강조되어야 할 과제라고 볼 때 이것을 위한 기독교적 유아 – 어머니교육 과제의 재구성이 필요하다 (125 – 126). 자기 자신과 모든 다른 것에 대하여 올바르게 인식하는 지혜인 지성과, 다른 피조물과 자신을 올바르게 유지하는 것을 아는 덕성과, 이 세상 삶에서 하나님과 하나가 되도록 하는 경건성 훈련을 위해서 유아와 어머니에게 최적의 양육환경은 필수적이기 때문이다. 최적의 양육환경은 신뢰할 만한 환경이다. 환경이 신뢰할 만한가 그렇지 않은가에 따라 순응적인 거짓 자기를 형성하게 되기도 하고 창조적인 참자기를 형성하게 되기도 한다. 코메니우스가 제시한 지성과 덕성과 경건성을 함양하는 교육과제를 이루기 위해서

---

122) 이에 대해서는 본 연구의 코메니우스의 유아교육론 중 교육의 과제 및 내용 참조.

도 신뢰할 만한 양육환경은 필수적이다. 그러므로 '신뢰할 만한 최적의 환경 제공'이야말로 기독교적 유아－어머니교육 과제의 재구성을 위한 필수적인 요소가 된다.

유아가 '하나님의 형상을 회복하고 참자기를 형성'하도록 하고 '유아의 하나님 형상 회복과 참자기 형성과정에 어머니가 지혜롭게 관여하도록 돕는' 기독교 유아－어머니교육의 목적을 위해 다음과 같이 기독교 유아－어머니교육 내용도 재구성될 필요가 있다.

첫째, 성서 중심적이고 교리 중심적인 전통적인 커리큘럼을 극복하여 유아와 어머니와의 관계 경험의 내용들이 커리큘럼에 수용되어야 한다. 이것을 위해 첫째, 유아의 참자기 형성을 방해하는 대상상실 불안이나 분리불안을 느끼게 하는 어머니와의 관계 경험에 대한 내용을 교육할 필요가 있다. 둘째, 유아와 어머니와의 신뢰할 만한 관계 경험의 내용이 소개되어야 한다. 이미 살펴본 바와 같이, 유아가 어머니와의 관계에서 정서적으로 좌절과 실망을 경험하게 되면 성서적이고 교육적인 내용들이 유아에게 인지적으로 수용되거나 학습되지 않기 때문이다.

둘째, 유아에게 모범과 거울의 역할을 하는 어머니의 긍정적인 역할이 교육내용으로 제공되어야 한다. 전인적 인격교육과 참자기 형성의 주요 역할을 하는 어머니는 곧 유아가 하나님 형상을 회복하도록 헌신하는 어머니이기도 하기 때문이다. 어머니의 긍정적인 역할은 하나님 이미지에도 긍정적인 영향을 끼치기 때문에 매우 중요하다. 강희천(2000)은 "이미 여러 종교학자들에 의해 서술된 바와 같이 하나님의 형상 혹은 하늘나라에 관한 관념으로부터 모성적 요소를 발견할 수 있는데, 이러한 형상이나 관념은 어린 시절 형성된 유아와 어머니와의 관계를 유사하게 반영하고 있다.”(125)라고 지적하고 있다.

셋째, 유아의 긍정적인 하나님 표상 형성을 위해 하나님의 이미지가 아버지 이미지와 어머니 이미지가 함께 어우러져 소개될 필요가 있다. 어머니와의 좋은 관계를 많이 경험한 유아가 어머니 이미지를 가진 하나님을 소개받으면 자신을 도와주시는 좋으신 하나님이라는 긍정적 표상을 구성할 수 있다(이금만, 2002: 109). 따라서 기독교 유아 – 어머니교육의 현장에서 소개되어야 할 하나님의 모습은 아버지의 모습과 어머니의 모습이 함께 어우러진 새로운 표상으로 구성되어야 한다.

## 5) 교육방법의 재구성

코메니우스는 부모와 어린이의 구별이 엄격했던 당시에 부모가 아이에게 놀이를 제공해 줘야 하는 필요성 외에 아이와 함께 놀이에 참여해야 함을 강조하였다. 모든 교육은 ‘즐겁게’ 행해져야 한다는 코메니우스의 교수방법의 원리는 놀이를 유아교육의 필수적인 요소로 생각하게 하였고, 놀이를 통해 유아교육을 효과적으로 수행하려는 시도는 코메니우스 이래 유아교육에서 계속 이루어져 왔다.

대상관계이론에 있어서 놀이는 매우 중요한 의미를 갖는다. 놀이는 유아에게 있어서 “자신에 대한 정직함”(Winnicott, 1987: 146)이라고 할 수 있을 만큼 유아에게 자신을 있는 그대로 표현할 수 있도록 한다. 놀이는 그것이 가지고 있는 장점으로 인해 유아와 어머니의 상호작용을 증진시키고, 관계 경험의 개선을 도모할 수 있게 하는 어머니교육에 활용되고 있다.123) 대상관계에 중점을 둔 치료놀이는 '모 - 아 상호작용'을 촉진시키는 어머니교육 프로그램에 많이 활용되고 있다(이상희, 2002: 22 - 23). 치료놀이는 네 가지 원리를 포함하고 있다:(성영혜, 2004: 3 - 5) 첫째, 유아의 안전을 위해 시공간을 구조화하기 위한 규칙들이 필요하다는 구조의 원리, 둘째, 단계마다 성취감의 재미를 더해 주기 위한 도전의 원리, 셋째, 다양한 즐거운 방법으로 아이와의 상호작용을 끌어내는 개입의 원리, 넷째, 돌봄의 포근함과 정서적 풍족감을 경험하게 하는 양육의 원리.

국내에서는 최근에 위니캇의 대상관계이론을 기초로 '모 - 아 상호작용'을 위한 프로그램을 개발한 박사학위논문들124)이 나왔다. 그러나 코메니우스의 놀이에 대한 이해를 대상관계이론의 놀이 이해로 접근하여 놀이를 통한 기독교 유아 - 어머니교육에 대한 프로그램이 아직 나오지 않은 점을 감안할 때 이 분야에 대한 연구의 필요성이 요청되고 있다. 따라서 놀이를 교육방법으로 활용한 코메니우스의 관점과 놀이를 그 자체로 의미 있는 것으로 보고 놀이하는 유아를 주체로 생각하는 대상관계이론의 관점을 접목하여 유아 - 어머니교육의 방법으로 재구성해야 한다. 유아와 어머니와의

---

123) 국외에서는 클라인 이후 정신분석적 놀이치료 이론으로 자리를 잡고 어린이 치료에 활용되다가 놀이 치료가였던 젠버그(Annn M. Jernberg) 박사가 1967년 시카고에 치료놀이 연구소를 설립하고 치료놀이를 보급하면서 전 세계적으로 널리 알려지게 되었다. 놀이치료(play therapy)는 어린이 중심의 정신역동적 치료방법이고, 치료놀이(theraplay)는 어린이의 '지금 - 여기'와 '신체적 접촉을 통한 놀이'를 강조한 치료적 접근법이다(이상희, 2002: 3). 치료놀이를 창안한 젠버그는 놀이치료로 나아지지 않았던 자폐어린이를 치료놀이로 변화시킨 임상을 통해 치료놀이의 이론과 실제를 확립하였다.

124) 한성심(2001)의 박사학위논문으로 "대상관계이론에 기초한 부모교육 프로그램 개발과 효과 검증"과 이상희(2002)의 박사학위논문으로 "모 - 아 치료놀이 프로그램의 개발과 효과"가 있다.

관계 경험의 질을 높일 수 있는 놀이를 통한 교육방법의 재구성은 코메니우스가 지향한 유아의 전인적 인격을 실현하고, 어머니와 유아와의 관계 경험의 질을 향상하여 유아의 창조적이고 행복한 삶을 약속할 것이다.[125)]

---

125) 자기 자신이 되지 못하며, 자기의 느낌을 있는 그대로 느끼지 못하고, 자신의 경험을 적절하게 상징화시키지 못하여 마침내 자기 자신으로부터 소외되게 만드는 인간의 경험은 인간에게 불행과 곤경을 안겨준다. 로저스는 타율적으로 투사된 가치들이 인간으로 하여금 어떤 가치조건 아래서 살도록 강요할 때 인간의 곤경은 심화된다고 보았다(Oden/이기춘 외 역, 1999: 104). 자신의 자아개념과 심각하게 불일치되어 있는 이러한 상태에 대한 성서의 고전적 언급은 인간 스스로 자신이 뜻하는 바를 진정으로 행할 수 없다고 바울이 탄식하고 있는 로마서 7장에 나와 있다(Oden/이기춘 외 역, 1999: 102, 103).

# 제 8 장
# 결 론

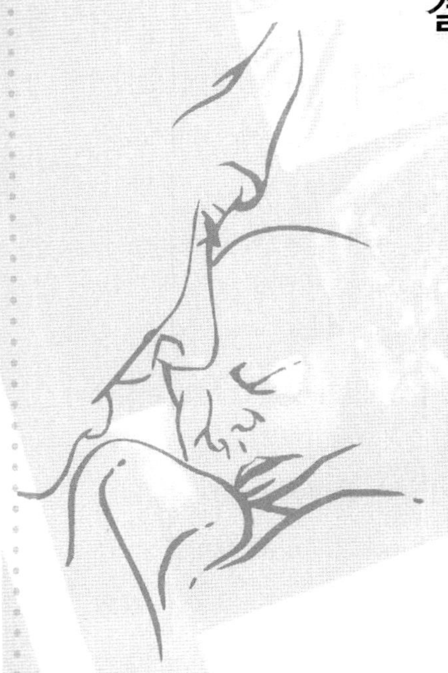

# 1. 요 약

필자는 코메니우스의 교육사상에 나타난 유아와 어머니 이해를 인간의 전인적 인격 성숙과 행복한 삶을 살 수 있는 능력을 위해 초기 유아기 시절의 유아와 어머니의 관계경험에 관심을 집중한 대상관계이론가들의 연구업적을 통해 현대적으로 재해석해 보려고 하였다. 그럼으로써 현대 기독교 유아–어머니교육의 재구성 가능성을 모색해 보려고 하였다.

필자는 이러한 연구목적을 위해 코메니우스의 교육사상 형성과정과 특징 등에 대해 살펴보았고, 코메니우스 교육사상에 있어서 유아와 어머니의 위치를 살펴보았다. 연구결과 그의 교육사상은 범지학적이고 범교육적인 방대한 사상에 근거해 있고, 그것의 목적은 하나님과 인간과 자연과의 올바른 관계를 통해 인간을 그의 본질 온전성으로 인도(하나님 형상 회복)하고 세계의 중심에 서서 창조세계를 돌보도록 하는 데 있음을 알게 되었다. 그의 유아교육 사상은 이러한 범교육적인 구도 안에서 형성된 것이고, 그 중심에는 어머니가 위치해 있음도 알게 되었다. 코메니우스의 유아와 어머니에 대한 이러한 관점은 당시의 시대적 편견과 무지를 뛰어넘는 위대한 통찰력을 보여준다. 코메니우스의 유아와 어머니에 대한 이해는 유아교육에 있어서 무엇이 제일 중요한지 무엇에 제일 큰 관심을 기울여야 하는지를 깨닫게 해준다. 이것을 현대 대상관계이론의 관점에서 재해석해 본 결과 다음과 같은 연구결과들을 얻게 되었다:

(1) 어머니의 젖가슴과 품이 유아의 신뢰감과 유아의 건강한 인격 형성에 미치는 영향은 결정적으로 매우 중요하다. 코메니우스는 하나님께서는 하나님의 씨(말2: 15)라 부른 유아를 어머니의 젖가슴과 품에 안기셨다고 말함으로써 모유수유와 유아의 인격 형성을 관련시켰다(1666: 81, 82). 그는 어머니가 유아에게 젖을 먹여야 하는 필요성과 당위성을 육체를 위한 영양공급을 위해서뿐만 아니라 어머니 품에서 이루지는 교육의 측면에서 강조하였다. 대상관계이론의 관점에서 볼 때 '대상관계'는 실제적으로 '인격적 관계'라는 개념을 가지게 되는데 유아는 어머니의 모유수유를 통해 인격적 관계를 경험하고, 이 수유 경험을 통해 유아는 어머니와의 신뢰감을 형성하게 된다. 유아가 어머니의 품 안에서 경험하게 되는 신뢰감은 유아의 건강한 인격 형성의 기초가 된다. 유아가 생의 초기에 어머니의 젖가슴과 품 안에서 경험한 어머니와의 신뢰 관계는 하나님과의 관계에도 직접적인 영향을 끼치게 된다. 어머니 품 안에서 이루어지는 유아교육에 대한 코메니우스의 유아교육 관점은 유아가 최초로 경험하게 되는 어머니와의 젖가슴과 품에 대한 대상관계이론가들의 유아의 최초 관계 경험 중요성이라는 관계모델적인 언어로 더욱 풍부하게 설명될 수 있다.

(2) 유아의 발달단계에서 모성적 돌봄과 촉진적 환경은 매우 중요하다. 유아의 발달단계와 발달 욕구에 따라 유아를 어떻게 다루고 돌보아야 하는지에 대해 코메니우스가 제시한 내용들에는 돌봄을 필요로 하는 유아와 돌봐 주어야 하는 어머니와의 관계가 잘 드러나 있다.

말러는 모유 먹이기가 중요하긴 하지만 안아 주기 행동양식이 더 결정적으로 유아의 심리적 탄생의 공생적 조직자로서의 역할을 하게 되는 사실을 강조하였다. 유아가 어머니와 함께 경험한 기본적 신뢰는 후에 사랑이 많은 하나님을 믿는 신앙의 기초로써 사용되기 때문에 더욱 중요하다. 위니캇도 안아 주기는 어머니가 자신의 사랑을 유아에게 보여줄 수 있는 특별한 형태의 사랑으로 정의하고 모성적 돌봄에 있어서 '안아 주기'의 중요성을 강조하였다. 그는 안전한 안아 주기 환경을 제공받지 못한 유아는 정신건강에 문제가 생기는 경우를 임상결과 관찰하였다. 리주토는 두세 살경에 경험하는 것으로 알려진 최초의 유아기 종교 경험은 어머니에 대한 실제 경험으로부터 파생된 것으로 보았다. 촉진적 환경에서 충분히 좋은 돌봄을 받아 긍정적인 어머니 이미지를 가지게 된 유아는 긍정적인 하나님 이미지를 가질 수 있다는 것이 그녀의 주된 이론이다.

(3) 유아기와 초기교육이 중요하다. 교육은 이른 시기에 이루어져야 그 효과가 높고, 토대가 튼튼해진다는 코메니우스의 생각은 19세기 페스탈로치와 프뢰벨과 같은 유아교육자들에 의해 꽃이 피워졌고, 오늘날에 이르러서는 유아교육의 전성기를 맞이하고 있다. 유아기는 무궁무진한 가능성을 품은 시기이므로 이 시기에 기초가 놓여야 하고 교육이 행해져야 한다고 본 코메니우스는 유아기를 교육이 가능한 시기, 교육의 토대가 놓여야 하는 시기로 보았다. 그는 부모가 자신의 자녀로 하여금 "다시는 돌이킬 수 없는 기회를 잃어버리지 않게"(1666: 171) 어릴 때부터 적절하고 세심한 배려를 할 것을 권했다.

유아기의 심리발달을 추적하는 연구에 전념한 말러는 전－오이디푸스기에 이루어지는 발달이 결국 개인의 정신건강을 좌우하게 되는 일이 된다는 것을 관찰결과 확인하였다. 개인의 인격에서 참자기와 거짓 자기가 형성되는 결정적인 시기인 유아기에 대해 깊은 관심을 가진 위니캇은 유아기에 이루어지는 정상적인 발달이 건전한 인격을 이루게 되는 것을 강조하였다. 심리역동적으로 볼 때 전적인 무신론은 불가능하다고 본 리주토는 인간은 어린 시절의 초기 삶이 만들어 낸 표상의 단편조각들을 통합하기 위해 어떤 내부의 하나님 표상을 형성한다고 주장하였다. 초기 유아기 때 어머니와의 신뢰적 관계에서 참자기를 형성하는 기회를 놓친 유아는 성장과정뿐 아니라 성장한 후에도 내적 고통과 곤경에 시달리고 성숙한 성인이 되지 못한다는 것이 대상관계이론가들의 공통된 견해이다. 이러한 대상관계이론의 발달론적 관점은 코메니우스의 초기교육의 중요성에 대한 강조점을 더욱 심화시켜 주고 설득력을 제공해 준다.

(4) 유아의 무한한 가능성과 창조성은 놀이를 통해 드러난다. 놀이는 코메니우스에게 있어서는 어머니나 부모 혹은 교사가 유아에게 학습과 훈련을 위한 방법으로 제공해야 하는 하나의 활동이다. 이 활동 속에서 유아는 자유와 자발성, 창조성을 느끼고 발휘할 수 있다. 유아의 신앙교육을 가장 중요하게 여긴 코메니우스는 신앙교육도 가정의 신앙분위기 속에서 자연스럽게 놀이처럼 이루어져야 한다고 강조하였다. 놀이를 통한 신앙교육 방법은 그 당시 강압적이고 주입식이던 교리문답 위주의 신앙교육을 극복하고 유아 중심의 신앙교육을 제시하여 유아에게 무조건 하나님을 주입시키려는 신앙교육의 방법적인 과오를 지양하게 해주었다. 이것은 유아의 신앙은 어머니와의 관계 경험에서 생겨나고 발달하는 것이기 때문에 지식적으로 주입할 수 없다는 대상관계이론과 만난다. 놀이할 수 있는 유아는 어머니와의 신뢰 관계를 정상적으로 맺은

유아이다. 놀이할 수 있는 유아는 정상적으로 발달단계들을 거치게 되고, 정체감 형성에 성공한다.126) 위니캇은 유아와 어머니와의 신뢰관계를 기초로 해서 생겨나는 창조적인 중간현상으로 놀이를 설명하였으며, 이 중간현상이 일어나는 중간영역의 자리에, 즉 놀이할 수 있는 곳에 신앙이 생겨나고 발달한다고 보았다. 놀이를 모든 학습과 훈련 — 지성, 덕성, 신앙 — 을 위한 효과적인 방법적 원리로 이해한 놀이에 대한 코메니우스의 견해는 대상관계론적인 놀이 이해로 재해석되어 기독교적 유아 – 어머니교육 방법의 재구성에 공헌할 수 있다.

(5) 어머니의 교육적 위치와 역할이 매우 중요하다. 코메니우스는 전인적 인격교육의 일차적인 교사로서 어머니를 이해하고 유아를 어릴 때부터 어머니 학교에서 바르게 양육하도록 교육지침을 제시하였다. 코메니우스가 말하는 전인적 인격은 대상관계이론에서 말하는 참자기와 만날 수 있다. 참자기의 개념에는 정신내적인 측면과 전인의 독특하고 개인적인 측면이 모두 포함된다. 이 참자기는 어머니가 충분히 좋은 돌봄으로 유아로 하여금 '전능 경험'(the experience of omnipotence)을 할 수 있게 해줄 때 형성되기 시작한다. 대상을 사용할 수 있는 능력, 상징을 사용할 수 있는 능력, 놀이를 할 수 있는 능력, 창조적인 삶을 살 수 있는 능력인 참자기를 형성함에 있어서 결정적인 역할을 하는 사람은 일차적으로 어머니라는 것이 대상관계이론가들의 공통된 견해이다.

일차적 교사로서 어머니는 유아의 훈육 혹은 훈련 책임자로서 역할과, 모범과 거울 역할을 해야 한다는 것이 코메니우스의 견해

---

126) 터스틴(1990)은 자폐아를 놀이할 수 없는 유아로 명명하고 있다. 제5장 "놀이할 수 없는 어린이와의 놀이치료" 참조.

이다. 그는 어머니는 유아에게 지나친 애정을 쏟지 말고 유아의 고집과 반항을 다스려야 한다고 권하였다. 그런데 매를 들기보다는 세심한 관심으로 지도하고 근본원인을 치료하는 훈육방법으로써 유아의 고의적인 의도에서 나오는 나쁜 행동 혹은 습관을 일찍부터 고치고, 순종을 통해 자신의 판단보다는 다른 사람의 충고를 따르는 것이 더 확실하다는 것을 인식할 수 있게 해야 한다고 하였다. 코메니우스의 '훈육'과 대상관계이론의 '점진적인 환멸' 또는 '최적의 좌절'은 매우 유사한 개념이다. 대상관계이론가들은 어머니가 유아에게 최대한 반응해 주고, 헌신적으로 충분히 돌봐 주어야 하지만 유아의 욕구에 점진적으로 반응해 주지 아니하는 '점진적인 환멸' 혹은 '최적의 좌절'에 대해서 강조하고 있다. 그것을 통해서 유아는 한 단계 더 발달하게 되고 성숙을 향해 나아갈 수 있기 때문이다.

코메니우스는 유아의 지적 활동을 비롯한 덕성교육과 신앙교육을 위해서 모방의 원리가 적용되어야 함을 강조하였다. 모범을 직접 보이고, 적절한 모범을 제시해야 하는 어머니의 교육적인 역할은 유아의 심리 및 정서, 신앙 발달에 있어서 거울 역할을 하는 어머니의 역할과 만날 수 있다. 따라서 모범을 통해 유아를 올바르게 가르쳐야 한다는 코메니우스의 어머니의 교육적 역할에 관한 견해는 어머니가 유아에게 거울 역할을 하게 된다는 대상관계이론으로 더욱 심화될 수 있다. 어머니가 아기의 내면세계를 반영해 주는 거울 역할을 성공적으로 수행할 수 있기 위해서는 남편과 가족들 그리고 가까운 사회 환경으로부터 반드시 지원받아야 한다고 역설한 위니캇의 말에 귀 기울일 필요가 있다.

(6) 유아의 하나님 표상 발달과정에 미치는 어머니의 영향은 결

정적으로 중요하다. 코메니우스는 유아교육과 신앙교육을 별개로 생각하지 않았다. 어머니의 사고와 행동은 유아의 전 삶에 영향을 끼쳐 유아의 육체와 영혼에 그대로 뿌리박히게 되기 때문에 태중에 있을 때부터 어머니는 조심해야 한다고 강조한 코메니우스의 이론은 유아가 어머니와 갖는 관계가 직접적으로 하나님과 갖는 관계에 영향을 미친다는 사실을 강조한 대상관계이론과 일맥상통한다. 타율적으로 투사된 가치들은 위니캇이 말한바 거짓 자기 형성을 공고히 한다. 초기 유아기 시절에 어머니와의 좋은 관계에서 자신의 일부가 된 선(도덕)을 투사할 수 있을 때에야 비로소 유아가 교육자가 가르치는 신(종교)을 받아들일 수 있다는 위니캇의 지적은 매우 설득력 있다. 그(1965)는 어떤 신학적 체계라도 새로 태어난 유아가 어떤 방식으로 존재하느냐에 따라, 어느 정도 정서적 발달을 이루느냐에 따라 수용되느냐 그렇지 않느냐가 달려 있다고 보았다(94). 하나님 이미지 형성에 끼치는 영향에 대해 연구한 리주토는 하나님 표상은 초기 어린 시절에 맺은 어머니와의 관계 경험이 핵심적인 역할을 한다는 연구 결과에 따라 하나님 이미지를 형성하는 자료로 대상 표상과 변화하는 자기 표상 그리고 신념체계의 환경이 매우 중요함을 강조하였다.


## 2. 제 언


코메니우스의 유아와 어머니에 대한 이해를 현대 대상관계이론의 관점에서 재해석한 위와 같은 연구결과들을 토대로 필자는 대부분의 부모교육이 유아교육과 별개로 이루어지고 있는 현실에서 유아교육과 어머니교육이 연계된 관계모델적인 기독교 유아 – 어머니교육의 필요성을 제시하였다. 코메니우스의 유아와 어머니 이해에서 볼 수 있듯이 코메니우스에게 있어서 유아교육과 어머니교육은 분리되어 있지 않고 있으며, 대상관계이론에서도 우아는 어머니와의 관계 속에서 파악되는 관계적인 존재이기 때문이다.

 (1) 기독교 유아 – 어머니교육에 있어서 교육목적이 재구성되어야 한다. 코메니우스의 교육적 목적은 그의 범교육적인 교육의 개념과 정의를 통해 알 수 있는 바와 같이 인간의 하나님 형상 회복과 인간을 통한 창조세계 회복이다. 어머니는 유아를 이러한 범교육적인 목적을 위하 책임적으로 교육해야 한다는 것이 코메니우스의 관점이다. 유아와 어머니와의 건강한 관계 경험이 유아의 전인적인 인격 형성, 즉 참자기의 형성을 이룰 수 있다고 보는 것이 대상관계이론의 관점이다. 따라서 다음과 같이 기독교적 유아 – 어머니교육의 목적이 재구성될 필요가 있다.

 첫째, 유아의 하나님 형상 회복과 유아의 참자기 형성이 기독교적 유아 – 어머니교육의 목적으로 재구성되어야 한다. 참자기가 형성되어 가는 유아의 모습은 하나님의 형상을 회복해 가는 유아의 모습과 다르지 않기 때문이다.

 둘째, 하나님의 형상 회복은 대상관계이론적인 용어로 표현하자면, 일차적 모성 몰두와 충분히 좋은 어머니 그리고 공감적 관계 경험이라는 준비된 양육환경을 필요로 한다. 유아의 참자기 형성과 하나님 형상 회복과정에 있어서 어머니의 역할과 영향은 매우 중요하기 때문이다. 이러한 사실을 어머니가 인식하고 깨달아 어머니가 우아의 참자기 형성과 하나님 형상 회복과정에 지혜롭게 관여하도록 돕는 것이 기독교 유아 – 어머니교육의 목적이 되어야 할 것이다.

　(2) 기독교 유아－어머니교육에 있어서 교육과제와 내용이 재구성되어야 한다. 유아가 ‘하나님 형상을 회복하고 참자기를 형성’하고 ‘유아의 하나님 형상 회복과 참자기 형성과정에 어머니가 지혜롭게 관여하도록 돕는’ 기독교 유아－어머니교육 목적의 재구성을 위해서 교육과제와 내용의 재구성이 요청된다. 기독교적 유아－어머니교육의 과제 재구성을 위해 ‘신뢰할 만한 최적의 환경 제공’이야말로 필수적인 요소가 된다. 코메니우스가 제시한 지성과 덕성과 경건성을 함양하는 교육의 과제를 이루기 위해서도 신뢰할 만한 양육환경은 필수적이다. 신뢰할 만한 최적의 환경은 모성적 몰두가 가능하고 안아 주는 상황이 가능한 환경을 말한다.127) 환경이 신뢰할 만한가 그렇지 않은가에 따라 유아는 순응적인 거짓자기를 형성하게 되기도 하고 창조적인 참자기를 형성하게 되기도 하기 때문이다. 이러한 환경제공이 가능하도록 어머니를 위한 정서적 지원도 필요함을 간과하지 말아야 할 것이다.

　기독교 유아－어머니교육의 내용도 다음과 같이 재구성되어야 한다.

　첫째, 성서 중심적이고 교리 중심적인 전통적인 커리큘럼을 극복하여 유아와 어머니와의 관계 경험 내용들이 커리큘럼에 수용되어야 한다. 유아가 어머니와의 관계에서 정서적으로 좌절과 실망을 경험하게 되면 성서적이고 교육적인 내용들이 유아에게 인지적으로 수용되거나 학습되지 않기 때문이다.

　둘째, 유아의 긍정적인 하나님 표상 형성을 위해 하나님의 이미

---

127) 위니캇(1957, 1965, 1971)의 견해와 유사하게 클라우스와 켄넬 (Klaus and Kennel, 1976)은 아기는 출생 후 새로운 자궁 역할을 하는 환경을 필요로 한다고 하면서 유아는 어머니의 물리적 자궁에서 나와 정신적 자궁 안에 안겨 있어야 함을 강조하였다.

지가 아버지 이미지와 어머니 이미지가 함께 어우러져 소개될 필요가 있다.

셋째, 유아에게 모범과 거울의 역할을 하는 어머니의 긍정적인 역할이 교육내용으로 제공되어야 한다. 전인적 인격교육과 참자기 형성의 주요 역할을 하는 어머니는 곧 유아가 하나님 형상을 회복하도록 헌신하는 어머니이기도 하기 때문이다.

(3) 기독교 유아－어머니교육에 있어서 교육방법이 재구성되어야 한다. 모든 교육은 '즐겁게' 행해져야 한다는 코메니우스의 교수방법의 원리는 놀이를 유아교육의 필수적인 요소로 생각하게 하였고, 놀이를 통해 유아교육을 효과적으로 수행하려는 시도는 코메니우스 이래 유아교육에서 계속 이루어져 왔다. 코메니우스의 놀이에 대한 이해를 대상관계이론에서 놀이의 이해로 접근하여 놀이를 통한 기독교 유아－어머니교육에 대한 프로그램이 아직 나오지 않은 점을 감안할 때 이 분야에 대한 연구의 필요성이 요청되고 있다. 따라서 다음과 같이 기독교적 유아－어머니교육의 방법이 재구성될 필요가 있다.

첫째, 놀이를 교육방법으로 활용한 코메니우스의 관점과 놀이를 그 자체로 의미 있는 것으로 보고 놀이하는 어린이를 주체로 생각하는 대상관계이론의 관점을 접목하여 유아－어머니교육 방법으로 재구성할 필요가 있다. 놀이를 통한 교육방법의 재구성은 코메니우스가 지향한 유아의 전인적 인격을 실현하고, 어머니와 유아와의 관계 경험의 질을 향상하여 유아의 창조적이고 자발적인 삶을 가능하게 할 수 있기 때문이다.

둘째, 코메니우스의 놀이에 대한 이해는 대상관계이론에 기초한 놀이 프로그램(예를 들어, '모－아 상호작용'을 촉진시키는 대상론계에 중점을 둔 치료놀이 등)에 접목되어 구체적인 프로그램으로 기독교 유아 – 어머니교육 방법으로 활용될 필요가 있다.

기독교 유아 – 어머니교육의 위와 같은 재구성을 위해 필자는 다음과 같은 제언을 하고자 한다.

첫째, 코메니우스의 이론과 대상관계이론은 모두 서구의 학문적 풍토 및 문화 속에서 형성된 이론이라는 한계가 있다. 그러므로 연구자가 시도한 대상관계론적인 관점에서 재해석한 코메니우스의 유아와 어머니 이해는 한국의 현실 속에서 그 구체적 실천을 통해 재검증되고 수정되어야 할 필요가 있다.

둘째, 대상관계론적인 관점에서 재해석된 코메니우스의 유아와 어머니 이해를 기초로 하여 실제적인 모델 및 프로그램의 개발이 이루어져야 한다. 코메니우스의 범교육적인 구도의 중심에 위치해 있는 유아와 어머니 이해를 대상관계이론적으로 재해석한 이 저서를 계기로 기독교 유아 – 어머니교육을 위한 새로운 모델 및 프로그램이 연구되길 기대한다.

셋째, 위와 같은 모델 및 프로그램이 개발되기 위해서는 코메니우스의 관점에 기초하되 대상관계이론에서 검증된 자료가 필요하다. 다시 말해 임의로 프로그램을 계획하는 단계를 벗어나 학문적으로 입증된 자료를 토대로 새로운 교육 모형을 창출하는 단계가 필요하다.

넷째, 새롭게 재구성된 기독교 유아 – 어머니교육 모형을 실천할 수 있는 교육의 장이 마련되어야 한다. 새롭게 구성된 교육모형은 구체적인 실천의 현장에서 평가될 수 있고 개선될 수 있다. 교회 및 기독교 유아교육 기관에서 이러한 책임을 감당할 때 코메니우스의 유아와 어머니 이해에 대한 현대적 해석으로 새롭게 재구성된 기독교 유아 – 어머니교육이 실효를 거둘 수 있다고 본다.

|참고문헌|


1. 코메니우스의 자료

1) 국외문헌

Comenius, J. A.(1633). The School of Infancy. ed by Eller, E.
        M.(1956). Chapel Hill: The University of North Carolina Press.
        _______________(1657). Grosse Didaktik. in deutcher Übersezung
        herausgegeben von Flitner A.(1993). Klett－Cotta.
        _______________(1666). Algemeine Beratung der Verbesserung der
        menschli－ chen Dinge. in deutcher besetzung ausgewahlt,
        eingeleitet von Hofmann, F.(1970). Berlin: Volk und Wissen
        Volkseingener Verlag.
        _______________(1666). Pampaedia Allerziehung. in deutcher Übersezung
        heraus －gegeben von Shaller, K (1991). Academia Verlag.

2) 번역서

Comenius, J. A.(1633)/정일웅 역(2001). 어머니학교의 소식(Informatorir
        der Mutterschule, trans. by Franz Hoffmann, 1987). 서울: 이레서원.
Comenius, J. A.(1649)/이숙종 역(1995). 분석교수학(Analytical Didactic,
        trans. by Vladimir Jelinek, 1953). 서울: 교육과학사.
Comenius, J. A.(1668)/이숙종 역(1999). 빛의 길(The Way of Light,
        trans. by E. T. Campagnac, 1938). 서울: 여수룬.
Comenius, J. A.(1658)/김은권, 이경영 역(1998). 세계도해(The Pictures of
        the World, trans. by Charles Hoolen, 1659). 서울: 교육과학사.

## 2. 코메니우스 관련자료

### 1) 국내문헌

김기숙(1999). "현대 인간성 교육을 위한 코메니우스와 그룹의 교육론 비교 연구". 박사학위논문. 총신대학교 대학원.

______(2003). 코메니우스의 인간성 교육론과 기독교 대학. 서울: 한들출판사.

김성애(2005a). "코메니우스의 기독교 가정교육 방법 고찰". 기독교교육정보 제10집. 한국 기독교교육 정보학회.

______(2005b). "우리 시대 교사로서의 부모". 제4회 코메니우스 학술 심포지엄 자료집. 한국 코메니우스 연구소. 85 – 103.

김창환(1997). "코메니우스의 유아교육사상". 유아교육 연구. 17권 2호. 5 – 25.

마송희(2001). "코메니우스, 페스탈로찌의 교육사상과 기독교 유아교육". 유아교육학논집 제5권 제1호. 77 – 95.

박은주(2000). "코메니우스의 태아 및 유아교육론의 현대적 해석 — 범교육론을 중심으로". 석사학위논문. 총신대학교대학원.

안건상(1986). 코메니우스의 범교육론 연구. 서울: 을지사.

오인탁(1980). "J. A. Comenius의 범교육(Pampaedia)의 이론". 신학사상 여름호. 서울: 한국신학연구소. 312 – 350.

______(1985). "요한 아모스 코메니우스 팜페이디아". 기독교명저 60선. 서울: 종로서적. 301 – 307.

오춘희(1997). 요한 아모스 코메니우스에 관한 전기적 연구. 연세대학교대학원 박사학위논문.

______(1997). "코메니우스(1592 – 1670)와 청교도의 관계에 대한 일 고찰". 신학과 선교. 창간호. 259 – 293.

이경영(1993). "J. A. Comenius의 유아교육사상 연구". 박사학위논문. 전남대학교대학원.

이숙종(1992). "코메니우스의 신학사상과 범지학과의 관계성". 코메니우스의 교육사상 연구. 탄생 400주년 기념. 한국교육학회 교육철학 연구회 주최 학술대회 발표 논문. 이화여자대학교.

______(1996). 코메니우스의 교육사상. 서울: 교육과학사.

______(1998). "현대사회에서 코메니우스의 재해석과 새교육의 정립을 위한 연구". 인문과학논집 제5집. 강남대학교 인문과학연구소. 69 – 98.

______(2001). 현대사회와 기독교 교육. 서울: 대한기독교서회.

______(2001). "평화를 위한 코메니우스의 신학과 교육사상과의 관계성". J. A. Comenius와 21세기 기독교 교육. 한국 코메니우스 연구소 심포지엄 자료집. 20 – 32.

______(2004). "코메니우스의 평화 교육사상". 코메니우스의 평화사상과 교육. 한국 – 체코 코메니우스 연구소 주최 학술대회 발표 논문. 43 – 57.

양금희(2001). 근대 기독교교육 사상. 서울: 한국장로교출판사.

장화선(1993). "J. A. Comenius와 J. J. Rousseau의 유아교육 관점에 대한 비교 연구". 박사학위논문. 이화여자대학교대학원.

정영수(1992). "근대교육에 있어서 코메니우스의 위상". 교육철학 제10호. 169 – 181.

정일웅(1990). 현대 기독교교육. 서울: 에페소 서원.

______(1993). 교육목회학. 서울: 솔로몬.

______(1995). "코메니우스의 교육신학사상 연구". 신학지남. 여름호.

______(2001). "코메니우스의 교육신학사상의 현대적 의미". 한국 코메니우스 연구소 심포지엄 자료집. 4 – 19.

조래영(2002). "기독교적 관점에 기초한 J. A. Comenius의 유아교육론". 박사학위논문. 중앙대학교 대학원.

2) 국외문헌

Arnhardt, Gerhard/Gerd－Bodo Reinert, Hrsg.(1996). JAN AMOS COMENIUS Über sich und Erneuerung von Wissenschaft, Erziehung und christlicher Lebensordnung. BandⅠ－Ⅱ. Donauworth: Auer Verlag GmbH.

Berg, Hans－Christoph und Gunther Gerth und Karl Heinz Potthast, Hrsg.(1990). Unterrichtserneuerung mit Wagenschein und Comenius Versuche Evangelischer Schulen 1985－1989. Munster: Comenius Institut.

Halama, J.(2005). "Comenius' Theology and the Labyrinths of Education". The Spirituality and Education of Comenius. 한국－체코 코메니우스 연구소 국제학술대회 자료집. 11－24.

Hofmann, F.(1971). "Das Werk Jan Amos Komenskys im Entwicklungs－prozeses des pädagogischen Denkens(Ein Beitrag zur Problemgeschichte der Pädagogigik". Acta Comeniana, 2. 5－22.

__________(1972). "Über die Modernität des pädagogischen Vermächtisses J. A. Komenskys". Acta Comeniana, 3－1. 39－43.

__________(1979). "Das 'Sendschreiben' des Petrus Colbovius an jan Amos Comenius". Acta Comeniana, 4－2. 255－268.

__________(1983). Dir pädagogische Theorie J. A. Komenskys－ein Paradigma in der Geschichte der pädagogischen Wissenschaft Acta Comeniana, 5, 21－31.

__________(1990). "Impulse für die Comeniusforschung". Zwanzig Jahre Comenius－forschung in Bochum. 331－335.

Gossmann, K./H. Schröer, Hrsg.(1992). Auf den Spuren des Comenius: Texte zu Leben, Werk und Wirkung. Götingen: Vandenhoeck und Ruprecht.

Kotowski, N./Jan Lášek, Hrsg.(1992). Comenius und die Genese des

modernen Europa. Internationales Comenius Kolloquium. Flacius −
Verlag.

Michel, G.(1978). Die Welt als Schule. Ratke, Comenius und die
didaktische Bewegung. Hanover: Verlag Pädagogium.

Mišurcová, V. ed.(1992). Comenius' Heritage and Education of Man
for the 21st century(section4: Comenius' Heritage and Early
Childhood Education). Prague: Charles University − Comenius
Institute of Education.

Nipkow, K. E.(1986). Bildung − Glaube − Aufklärung. Zur Bedeutungvon
Luther und Comenius für die Bildungsaufgaben der Gegenwart.
Konstanz: Christliche Verlaganstalt.

Novotný, Josef und Milan Kopecký und Josef Polišenký, Hrsg. Acta
Comeniana. Internationale Revue für Studien über J. A.
Comenius. Praha: Academia.

Band 1(1970)

Band 2(1971)

Band 3(1973)

Band 4(1979)

Band 5(1983)

Band 6(1985)

Band 7(1987)

Band 8(1989)

Band 9(1991)

Pešková, Jaroslava/Josef Cach, ed.(1991). Homage to J. A. Comenius.
Prague: Karolinum in Charles University.

Piaget, J.(1957). Comenius. New York: Columbia University Press.

Schaller, K.(1967). DIE PÄDAGOGIK DES JOHANN AMOS
COMENIUS und die Anfänge des Pädagogischen Realismus im 17.
Jahrhundert. Heidelberg: Quelle & Meyer.

Schröer, H.(1992). "Panorthosia: Comenius Entwurf einer praktischen Theologie". Gossmann, K./C. T. Scheike, Hrsg. Jan Amos Comenius 1992: Theologische und Pädagogische Deutungen. Gütersloh: Gütersloh Verl.

__________(2001). "Die Zukunft der christlichen Pädagogik und Comenius". John Amos Comenius와 21세기 교육. 심포지엄 자료집. 한국 코메니우스 연구소. 40 – 47.

Schweitzer, F.(1992). Die Religion des Kindes. Zur Problemgeschichte einer religionspädagogischen Grundfrage. Gütersloh.

Spinka, M.(1943). John Amos Comenius that Incomparable Moravian. Chicago: The University of Chicago Press.

Tuttle, M. H. ed.(1987). Chritian History Magazine. N.J.: Chritian History Institute.

Willey, B.(1952). The Seventeenth Century Background. New York: Columbia Press.


## 3. 대상관계이론 관련 자료

## 1) 국내문헌

김난예(2002). "하나님 표상 측정도구 개발에 관한 연구". 한국교육학회. 교육학연구 제40권 제4호. 47 – 69.

김수경(1998). "대상관계이론의 시각에서 본 '놀이'에 대한 연구". 석사학위논문. 한신대학교 신학대학원.

김순자(2000). "유아의 초기 환경이 공격성 행동에 미치는 영향에 관한 연구 — Winnicott의 대상관계이론을 중심으로 —". 일립논총 제6집. 131 – 157.

김종만(1999). 나: 정신분석학적 관점에서 본 자아의 성장과 발달. 서울: 한림미디어.

김종숙(1997). "현대사회와 나르시시즘". 수원대학교 논문집 제15집. 129 – 142.

김홍근(2003). "'기독교 영성'에 관한 대상관계 이론 및 자기심리학적 연구". 박사학위논문. 호서 대학교 대학원.

______(2005). "욕동의 신앙에서 관계의 신앙으로". 한국목회상담학회. 목회와 상담 제7호, 가을호. 151 – 184.

박강희(2001). "하나님 표상과 하나님 경험에 대한 연구: 대상관계 이론을 중심으로". 석사학위논문. 이화여자대학교 대학원.

박병탁(1990). "정통정신분석과 자기심리학에서의 공감". 정신치료 제4권, 제1호.

반신환(1997). "신형상(divine image)에 대한 Rizzuto의 대상관계론적 이해와 그 비판". 한국종교학회. 종교연구 제13집. 213 – 228.

손진욱(1995). "자기심리학(Self Psychology) — Kohut이후의 정신치료 —". 정신분석 제6권, 제1호.

______(1998). "정신치료에 있어서의 감정이입: 선용과 오용". 정신분석 제9권, 제2호.

연선화(1997). "대상관계이론에서 본 아동기 하나님 이미지 형성에 관한 한 실례 연구". 석사학위논문. 감리교신학대학교 대학원.

유미숙(1997). 놀이치료의 이론과 실제. 서울: 상조사.

유범희(1998). "대상관계이론(Object Relations Theories)의 발전과정'. 정신분석 제9권, 제1호.

이동수(1990). "나르시시즘의 기원적 측면". 정신분석 제1권, 제1호.

이은옥(1997). "초기 유아의 신앙형성에 끼치는 어머니의 영향". 석사학위논문. 한신대학교 신학대학원.

이재훈(2004). "한국목회상담의 미래와 대상관계". 강남대학교 실천신학대학원 10주년 기념 학술 세미나 자료집.

정미현(2002). "대상관계 이론에서 본 유아를 위한 기독교교육 연구".

석사학위논문. 계명대학교 대학원.

진윤경(2004). "영유아기 하나님 표상형성과 기독교교육". 석사학위논문. 장로회신학대학교 대학원.

최인석(2002). "유아기 심리적 경험과 성인의 하나님 표상에 관한 연구". 석사학위논문. 연세대 연합신학 대학원.

## 2) 국외문헌

Abelin, E. L.(1971). "The Role of the Father in the Separation – Individuation Process". Seperation – Individuation: Essays in Honor of Margaret S. Mahler. ed. by J. B. McDvitt and C. F. Settlage. New York: International Universities Press. 229 – 253.

Ashbach, C. & Schermer V. L.(1987). Object Relations, the Self, and the Group. Routledge & Kegan Paul Ltd. New York: Columbia University Press.

Bacal, H. A. & Newman, K. M.(1990). Theories of Object Relations: Bridges to Self Psychology. New York: Columbia University Press.

Beckett, C.(2002). Human Growth and Development. London: Sage Publications.

Blanck, Rubin & Gertrude(1986). Beyond Ego Psychology — Developmental Object Relations Theory —. New York: Columbia University Press.

Bowlby, J.(1973). Attachment and Loss, vol. I. Attachment. New York: Basic Books.

Buckley, P.(1986). Essential Papers on Object Relations. New York University Press.

Clair, M.(1994). Human Relations and the Experience of God: Object Relations and Religion. Paulist Press/New York/Mahwah.

Defraine, Carla A. S.(1997). Motivation and Belief in Personal Lying. A dissertation for the degree of Doctor of Philosophy in psychology. The Graduate School of Vanderbilt University. Nashville, Tennessee.

Erikson, E.(1956). The Problem of Ego Identity. J. Amer. psychoanal. Assn., 4.

__________(1963). Childhood and society. New York: W.W. Norton.

__________(1968). Identity and crisis. New York: W.W. Norton.

Fairbairn, R.(1952). Psychoanalytic studies of the personality. London: Tsvistock.

Fordham, M.(1995). Freud, Jung, Klein – the fenceless field: Essays of psychoanalysis and analytical psychology. London and New York: Routledge.

Greenberg, Jay R. & Mitchell S. A.(1983). Object relations in psychoanalytic theory. Massachusetts: Harvard University Press.

Guntrip, H.(1968). Schizoid Phenomena, Object Relations and the Self. New York: International Universities Press, Inc.

Hartmann, H.(1939). Ego psychology and the problem of adaptation. New York: International Universities Press.

Jacobson, E.(1964). The Self and the Object World. New York: International Universities Press.

Kernberg, O.(1994). Internal World and External Reality: Object Relations Theory Applied. New Jersey: Northvale, Jason Aronson Inc.

Kesternberg, J. S.(1971). From Organ – Object Imagery to Self and Object Representation. In Essays on Honor of Margaret Mahler, ed. J. B. McDevitt and C. F. settlage. New York: International Universities Press.

250

Klaus, M., & Kennel, J.(1976). maternal – Infant Bonding. Philadelphia, PA: C. V. Mosby.

Klein, M.(1928). Early stage of the Oedipus conflict. New York: McGraw – Hill.

__________(1959). "Our Adult World and Its Roots in Infancy". Hum. Relations 12. Ⅲ.

Kris, E.(1962). "Decline and Recovery in the Life of a Three – year – Old; or: Data in Psychoanalytic Perspective on the Mother – Child Relationship". The Psychoanalytic Perspective Study of the Child, Vol.17. New York: International Universities Press. 175 – 215.

Kohut, H.(1971). The Analysis of the Self. New York: International Universities Press.

__________(1977). The Restoration of the Self. New York: International Universities Press.

__________& Wolf, E.(1978). The Disorders of the self and their treatment: An outline. International Journal of Psychoanalysis, 59, 413 – 425.

Lee & Martin(1991). Psychotherapy After Kohut. New Jersey, Hillsdale: The Analytic Press.

Mahler, M.(1946). Ego psychology applied to behavior problems. In modern trends in child psychiatry, ed. N. Lewis and B. Pacella. New York: International Universities Press.

__________& Furer, M.(1960). "Observation on Research". Psychoanal. Q., 29: 317 – 327.

__________(1961). On Sadness and grief in infancy and childhood: loss and restoration of the symbiotic love object. Psychoanalytic Study of the Child 16: 332 – 351.

__________(1963a). "Certain Aspects of the Separation – Individuation Phase". Psychoanal. Q., 32:1 – 14.

__________(1963b). "Description of the Subphases. History of the Separation－Individuation Study". Presented at Workshop Ⅳ: Research in Progress. American Psychoanalytic Association, annual meeting. St. Louis, Mo., May 4, 1963. Unpublished.

__________(1968). On Human Symbiosis and the Vicissitudes of Individuation. New York: International Universities Press, Inc.

__________(1972). "On the First Three Subphases of the Separation－Individuation Process". International Journal of Psycho－Analysis. 53: 133.

__________, Fred, F. and Bergman, A. (1975). The Psychological birth of the human infant. New York: Basic Books.

Masterson, J. F.(1973). "The Mother's Contribution to the Psychic Structure of the Borderline Personality". Paper read at the Margaret S. Mahler Symposium on Child Development. Philadelphia, May 1973. Unpublished.

McDargh, J.(1983). Psychoanalytic Object Relations Theory and the Study of Religion. Lanham, Md.: University Press America.

__________(1986). "God, Mother and Me: An Object relational Perspective on Religious Material". Pastoral Psychology, 34. 251－263.

Meissner, W. W.(1984). Psychoanalysis and Religious Experience. New Haven: Yale University Press.

Rizzuto, Ana－Maria(1979). The Birth of the Living God. Chicago and London: The University of Chicago Press.

Sandler, J.(1960). "The Background of Safety". International Journal of Psycho－Analysis 41. 352－356.

Son, Angella Mikyong Park(2000). Theological Anthropology and Narcissism. A dissertation for the degree of Doctor of Philosophy. Princeton Theological Seminary. New Jersey, Princeton.

Spitz, R. A.(1965). The First Year of Life(A Psychoanalytic Study of Normal and Deviant Development of Object Relations). New York: International Universities Press.

Tustin, Frances(1990). The Protective Shell in Children and Adults. London: Cathy Miller Foreign Rights Agency.

Ulanov, Ann & Ulanov, Barry(1975). Religion and the unconscious. Philadelphia: The Westminster Press.

Weininger, O.(1992). Mellanie Klein: From Theory to Reality. London: Karnac Books Ltd.

Whitcher, Douglas E.(1996). When therapy becomes theology: A critical view of empathy. A dissertation for the degree of Doctor of Philosophy in Religious Studies. The Graduate School of Syracuse University.

Winnicott, D. W.(1957). Mother and Child: A Primer of First Relationships. New York: Basic Books.

_______________(1958). "The Capacity to be Alone". Int. J. Psycho − Anal., 34: 89 − 97.

_______________(1965). The Maturational Processes and the Facilitating Environment: Studies in the Theory of Emotional Development. New York: International Universities Press, Inc.

_______________(1971). Playing and Reality. Tavistock/Routledge publication.

_______________(1975). Through Paediatrics to Psycho − Analysis. New York: Basic Books.

_______________(1987). The Child, The Family, And The Outside World. Addison − Wesley Publishing Company.

Wulff, D. M.(1997). Psychology of Religion: Classic and Contemporary. New York: John Wiley & Sons, Inc.

## 3) 번역서

American Psychoanalytic Association/이재훈 역(2002). 정신분석 용어 사전(Psycho-analytic Terms & Concepts, 1990). 서울: 한국심리치료연구소.

Fairbairn, W. R. D./이재훈 역(2003). 성격에 관한 정신분석학적 연구(Psychoanalytic Studies of the Personality, 1990). 서울: 한국심리치료연구소.

Freud, S./황보석 역(1997). 억압, 증후 그리고 불안(On the Right to Separate from Neurasthenia a Definite Symptom-Complex as 'Anxiety Neurosis, 1895). 서울: 열린책들.

________/박찬부 역(1997). 쾌락원칙을 넘어서(Beyond the Pleasure Principle, 1920). 서울: 열린책들.

________/정정진 역(1997). 예술과 정신분석(Leonardo da Vinci, 1920). 서울: 열린책들.

________/김석희 역(1997). 문명 속의 불만(Civilization and Its Discontents, 1930). 서울: 열린책들.

________/이윤기 역(1997). 종교의 기원(Moses and Monotheism, 1939). 서울: 열린책들.

Fromm, E./황문수 역(1977). 인간의 마음(The Heart of Man — Its Genius for Good and Evil —, 1957). 서울: 문예출판사.

________/이재기 역(1993). 종교와 정신분석(Psychoanalysis and Religion, 1950). 서울: 두영.

Holbrook, D./이재훈 역(2001). 교육. 허무주의. 생존: 대상관계이론과 현대문화(Education, Nihilism, Survival, 1977). 서울: 한국심리치료연구소.

Jones, James/유영권 역(1999). 현대정신분석학과 종교(Contemporary Psychoanalysis & Religion, 1991). 서울: 한국심리치료연구소.

Masterson, J. F./임혜련 역(2000). 참 자기(The Search for the Rea

Self, 1988). 서울: 한국심리치료연구소.

Meissner, W. W./이재훈 역(1998). 편집증과 심리치료(Psychotherapy and the Paranoid Process, 1986). 서울: 한국심리치료연구소.

Mitchell, S. & Black, M./이재훈 외 역(2002). 프로이트 이후 — 현대 정신분석학—(Freud and beyond: a history of modern psychoanalytic thought, 1995). 서울: 한국심리치료연구소.

Scharff, J. S. & Scharff, D. E./이재훈 외 역(2002). 대상관계 개인치료 Ⅰ: 이론, Ⅱ: 기법(Object Relations Individual Therapy, 1998). 서울: 한국심리치료연구소.

Segal, A. M./ 권명수 역(2002). 하인즈 코헛과 자기 심리학(Heinz Kohut and the Psychology of the Self, 1996). 서울: 한국심리치료연구소.

Segal, H./이재훈 역(1999). 멜라니 클라인의 정신분석학(Introduction to the Work of Melanie Klein, 1973). 서울: 한국심리치료연구소.

Tustin, F./이재훈 외 역(2001). 자폐아동을 위한 심리치료(The Protective-Shell in Children and Adults, 1990). 서울: 한국심리치료연구소.

Wallbridge, D. & Davis, M./이재훈 역(1997). 울타리와 공간(Boundary & Space, 1981). 서울: 한국심리치료연구소.

Winnicott, D. W./이재훈 역(1998). 그림놀이를 통한 어린이 심리치료 (Therapeutic Consultations in Child Psychiatry, 1971). 서울: 한국심리치료연구소.

__________/이재훈 외 역(2001). 박탈과 비행(Deprivation and Delinquency, 1984). 서울: 한국심리치료연구소.

## 4. 기타 자료

### 1) 국내문헌

강용원(2003). "기독교교육과 신학". 총신대학교 부설 기독교교육연구소. 기독교교육연구 제14권 제1집. 68 – 112.

강희천(1991). 기독교교육사상. 서울: 연세대학교 출판부.

______(1999). 기독교교육의 비판적 성찰. 서울: 대한기독교서회.

______(2000). 종교심리와 기독교 교육. 서울: 대한기독교서회.

고문숙 외(2005). 어린이 놀이 지도. 서울:

김명희(2003). 현대사회와 부모교육. 서울: 교육 아카데미.

김선아(1983). "J. H. Westerhoff Ⅲ의 기독교교육론 연구". 석사학위
　　　논문. 한신대학교 대학원.

김수연(2003). "유아의 창의성과 어머니의 양육관련 변인간의 구조분
　　　석". 석사학위논문. 연세대학교 대학원.

김유숙(2004). 가족치료 — 이론과 실제. 서울: 학지사.

김지신, 박성연(1997). "어머니의 전통 — 근대 가치관과 양육행동 및 아
　　　동의 사회적 행동". 한국아동학회. 아동학회지 제18권 2호. 125 –
　　　142.

김현주, 손은경, 신혜영(2004). 현장중심부모교육 — 이론과 실제 —.
　　　서울: 양서원.

김희진(2002). "유아교육기관에서의 부모교육에 대한 조사 연구". 한
　　　국교육학회. 교육학연구 제40권 제6호. 239 – 260.

문혁준(2000). "부모교육 프로그램의 형태와 운영에 관한 연구". 성심여
　　　자대학교생활과학연구소. 생활과학 연구논집 제20권 1호. 25 –
　　　42.

박경자, 권연희(2002). "문제해결을 위한 모 – 자 상호작용시 어머니 행
　　　동과 관련된 변인". 한국아동학회. 아동학회지 제20권 3호. 53 –
　　　70.

박봉수(1994). "기독교교육의 새로운 파라다임 형성을 위한 한 연구"
　　　박사학위논문. 장로회신학대학교 대학원.

박선영 외 5인(2003). 부모교육. 서울: 교육과학사.

박응임(1994). "영아 – 어머니간의 애착유형과 그 관련변인". 박사학위
　　　논문. 이화여자대학교 대학원.

박원호(1996). 신앙의 발달과 기독교 교육. 서울: 장로회신학대학교출판부.

방경숙(2000). "영아기 어머니 역할 교육 프로그램이 모아 상호작용과 영아발달에 미치는 효과". 박사학위논문. 서울대학교 대학원.

성영혜(2000). 치료놀이 Ⅰ. 서울: 형설출판사.

______(2002). 치료놀이 Ⅱ. 서울: 형설출판사.

______(2004). 치료놀이 Ⅲ. 서울: 형설출판사.

신용주, 김혜수(2002). 새로운 부모교육. 서울: 형설 출판사.

신혜영(1997). 예비부모교육 프로그램 개발에 관한 연구. 동아대학교 대학원 박사학위논문.

양옥승(1997). 유아교육연구방법. 서울: 양서원.

오영희(1994). "2세 유아를 위한 가정방문 부모교육 프로그램 개발 및 효과에 관한 연구". 박사학위논문. 서울여자대학교 대학원.

오영희, 송영관, 김종선(2002). 현대사회의 부모와 자녀관계. 서울: 동문사.

유안진, 김연진(1993). 부모교육. 서울: 동문사.

윤응진(1993). "21세기 기독교교육의 방향과 내용". 기독교교육 9집.

윤혜미(2000). "부모교육과 사회적지지 프로그램이 부모의 자녀와의 관계에 대한 태도, 부모역할 만족도 및 체벌에 대한 태도에 미치는 영향". 한국사회복지학회. 한국사회복지학 통권43호. 246–269.

이금만(2000). 발달심리와 기독교교육. 서울: 크리스챤 치유목회연구원.

______(2002). 나보다 나를 더 사랑하는 주님 — 정신분석과 영성교육. 오산: 한신대학교출판부.

이상욱(1996). 프뢰벨과 기독교유아교육. 서울: 양서원.

이상희(2002). "모–아 치료놀이 프로그램의 개발과 효과". 박사학위논문. 숙명여자대학교 대학원.

이수연(2001). "우리나라 어머니의 자녀양육의 의미". 여성건강간호학회. 여성건강간호학회지. Vol.7, No.4. 518–535.

이숙, 우희정 외(2002). 부모교육. 서울: 학지사.

이숙영, 이윤주(2002). "메타분석을 통한 부모교육 프로그램의 효과연구". 한국 상담 및 심리치료학회. 한국심리학회지. 상담 및 치료14권 3호. 637－653.

이숙종(2001). 현대사회와 기독교교육. 서울: 대한기독교서회.

이숙종(2004). "지식정보사회에서 지식종합의 필요성에 관한 연구". 고 강희천 교수 추모기념논문집. 기독교교육의 앎과 삶. 서울: 한들출판사.

이원영(1983). "어머니의 자녀 교육관 및 양육태도와 유아발달과의 관계성 연구". 박사학위논문. 이화여자대학교 대학원.

______(1992). 부모교육론. 서울: 교문사.

______(2000). "유아기 자녀를 둔 어머니들의 부모교육 내용에 대한 연구". 한국아동학회. 아동학회지 제21권 2호. 17－31.

이정혜(2004). "대상관계이론에 근거한 아동의 공격성 감소 프로그램 개발과 효과". 박사학위논문. 숙명여자대학교 대학원.

이혜란, 정문자(1997). "P. E. T.가 어머니의 부모역할에 대한 인식에 미치는 영향". 한국 아동학회. 아동학회지 제18권 2호. 241－265.

장혜순(2004). 유아놀이의 이론과 실제. 서울: 학지사.

정숙경(1996). "예비부모교육 프로그램 개발에 관한 연구". 박사학위논문. 동아대학교 대학원.

정옥분 외 7인(1997). "전통 '효'개념에서 본 부모역할 인식과 자녀양육행동". 한국아동학회. 아동학회지 제18권 1호. 81－107.

조아미, 오부운(2001). "부모교육 프로그램이 참가자의 양육태도 및 자녀의 심리에 미치는 영향". 명지대학교 여성 가족생활연구소. 여성 가족생활연구 제6집. 135－160.

최경희(1999). "부모교육 프로그램 개발에 관한 연구: 정신역동적 상담이론의 시험적 적용". 박사학위논문. 대구 효성 가톨릭대학교 대학원.

최석란(2005). 놀이와 유아발달. 서울: 양서원.

최영희(1997). "전통사회와 현대사회의 부모역할". 수원대학교. 논문집

15집. 193 – 205.

한국부모교육학회 편(1997). 부모교육학. 서울: 교육과학사.

한상분(1992). "아동의 자아개념과 가족체계의 기능유형". 한국아동학회. 아동학회지 제13권 2호. 145 – 160.

한성심(2001). "대상관계이론에 기초한 부모교육 프로그램 개발과 효과 검증 — Winnicott 이론을 중심으로 —". 박사학위논문. 숙명여자대학교 대학원.

함희표 외 2인(2000). "유치원 생활주제와 연계한 부모교육 프로그램 개발 연구". 미래유아교육학회. 미래유아교육학회지 7권 2호. 199 – 220.

허혜경(1998). "Vygotsky의 인지발달 이론에 입각한 부모교육 방향설정에 관한 연구". 한국교육학회. 교육학연구 36권 3호. 83 – 108.

현미숙(2003). "아동부모교육상담을 위한 부모역할 지능 척도의 개발과 타당화". 박사학위논문. 숙명여자대학교 대학원.

황옥자(1987). "STEP 프로그램의 한국적용 가능성 탐색 연구". 박사학위논문.
_______중앙대학교 대학원.

## 2) 국외문헌

Ainsworth, M.(1973). The development of infant – mother attachment. In B. Caldwell & H. Ricuitti(Eds.), Review of Child Development Research(3). Chicago: University of Chicago Press.

Banks, E.(1979). Child interaction and competence in the first two years of life: Is there a critical period? Child study Journal, 9(2): 93 – 107.

Bell, S. M. & Ainsworth, M. D.(1972). Infant crying and maternal responsiveness. Child development, 43: 1171 – 1190.

Dickstein, E. & Posner, J.(1978). Self-esteem and relationship with parents. Journal of Genetic psychology, 133: 273-276.

Earhart(1980). Parent Education. Journal of Home Economics, Vol.72, No.1.

Fine, M. J.(1988). The Second handbook on Parent Education. N.Y.: Academic Press.

Gordon, I.(1970). Baby learning through baby play. New York: St. Martin's Press.

Hamner, T. J. & Turner, P. H. (1985). Parenting in Contemporary Society. N.Y.: Prentice-Hall.

Honig, A. S.(1982). "Parent involvement in early childhood education". ed. Spodek, B. Handbook of Research in Early Childhood Education. N.Y.: Free Press. 426-455.

Kohlberg, L.(1975). The cognitive developmental approach to moral education. Phi Delta Kappan, 56(10): 670-677.

Mahy, A. & MacQuarrie, J.(2000). Theraplay: Innovations in Attachment-Enhancing Play Therapy. ed by Munns E. Theraplay and Parent Counselling. New Jersey: Jason Aronson Inc. 79-93.

Marino, B. L.(1991). Studing infant and todler play. Journal of Pediatric Nursing, 6(1), 16-20.

Marschak, M.(1977). Parent-child interaction and youth rebellion. N.Y.: Gardner Press.

Naylor, A.(1970). Some determinants of parent-infant relationship. In L. Dittman(Ed.), What we can learn from infants. Washington, D.C.: NAEYG.

Osmer, R. R.(1992). Teaching for Faith. Westerminster/John Knox Press.

Pestalozzi, J. H.(1915). How Gertrude teaches her children: an attempt to help mothers to teach their own children and an account of the method. G. Allen & Unwin ltd: Syracuse, N.Y., C. W. Bardeen.

Pherson, K. L. & Robin, C. C.(1990). Parent Education: Does it make a difference? Child Study Journal, 20(4). 221 – 236.

Schaffer, H. R.(1988). Mothering. Cambridge, M.A.: Harvard University Press.

Tracy, D. (1975). Rage for Order. Minneapolis: Winston Seabury.

__________ (1981). The analogical Imagination: Christian Theology and the Culture of Pluralism. London: SCM Press.

__________ (1994). On naming the Present. Maryknoll, NY: Orbis Books.

Weiser, M.(1991). Infant/Todler Care and Education. NY: Macmillan Publishing Company.

Willemsen, E.(1979). Understanding infancy. San Francisco: W. H. Freeman & Co.

## 3) 번역서

Cavalletti, S./조성자 역(1997). 어린이의 종교적 잠재능력(Il Potenziale religioso del bambino). 서울: 중앙적성출판사.

Gerkin, C. V./안석모 역(1998). 살아있는 인간문서(The Living Human Document – Re – Visioning Pastoral Counselling in a Hermeneutical Mode, 1994). 서울: 한국심리치료연구소.

Hunsinger, D./이재훈 외 역(2000). 신학과 목회상담(Theology and Pastoral Counselling – A New Interdisciplinary Approach, 1995). 서울: 한국심리치료연구소.

Moore, M. E./ 이정근 외 역(1991). 기독교교육의 새로운 모형(Education for Continuity & Change – a new Model for Christian Religious education). 서울: 대한기독교교육협회.

Oden, T. C./이기춘 외 역(1999). 목회상담과 기독교신학 — 바르트신학과 로저스 심리학과의 대화(Kerygma and Counseling, 1966). 서울: 다산 글방.

**・ 저자 ・**

김선아 ・약 력・

한신대학교 신학과 기독교교육전공(B. A.)
한신대학교 대학원 신학과 기독교교육 전공(M. A.)
강남대학교 일반대학원 신학과 기독교교육 전공(Ph. D)

(전) 한국신학연구소 연구원
(전) 한국기독교장로회 교회학교 교재 집필위원
(현) 한국기독교장로회 기흥교회 교육목사
(현) 한신대학교, 강남대학교 강사

・주요논저・

「John H. Westerhoff III의 기독교 교육론 연구」
「코메니우스의 유아와 어머니 이해」
「기독교 가정교육의 새로운 모델」
「코메니우스의 유아와 어머니 이해의 대상관계이론적 재해석」
「John A. Comenius의 유아와 어머니 이해의 현대적 해석」
외 다수





## 대상관계이론적 관점에서 본 코메니우스의 교육사상

| | |
|---|---|
| ・초판 인쇄 | 2008년 2월 29일 |
| ・초판 발행 | 2008년 2월 29일 |
| ・지 은 이 | 김선아 |
| ・펴 낸 이 | 채종준 |
| ・펴 낸 곳 | 한국학술정보㈜ |
| | 경기도 파주시 교하읍 문발리 513-5 |
| | 파주출판문화정보산업단지 |
| | 전화  031) 908-3181(대표) ・ 팩스  031) 908-3189 |
| | 홈페이지  http://www.kstudy.com |
| | e-mail(출판사업부)  publish@kstudy.com |
| ・등   록 | 제일산-115호(2000. 6. 19) |
| ・가   격 | 17,000원 |

ISBN  978-89-534-8197-8 93370 (Paper Book)
       978-89-534-8198-5 98370 (e-Book)